Luca Ventura

Bleich wie der Mond

Der Capri-Krimi

ROMAN

Diogenes

Covermotiv: Foto von Felix Forest, ›Seaside‹
Copyright © Ca' P'a – casa privata
Die Karten der Insel Capri und des Golfs von Neapel
wurden gezeichnet von Julian Meyer
Copyright © Julian Meyer
Das Zitat auf S. 259 stammt aus dem Lied
L'anno che verrà von Lucio Dalla, erschienen 1979
auf dem Album *Lucio Dalla* bei RCA Italiana

Der Diogenes Verlag wird vom Bundesamt für Kultur
für die Jahre 2021–2024 unterstützt

www.diogenes.ch
300/23/852/1
ISBN 978 3 257 30095 6

I

Der Mond war bleich und schien so hell, dass er mit seinem Licht den Weg beleuchtete, die Scala Fenicia, die jahrhundertelang die einzige Verbindung zwischen den beiden Ortschaften Capri und Anacapri gewesen war. Die Luft schmeckte salzig, duftete nach Pinien, und das Rauschen des Meeres war nur ein Flüstern.

Er hatte nicht getrunken, bloß ein Gläschen auf den Schreck, den Stella ihm mit ihrer Nachricht beschert hatte. Er hatte sie bei den Schultern genommen, ihr in die Augen geschaut und mit den Tränen gekämpft. Und mit seiner Wut. Er wusste nicht, wie er reagieren sollte, war kurz davor gewesen, sie zu schlagen.

Er lauschte in die Nacht. Die frische Luft tat ihm gut, aber es war auch verrückt, dass er hier mitten in der Nacht durch die Gegend stolperte. Er benutzte im Mondlicht die Steine wie Treppenstufen, und der furchterregende Schatten war bloß eine Pinie mit ihren ausladenden Ästen. Ein Windstoß fuhr in die Bäume, und der Mond verschwand hinter den Wolken. Von einer Sekunde auf die andere lag der Weg vor ihm im Dunkeln. Er sah keine Steine mehr und keine Stufen, kein Moos und keinen Boden und hatte nichts zum Festhalten. Er war wie blind und hörte nur ein Knacken, wie es entstand, wenn jemand auf trockene Äste trat.

»Ist da jemand?«, fragte er in die Dunkelheit.

Er ging schneller, hastete den Pfad hinunter, rannte fast und erreichte endlich die beleuchtete Straße.

Wenn er ehrlich war, hatte er es kommen sehen, aber er hatte die Zeichen nicht richtig gedeutet. Hätte er es verhindern können? Er war wahrscheinlich naiv, aber er war nicht bescheuert. Er musste sich beruhigen, musste eine Tablette nehmen und überlegen. Nein, er musste sich um den Mozzarella kümmern, und der Rest würde sich dann schon finden, wie sich in seinem Leben immer alles gefunden hatte. Er musste Vertrauen haben.

Eine Katze huschte vorbei, lief wie ein Schatten über die bunten Kacheln die Treppenstufen hinauf und verschwand. Er ließ den Schlüssel fallen, bückte sich, taumelte. Er schloss die Tür auf, trat über die Schwelle, und plötzlich war alles gut. Es roch säuerlich – der vertraute Duft von Molke und Ricotta, den er kaum noch wahrnahm. Aber da war noch etwas, eine andere, blumige Komponente, die nicht hierher passte und eine Erinnerung wachrief, die so vage war, dass sie gleich wieder verwehte.

Er stieg in seine Arbeitsschuhe, band sich die Schürze um und bemerkte, dass die Tür zum Büro offen stand.

»Diego?«, rief er, obwohl er wusste, dass der Mann ihn nicht hören konnte. Er spürte, wie die Wut wieder in ihm hochstieg. Hatte er sich denn nicht klar genug ausgedrückt?

»Versteckst du dich?«, rief Nino Castaldo. »Komm raus.« Ohne seine Arbeitsschuhe auszuziehen, ging er nach nebenan.

»Hallo?«, fragte er in den dunklen Raum.

In der Ecke, auf dem Stuhl, saß eine Gestalt, in sich zusammengesunken und gleichzeitig aufgeplustert. Die Gestalt rührte sich nicht. Eine Eule, dachte er. Eine riesenhafte Eule. Er knipste das Licht an.

»Was willst du?«, fragte er, aber die Eule antwortete nicht. Er trat näher.

»Mach den Mund auf«, sagte er, »und schau mich an. Habe ich dir nicht gesagt, dass du hier nichts zu suchen hast? Hau ab. Lass mich in Ruhe. Verschwinde. Was ist los? Warum sagst du nichts?«

Er streckte seine Hand aus. Als hätte die Eule nur darauf gewartet, machte sie ihre Augen auf. Nino Castaldo erschrak.

Die Augen waren groß und stumpf. Er sah darin nichts, nur Trauer und Tod.

2

Rizzi erwachte in der Minute, bevor der Wecker klingelte, als hätte er eine innere Uhr.

Rasch langte er nach seinem Telefon und stellte die Weckfunktion aus, bevor das Ding losging und Gina neben ihm oder Francesca im Kinderzimmer gegenüber aufschreckten. Dann lauschte er für ein paar Sekunden in die Stille und schlug vorsichtig die Decke zurück.

»Liebling«, murmelte Gina schlaftrunken, schlang ihren Arm um ihn und zog ihn zurück. »Bleib doch noch liegen.«

Rizzi löste sich aus der Umklammerung. »Schlaf weiter«, flüsterte er, beugte sich über sie und küsste sie zärtlich. Kurz darauf stieg er in seine Boxershorts, seine Hose, streifte ein T-Shirt und den Pullover über und hörte, wie es unten in der Wohnung seiner Eltern rumorte.

Im Flur band er die Schnürsenkel mit einem Doppelknoten, nahm seine Windjacke vom Haken und verließ die Wohnung – zeitgleich mit seinem Vater, der ein Stockwerk tiefer, mit der Aktentasche unter dem Arm, ebenso lautlos die Tür hinter sich ins Schloss zog.

»Buongiorno«, brummte Vito, als sie hintereinander die Treppe hinunterliefen und Rizzi seinem Vater zur Begrüßung eine Hand auf die Schulter legte.

Romeo kam aus der Waschküche gekrochen, wedelte

freudig mit dem Schwanz, schüttelte erwartungsvoll sein Fell und sprang, als Vito die entsprechende Handbewegung machte, auf die Ladefläche der Ape. Rizzi stieß das Tor auf, und Vito startete den Motor.

Es war dunkel, als sie die Gasse hinunterfuhren. Die Insel lag noch in tiefem Schlaf, und niemand begegnete ihnen. Vito fuhr die Strecke nach vierzig Jahren im Schlaf, wie auch Rizzi jede Kurve, jedes Schlagloch und jeden kleinen Buckel kannte.

Im Süden ragte der Monte Cappello wie eine schwarze Wand empor, und der Mond schien matt hinter dünnen Wolken. Vom Meer wehte ein leichter Wind, der schon die Wärme des Sommers in sich trug und sich auf der Haut ganz weich anfühlte.

Rizzi auf dem Beifahrersitz, neben seinem Vater, ließ den Arm aus dem Seitenfenster baumeln und sah hoch oben auf der Via Provinciale das Scheinwerferlicht eines Wagens, der von Anacapri kommend nach Capri kroch, und fragte sich, wer um diese Zeit, vor fünf Uhr morgens, dort schon unterwegs war. Es war müßig, darüber nachzudenken, ein Reflex, den wahrscheinlich alle Einheimischen hatten, die sich untereinander kannten, nicht nur Rizzi als Polizist, selbst wenn er nicht im Dienst war.

Vito fuhr auf dem Feldweg Schlangenlinien, lenkte dabei einmal zu nachlässig um die Schlaglöcher herum. Das Fahrzeug hüpfte, und Rizzi und sein Vater stießen mit ihren Köpfen ans Dach der Fahrerkabine, während im Scheinwerferlicht vor ihnen die beiden Pfeiler auftauchten, zwischen denen, etwas windschief, die verrostete Pforte in den Angeln hing.

Rizzi stieg aus, öffnete das Vorhängeschloss, zog die schwere Kette von den Gitterstäben und schob das Tor auf.

Auf dem abschüssigen Weg hinunter in die Gärten stellte Vito den Motor aus, holperte an den Weinstöcken entlang, den Hang abwärts, und kam mit einem Quietschen vor dem Schuppen zum Stillstand, neben Rizzis Motorroller, den er gestern Abend hier stehengelassen hatte.

Um diese Zeit, am frühen Morgen, war die Erde noch feucht und aufnahmebereit – ein Geschenk der Natur, das sie ausnutzen wollten. Der Regen der vergangenen Woche war kein wirklicher Regen gewesen und hatte bei Weitem nicht ausgereicht, um den Boden tiefer als ein paar Zentimeter zu durchdringen.

Vito stapfte zum Wasserhahn, der mit der Zisterne verbunden war, drehte ihn auf, und die Pumpe begann zu arbeiten. Der Wasserstrahl kam in rhythmischen Schüben aus dem Schlauch und plätscherte, von Vito geführt, in die Vertiefungen, die sie um die Stämme der Obstbäume herum gegraben hatten.

In der Ferne, kaum wahrnehmbar, begann der Morgen zu schimmern. Rizzi liebte es, in den Gärten zu arbeiten und das beginnende Tageslicht in den Stunden vor Dienstbeginn voll auszunutzen. Sein Plan war, den Streifen auf der Gartenrückseite, entlang der Mauer, wo kniehoch der Klee stand, freizumachen und eine neue Kartoffelsorte zu pflanzen. Genaugenommen war die neue Sorte eine alte, eine fast schon in Vergessenheit geratene bläulich-lilafarbene Knolle, die für Rizzi Teil seines Projekts war, in den Gärten verstärkt alte Sorten anzubauen und für Biodiversität zu sorgen, auch wenn Vito fand, das sei Kokolores: Sorten, die niemand kannte, und Kartoffeln, die schwarzlila waren, würden schwer verkäuflich sein.

Rizzi stach mit dem Spaten in die Erde, lockerte den Boden und warf Stück für Stück die fetten Klumpen auf, fruchtbare Erde, mit der sie hier auf Capri gesegnet waren. Er arbeitete sich Meter für Meter an der Mauer entlang, und der Schweiß begann ihm den Rücken hinunterzulaufen, als Vito von den Pfirsichbäumen herüberrief: »Bist du taub?«

Rizzi schaute auf.

»Dein verdammtes Telefon!«

Das Klingeln kam aus seiner Windjacke, die er in den Walnussbaum gehängt hatte. Rizzi rammte den Spaten in die Erde – aber als er zur Stelle war und den Apparat aus der Jackentasche holte, hörte das Klingeln auf.

Ein verpasster Anruf. Es war die Nummer vom Polizeiposten. Rizzi drückte auf Rückruf.

»Danke, dass du dich meldest«, sagte der Kollege Tiziano Gatti am anderen Ende. »Ich wollte gerade Cirillo aus dem Bett klingeln.«

»Worum geht's?«

»Hier hat ein Typ angerufen. Er hat zwar nicht gelallt, aber so seltsam gesprochen. *Formaggi Castaldo,* hat er gesagt.«

»Die Käserei in Anacapri? Piazza La Torre?«

»Exakt.«

»Und weiter?«

»Nichts. Aufgelegt.«

»Hast du eine Rückrufnummer?«

»Da geht keiner ran.« Gatti pustete in den Hörer.

Rizzi schaute auf die Uhr. Dienstag, der zehnte Mai,

kurz vor halb sechs Uhr morgens. Eigentlich sollte die Sonne bald aufgehen, aber der Himmel hatte sich zugezogen. »Ich fahre schnell rüber«, sagte er.

»Soll ich Cirillo Bescheid sagen?«

»Lass sie schlafen«, sagte Rizzi. »Ich melde mich wieder.«

Fünfzehn Minuten später war er in Anacapri und bog von der Via Giuseppe Orlandi auf die Piazza La Torre, stellte den Motor ab und bockte den Roller auf.

Das bunte Keramikschild von Ernestos Blumen- und Samenhandlung war verschwunden, stattdessen gab es über den Fenstern eine gestreifte Markise mit dem Schriftzug *Mozzarella e altre specialità di formaggio* – Mozzarella und andere Käsespezialitäten. Er war seit Ewigkeiten nicht mehr hier gewesen – genau genommen, seit die Colasanti-Brüder sich entschieden hatten, den Laden ihres Vaters zu verkaufen und die Samenhandlung dichtzumachen.

Rizzi ging zum Hintereingang und zwängte sich an einer Schubkarre und Zementsäcken vorbei. Am Himmel hingen dunkle Wolken, und in der Ferne war ein Gewittergrollen zu hören. Die Tür war nur angelehnt. Auf dem Boden lagen feine Splitter, die aussahen wie Lackfarbe.

»Polizei!« Rizzi klopfte. Und öffnete die Tür.

Im Vorraum standen Gummistiefel, schwarze Halbschuhe und graue Filzpantoffeln. Rechts ging es in den Laden, und neben der Treppe in den oberen Stock lag ein kleiner fensterloser Büroraum. Rizzi öffnete links die Tür, und ein säuerlicher Geruch schlug ihm entgegen, Molke wahrscheinlich. Der Raum, der früher Ernestos Reich für Samen, Pflanzen und Gartenbedarf gewesen war, lag im Halbdunkel und war jetzt eine Käserei, der Boden weiß gekachelt und die Wand bis auf halbe Höhe mit Isolierfarbe gestrichen. Strom- und Wasserleitungen verliefen über Putz, und überall im Raum standen Wannen, Bottiche und Töpfe. Zu sehen war niemand.

»Hallo?«, rief Rizzi. »Ist hier jemand?«

Er ließ seinen Blick über Holzlöffel und Schöpfkellen schweifen. Alles war aufgeräumt und ordentlich. Der Raum hatte etwas Steriles. Nur die Madonna auf dem kleinen Regal über dem Metallschrank, das Foto von Padre Pio und der Krimskrams, den man dort abgelegt hatte, deuteten auf etwas Persönliches hin und befolgten keine Hygieneregeln. Irgendetwas irritierte Rizzi.

»Hallo!«, rief er noch einmal und lauschte in die Stille.

Vielleicht war es der gelbe Gummischlauch, der am Wasserhahn über dem Waschbecken angeschlossen war und nicht, wie alles andere, ordentlich aufgeräumt war. Statt über der Vorrichtung an der Wand zu hängen, wand er sich wie eine Schlange durch den Raum. Rizzi folgte ihm um Wannen und Tische herum und gelangte um die Ecke in einen Anbau mit bodentiefen Fenstern und Blick in einen kleinen Garten.

Der Schlauch endete vor einem Bottich aus Chromstahl. Drum herum war der Boden nass, eine riesige Pfütze. Hatte der Behälter ein Leck? Rizzi schaute sich um. Außer dem Bottich gab es einen Schemel und eine Glastür in den Garten, die einen Spaltbreit offen stand. War der Mann, der sich am Polizeiposten gemeldet hatte, hinausgegangen? Aber was in der Dunkelheit auf den ersten Blick da draußen wie eine gedrungene Gestalt aussah, war bloß eine Palme mit vertrockneten Blättern.

Rizzi holte sein Telefon aus der Hosentasche, um bei Gatti im Polizeiposten anzurufen und den Einsatz abzublasen. Falscher Alarm. Dann war er eben für nichts und wieder nichts die ganze verdammte Strecke nach Anacapri gefahren.

Plötzlich war es in der Käserei ganz hell, nur für einen kurzen Moment, ein Blitz am Himmel vielleicht, der für eine Sekunde durch die Wolken brach. Rizzi legte den Kopf in den Nacken und starrte nach oben durch die Scheibe.

Das Fenster im Glasdach war zur Belüftung hochgestellt, und in der Scheibe spiegelte sich etwas, unklare Schatten und Schemen, die sich auch bei genauerem Hinsehen zu nichts Konkretem zusammensetzen wollten. Es musste etwas sein, das sich – wenn es keine Einbildung oder eine optische Täuschung war – schräg darunter im Bottich befand. Rizzi ließ sein Telefon wieder in der Hosentasche verschwinden und schob in der Pfütze den Schemel beiseite.

Der Bottich war mit Wasser gefüllt und die Oberfläche spiegelglatt. Der Mann darin hatte den Kopf in den Nacken gelegt und durchstach mit der Nase die Wasseroberfläche. Die Spitze ragte um wenige Millimeter bis zu den Nasenlöchern heraus. Die Augen waren geschlossen, die Lippen farblos, und die weißen Haare schwammen, wie vom kahlen Schädel losgelöst, um die hohe Stirn herum. So ruhig und friedlich lag der Mann da, und so unwirklich war das Bild, dass Rizzi für einen Moment dachte, er würde das alles hier träumen.

Ein Donnerschlag brachte die Scheiben im Glasdach

zum Klirren, und Rizzi bemerkte hinter sich, im Augenwinkel, einen Schatten und – bevor er sich umdrehen konnte – ein dumpfes Geräusch, einen Schlag, aber keinen Schmerz. Dann wurde ihm schwarz vor Augen.

3

Antonia Cirillo tat, was sie manchmal tat, wenn sie früh aufwachte und nicht mehr schlafen konnte: Sie schaute Filmchen im Internet. Auf Pfaden, die sich nicht mehr rekonstruieren ließen, war sie bei den Pinguinen gelandet, diesen seltsamen Vögeln im Frack mit den großen Füßen, kleinen Köpfen und dem unbeholfenen Gang, die, wie Cirillo lernte, in Gemeinschaft so gut klarkamen wie alleine und außerdem in festen Paarbeziehungen lebten. Mit anderen Worten: Sie konnten alles, was Cirillo versuchte, aber ums Verrecken nicht hinbekam. Sie konnte nicht gut alleine sein, aber eine feste Beziehung war auch nichts für sie. Ihre Ehe war grandios gescheitert, und in Gemeinschaft funktionierte sie erst recht nicht.

Der Pinguin warf sich auf den Bauch, rutschte den Abhang hinunter und tauchte elegant ins Wasser, wie auch sie manchmal davon träumte, sich einfach von der nächsten Klippe hinunter ins Wasser zu stürzen und dann einfach davonzuschwimmen und diese verdammte Insel hinter sich zu lassen.

Cirillo goss sich aus der Weinflasche den Rest ins Glas, als sich ihr Telefon auf dem Nachtschrank bemerkbar machte.

Ihr erster Gedanke: Davide. Auch er war ein Nachtmensch, vergaß gerne mal die Zeit und verzehrte sich vielleicht gerade vor Sehnsucht nach ihr. Schön wär's. Ein Blick auf das Display belehrte sie eines Besseren. Es war die Nummer vom Polizeiposten.

»Sie sind wach?«, fragte Tiziano Gatti am anderen Ende.

Sie unterließ es, ihren jungen Kollegen darauf hinzuweisen, wie unsinnig seine Frage war. Der arme Kerl hatte die Nachtschicht fast hinter sich, war mit Sicherheit hundemüde und wollte wahrscheinlich nur noch nach Hause.

»Was ist los?«, fragte sie.

»Agente Rizzi hatte gemeint, ich solle Sie schlafen lassen. Er würde das alleine regeln.« Gatti gab sich Mühe, souverän zu klingen, aber seine Stimme zitterte. »Daran habe ich mich gehalten«, fuhr er fort, »obwohl ich natürlich weiß, dass es, streng genommen, gegen die Dienstvorschriften verstößt, einen Kollegen alleine auf einen Einsatz zu schicken.«

»Gatti, kommen Sie zum Punkt«, unterbrach Cirillo. »Um was für einen Einsatz handelt es sich?«

Gatti berichtete, gegen Viertel nach fünf, also vor einer guten halben Stunde, habe sich ein Typ am Telefon gemeldet, bei dem er im ersten Moment dachte, es würde sich um einen Betrunkenen handeln. »Polizei«, habe der Kerl in den Hörer gebellt, »Piazza La Torre, *Formaggi Castaldo*« – aber alles in einer seltsamen Ausdrucksweise, und dann aufgelegt.

»Und was ist mit Rizzi?«, fragte Cirillo.

»Die Situation ist folgende.« Gatti räusperte sich. »Kollege Rizzi ist hingefahren, aber jetzt meldet er sich nicht mehr und geht auch nicht an sein Telefon.«

Cirillo schaute auf die Uhr. Es war jetzt fünf vor sechs. »Piazza La Torre«, wiederholte sie und griff nach ihrer Uniformhose.

»Formaggi Castaldo.«

»Bin unterwegs.«

Auf der Via Tommaso, der Hauptverkehrsstraße, war um diese Zeit niemand unterwegs. Cirillo drehte auf der geraden Strecke voll auf, setzte an der Piazza Vittoria links den Blinker und bog in die Via Giuseppe Orlandi, die tagsüber für den normalen Verkehr gesperrt war. Ein Müllmann nahm die Säcke am Straßenrand und warf sie nacheinander, als wären sie federleicht, auf die Ladefläche seines Transporters. Tauben flatterten auf.

Cirillo parkte vor dem Gebäude mit der gestreiften Markise, neben den Töpfen mit Geranien und Basilikum. Sie kannte den kleinen Laden und hatte hier vor nicht allzu langer Zeit einen Mozzarella entdeckt, wie sie ihn noch nie zuvor gegessen hatte, von der Konsistenz weich und trotzdem fest, im Geschmack salzig und gleichzeitig nussig. »Der beste Mozzarella der Welt«, sagte sogar ihre Vermieterin, Signora Spirelli, die alte Hexe.

Cirillo schaltete den Motor ab und sah die Vespa von ihrem Kollegen Rizzi, die unschwer an den zerschrammten Kotflügeln zu erkennen war. In diesem Moment ertönte ein Donnern. Ohne den Helm abzunehmen, legte Cirillo den Kopf in den Nacken und schaute in den dunklen Himmel, aus dem jedoch kein einziger Regentropfen fiel.

Wieder ein Knall. Cirillo fuhr herum. Eine Gestalt rannte wie von Sinnen die Via Timpone hinunter.

»Halt!«, rief Cirillo. »Stehen bleiben!« Ohne weiter

nachzudenken, drehte sie den Schlüssel im Zündschloss. Der Motor sprang sofort an, und Cirillo gab Gas.

Die schmalen Gassen waren kaum breiter als ihr Lenker. Rechts und links Mauern, Steine, Vorsprünge, Madonnenkästen mit elektrischen Kerzen. Sie konzentrierte sich auf den Lichtkegel ihres Scheinwerfers und die schlanke Gestalt in Turnschuhen, Jeans und Hoodie, die vor ihr wie ein Karnickel rannte. Sie kam dem Mann näher, hatte ihn fast eingeholt, als sie das Tempo drosseln und stark abbremsen musste, weil die Gasse eine scharfe Kurve machte, die sie nur im Schritttempo nehmen konnte, während der Typ mit einem Satz um die Ecke verschwand.

Sie sah ihn gerade noch im Laufschritt um die nächste Ecke biegen und gab erneut Gas. Der Motor brummte laut, sie umklammerte den Lenker, hielt auf die nächste Kurve zu, als der Roller plötzlich einen Satz machte. Mit einer Vollbremsung würgte sie den Motor ab und kam mitten auf einer Treppe mit vielen kleinen Stufen zum Halten. Fluchend bockte sie das Fahrzeug auf, nahm den Helm ab, hängte ihn hastig an den Lenker und rannte los, immer zwei Stufen auf einmal nehmend, bog um die nächste Hausecke – und blieb keuchend stehen.

Vor ihr, im bläulichen Licht der Morgendämmerung, lagen grüne Hänge, Bäume, Buschwerk und kleine Gebäude, bei denen es sich wohl eher um Schuppen als um Wohnhäuser handelte. Zäune unterteilten die Ebene in Grundstücke unterschiedlicher Größen, und Vögel zwitscherten laut. Von dem Mann – keine Spur.

Sie folgte dem schmalen Weg, der in Serpentinen den Hang hinunterführte, und blieb bei der ersten Biegung stehen, wo sich ein Plateau befand und sie den Rest der Strecke überblicken konnte. Nicht mal ein Hund streunte hier entlang.

Weit konnte der Mann nicht sein. Er war wahrscheinlich über den Zaun gesprungen und hielt sich irgendwo im Dickicht versteckt.

Cirillo formte mit ihren Händen einen Trichter und rief: »Kommen Sie heraus.«

Für einen Moment war alles still. Cirillo fasste an den Maschendraht, doch die Umzäunung war zu instabil, als dass jemand darüber hätte hinwegklettern können. Der Typ konnte den Zaun nur ein Stück weiter überwunden haben, wo es eine Eisenpforte gab.

Das Gitter war an den Spitzen verrostet, die Pforte selbst unverschlossen und wohl erst vor kurzer Zeit geöffnet und aufgeschoben worden – wie an der Spur der Blätter am Boden deutlich zu erkennen war.

Der Garten dahinter mit Orangen- und Zitronenbäumen schien von der Welt vergessen zu sein. Das abschüssige Gelände endete, und im Meer, dem Golf von Neapel, lagen, lang ausgestreckt, die Insel Procida und ein Stück weiter, graublau und schemenhaft, Ischia.

Cirillo blieb stehen und lauschte. Aus dem Gebüsch kam eine Eidechse geschossen, huschte im Zickzack über den Weg und verschwand im Laub. Schmetterlinge tanzten über bunten Blüten wilder Nelken, und Cirillo hatte das Gefühl, von irgendwoher angestarrt und beobachtet zu werden. Sie spürte die Anwesenheit des anderen so stark, dass ihr Herz zu hämmern begann.

»Kommen Sie heraus!«, rief sie. »Los. Zeigen Sie sich!«

Doch als Antwort fuhr nur der Wind in die Blätter des Feigenbaums und in den Bambus, ein dichter Wald, der meterhoch in den Himmel ragte, und Cirillo versuchte zu erkennen, ob zwischen den Rohren ein Mensch stand. Der Weg vor ihr und zu den Seiten war abgeschnitten, sie war in eine Sackgasse geraten. Cirillo drehte sich um und versuchte abzuschätzen, wie weit der Weg zurück zur Pforte war. Aber die Pforte war verschwunden. Stattdessen stand dort plötzlich ein knorriger Baum, ein verkrüppelter Riese – so groß, dass sie nicht verstand, warum sie ihn nicht schon vorher gesehen hatte.

Sie ging zurück, in dieselbe Richtung, aus der sie glaubte, gekommen zu sein. Als sie unter dem knorrigen Riesen und seiner ausladenden Baumkrone stand, sah sie die Pforte. Sie lugte in einer ganz anderen Richtung zwischen den Büschen hervor – und war verschlossen. Obwohl Cirillo sich nicht erinnern konnte, sie hinter sich zugezogen zu haben.

4

Rizzi vernahm Cirillos Stimme, aber ganz weit weg, während der Raum um ihn herum langsam Konturen annahm. Wannen und Bottiche, Kellen, Kannen und andere seltsame Behältnisse kamen zum Vorschein.

»Rizzi? Hörst du mich? Enrico! Antworte!«

Dann sah er Cirillo – so nah, wie er sie vielleicht noch nie gesehen hatte, ihr dunkelblondes Haar, das so hübsch unter der Polizeimütze hervorquoll und ihr Gesicht umrahmte. Hatte sie schon immer so schöne Lippen gehabt? Und waren ihre Augen schon immer so blau gewesen? So blau wie der Himmel an einem besonders schönen Tag.

»Erkennst du mich?« Sie klatschte ihm mit der flachen Hand rechts und links ins Gesicht. »Ich bin's, Antonia. Deine Kollegin. Antonia Cirillo.«

Sein Hosenboden war nass, und sein T-Shirt klebte am Rücken. Er lag in einer Pfütze, hatte Kopfschmerzen und betastete seinen Hinterkopf, während die Erinnerung langsam zurückkam. »Im Bottich«, murmelte er und versuchte, sich aufzurichten.

»Bottich?«, wiederholte Cirillo und schaute hinüber ins Halbdunkel, zum Chromstahlbehälter. »Was ist damit?«

»Im Wasser«, ächzte er, »liegt ein Toter.«

Cirillo erhob sich aus der Hocke, ging am Schemel vorbei und starrte mit einem ungläubigen Gesichtsausdruck in den Behälter.

»Kennst du ihn?«, fragte Rizzi.

»Er arbeitet hier«, antwortete Cirillo. »Zusammen mit seiner Frau. Ich kenne seinen Mozzarella.«

»Dann ist es Nino Castaldo. Mozzarella-Nino.« Rizzi erhob sich mühsam. »Sag beim Polizeiposten Bescheid.« Ihm war schwindlig. »Gatti soll Ispettore Lombardi informieren und Dottor Rossetti. Und die Kriminalpolizei in Neapel. Und Savio soll herkommen. Wir müssen absperren.«

Cirillo schwieg betroffen und rührte sich nicht von der Stelle. Dann zückte sie ihr Telefon.

Während sie am Polizeiposten Meldung machte, rappelte Rizzi sich hoch, schüttelte sein rechtes und sein linkes Bein und ließ vorsichtig seine Arme und Schultern kreisen.

Mit dem Telefon am Ohr blieb Cirillo vor ihm stehen. »Brauchst du einen Arzt?«, fragte sie.

Er winkte ab.

»Alles okay«, sagte sie in den Hörer. »Er sieht schon wieder einigermaßen normal aus. Bitte informier Commissario Serra in Neapel. Wir brauchen die Spurensicherung. Er soll seine Leute rüberschicken.« Sie beendete das Gespräch und sagte zu Rizzi: »Bist du wirklich in Ordnung? Dann erzähl. Was ist passiert?«

Mit dem Rücken an einen Pfeiler gelehnt, berichtete Rizzi, wie er hier so gegen sechs Uhr angekommen war. Die Tür war nur angelehnt und niemand zu sehen. Alles schien normal, nur die Sache mit dem Schlauch kam ihm merkwürdig vor. Dann entdeckte er den Toten. Schluss, Ende. An mehr erinnerte er sich nicht.

»Warum trägst du keine Uniform?«, fragte Cirillo.

Er hob die Hände. »Ich war in den Gärten, als der Anruf kam«, sagte er. »Ich wollte nicht extra wegen der Uniform nach Hause fahren. Ich hätte nur Zeit verloren.«

»Du hättest mir vor allem Bescheid sagen müssen.« Cirillo steckte ihr Telefon ein. »Statt Gatti anzustiften, die Dienstvorschriften zu verletzen, und dann selbst hier den Helden zu spielen. Tu nicht so, als ob du nicht wüsstest, wovon ich rede.« Sie wandte sich ab und pustete sich wütend eine Strähne aus dem Gesicht.

»Beruhig dich«, sagte Rizzi, »und erzähl, was du vorgefunden hast, als du hier angekommen bist.«

Cirillo stemmte die Hände in die Hüften, schloss kurz die Augen und berichtete von dem Mann im Hoodie und ihrer Verfolgungsjagd.

»Das war wahrscheinlich der Kerl, der Nino Castaldo umgebracht hat.« Rizzi schnippte mit dem Finger. »Bevor er mir eins übergezogen hat.«

»Kann sein«, sagte Cirillo. »Aber wer hat dann die Polizei gerufen?« Sie reichte ihm ein Paar Einweghandschuhe und erklärte, dass sie sich vorne im Laden umschauen wollte.

Sie verschwand, und Rizzi ließ seinen Blick durch den Raum schweifen. Beim Eingang hing eine Windjacke am Haken. Er durchsuchte die Taschen, fand einen Geldbeutel mit mehreren Kredit- und Bankkarten, fast zweihundert Euro Bargeld, und betrachtete das Foto auf dem Personalausweis.

Nino Castaldo, der berühmte Mozzarella-Nino aus Neapel. Dass er Stella Apicella aus Capri-Stadt geheiratet hatte, die rund vierzig Jahre jünger war, hatte für ziemlich viel Gesprächsstoff auf der Insel gesorgt. Ebenso Castaldos Entschluss, eine neue Käserei hier im verschlafenen Anacapri zu eröffnen, statt, wie man hätte erwarten können, in Capri-Stadt, wo ihm der Bürgermeister persönlich eine schöne Immobilie an der mondänen Via Camerelle angeboten hatte. Doch Nino Castaldo war bei seiner Entscheidung geblieben – was man ihm in Capri-Stadt bis heute nicht verziehen hatte und ihm wahrscheinlich auch über seinen Tod hinaus noch übelnehmen würde.

Rizzi betrachtete das Arrangement auf der Fensterbank, das Marienbild, die künstlichen Blumen, Blütenblätter, die Kerze und die Gipsfigur von Padre Pio. Irgendetwas stimmte daran nicht, er wusste nur nicht, was.

Er machte davon ein Foto, als Cirillo zurückkam und meldete: keine Einbruchspuren im Laden. Die Kasse sei verschlossen, Fenster und Türen allesamt verrammelt.

Sie verschwand im Büro, während Rizzi die Treppe hinauf in den ersten Stock ging. Er kannte die Wohnung über dem Laden noch aus der Zeit, als Ernesto Colasanti hier seine Pflanzen- und Samenhandlung betrieben hatte. Aber die Ecke, wo er so oft mit Ernesto gesessen und so manches Bier getrunken hatte, gab es nicht mehr, wie es eben auch Ernesto nicht mehr gab.

Nino Castaldo und Stella Apicella hatten alle Wände und sogar die Zwischendecke herausreißen lassen und einen einzigen großen, hohen Raum geschaffen, der bis unter das spitz zulaufende Dach reichte. Im vorderen Teil war eine offene Küche mit Espressomaschine, Thermomix, Mikrowelle und allen Schikanen. Auf dem Herd stand ein Topf

Minestrone und eine Pfanne, in der anscheinend Brot geröstet worden war. Die Geschirrspülmaschine war halb gefüllt. Im Mittelteil des Raumes befand sich zwischen zwei Beistelltischchen mit Lampe ein großes Sofa, übersät mit weißen Kissen, mit Blick auf einen riesigen Fernseher. Auf einem Glastisch lagen mehrere Fernbedienungen, ein Tablet und ein veraltetes Mobiltelefon. An den Wänden hing moderne Kunst, Bilder von nackten Frauen und Männern, wenn Rizzi das Gepinsel richtig interpretierte.

Das Schlafzimmer dahinter war kein abgeschlossener Raum, sondern ein offener Bereich hinter einem Mauervorsprung, der eigentlich nur aus Bett bestand. Das Dach war an dieser Stelle verglast, sodass man nachts in die Sterne sehen konnte. Dafür würde es im Hochsommer, wenn die Sonne richtig knallte, unerträglich heiß hier drinnen werden. Das Bett mit den aufgeschüttelten Kissen und dem glattgezogenen Betttuch sah nicht aus, als hätte in der Nacht jemand darin geschlafen, oder es war nach dem Aufstehen gleich gerichtet worden. Auf dem Boden lagen Hanteln, Aufladegeräte und Kabel.

Im angrenzenden Bad standen auf der Konsole zwei elektrische Zahnbürsten und die üblichen Toilettenartikel, ebenso auf dem Rand der Badewanne. Nichts Auffälliges. Alles sah aus, als würden hier zwei Menschen in Frieden und Eintracht miteinander leben, wären nur mal kurz verschwunden und würden gleich wiederkommen.

Rizzi inspizierte den Wandschrank mit Hemden und Kleidern, aber auch hier sah nichts nach Einbruch oder einem überstürzten Aufbruch aus oder dass hier jemand etwas gesucht hätte. Er zog die Nachttischschublade auf, die voller Medikamente war, als im Erdgeschoss eine schrille Frauenstimme zu hören war: »Wo ist er?«

Cirillos Stimme sagte etwas im beruhigenden Ton, dann schepperte es, und ein lang gezogener Schrei ertönte, der in ein tiefes Schluchzen überging.

»Nino! Mein Nino!«

Rizzi machte die Schublade zu und eilte die Treppe hinunter.

Die Frau mit den brünetten Haaren trug ein langes, geblümtes Kleid, das beinahe festlich wirkte und die gebräunten Schultern frei ließ. Stella Apicella war über den Rand des Bottichs gebeugt und versuchte, den leblosen Körper darin bei den Schultern zu packen. Wasser schwappte auf den Boden, während sie wie von Sinnen die bleichen Wangen des Toten mit der flachen Hand schlug, immer wieder, als könnte sie ihn damit zum Leben erwecken.

»Nino!«, schrie sie. »Wach auf!«

Der Typ, der mit Stella gekommen war, legte den Arm um sie und zog sie behutsam weg vom Bottich und dem Toten. Während sie in seinen Armen von einem Weinkrampf geschüttelt wurde, wiegte sie der Mann stumm hin und her. Er hatte die schwarzen Haare zu einem Knoten gebunden. Seine Schuhe waren verdreckt, dazu trug er ein weißes T-Shirt, das so sauber war, als hätte er es gerade erst aus dem Schrank geholt.

Vielleicht, schoss es Rizzi durch den Kopf, hatte der Mann eben noch ein anderes Kleidungsstück über dem T-Shirt getragen, einen Hoodie, zum Beispiel, wie Cirillo ihn an dem Typen, den sie auf der Vespa verfolgte, beschrieben hatte.

Cirillo schien dasselbe zu denken, wechselte mit Rizzi wortlos einen Blick, trat vor und sagte zu dem Mann: »Dürfte ich Sie kurz sprechen?«

Der Typ wich einen Schritt zurück, und Cirillo packte ihn reflexartig am Arm.

»Diego kann Sie nicht hören«, schluchzte die Frau. »Er hat nichts getan. Er hat mir Bescheid gesagt. Was ist passiert? Wieso ist Nino tot?« Fassungslos schaute sie von Cirillo zu Rizzi und wieder zurück und warf sich wieder an die Brust des Mannes, der sie tröstend an sich drückte.

»Haben Sie die Polizei gerufen?«, wandte Rizzi sich an den Mann. »Verstehen Sie, was ich sage?«

»Nein!«, schluchzte Stella Apicella. »Ich habe es Ihnen doch gerade erklärt, er ist gehörlos.«

Rizzi holte sein Smartphone heraus, tippte seine Frage ins Textfeld und zeigte dem Mann das Display.

Er las die Frage auf Rizzis Smartphone, nickte und stieß ein »Ja« hervor, er habe die Polizei verständigt. Er zog sein eigenes Telefon aus der Tasche, tippte darauf herum und hielt es dann Rizzi hin.

Ich habe Sie bewusstlos geschlagen, las Rizzi. Mir war nicht klar, dass Sie von der Polizei sind. Entschuldigung.

Er schlug die Hände vors Gesicht, während Stella, ohne Vorwarnung, zurück zum Bottich stürzte, sich über den Rand beugte und wie irre versuchte, den Leichnam herauszuziehen.

Cirillo hielt die Frau zurück, nahm sie bei den Schultern und erklärte eindringlich: »Es tut mir schrecklich leid, was passiert ist. Aber Ihr Mann ist tot. Sie können nichts mehr für ihn tun.«

Stella heulte und ließ sich von Cirillo widerstrebend, aber ohne Widerstand zu leisten, vom Bottich weg die Treppe hinauf nach oben in die Wohnung führen, während Rizzi sich von dem Mann den Ausweis zeigen ließ und ihn mit einer Handbewegung bat, auf einem der Klappstühle Platz zu nehmen.

Diego Bocci, geboren in Caserta, sechsundzwanzig Jahre alt, wohnhaft in Anacapri, Via Linaro.

Rizzi führte das Gespräch mit dem Mann auf die Weise weiter, wie sie es begonnen hatten: Er schrieb seine Fragen in sein Smartphone, und Diego Bocci tippte seine Antworten.

Daraus ergab sich der folgende Ablauf: Diego Bocci sei, wie gewohnt, um fünf Uhr morgens zur Arbeit gekommen, um die Vorbereitungen für den Arbeitstag zu treffen. Die Tür zur Käserei war nicht abgeschlossen gewesen und Nino Castaldo nicht da. Diego dachte sich nichts dabei. Misstrauisch wurde er erst, als er das Wasser um den Bottich herum sah.

Als er seinen Chef entdeckte, lief er panisch in den ersten Stock, in der Hoffnung, dort Stella zu finden. Aber da war niemand. Die Angst packte ihn, und er musste sich zwingen, ruhig zu bleiben und zu überlegen, was zu tun war. Er versuchte, Stella mobil zu erreichen, und schickte ihr, als das nicht gelang, eine Nachricht. Erst dann meldete er sich bei der Polizei, konnte nur, um eine deutliche Artikulation bemüht, die wichtigsten Informationen hervorstoßen und legte wieder auf. Auf Rückfragen habe er nicht reagieren können, weil er sie ja nicht hörte und durch das Telefon auch nicht von den Lippen ablesen konnte.

Minutenlang sei er oben in der Wohnung gesessen, habe auf sein Telefon gestarrt, in der Hoffnung, Stella würde sich melden. Er versuchte zu verstehen, was nicht zu verstehen war. Als er runterging und, völlig irrsinnig, hoffte, sich das Ganze vielleicht nur eingebildet zu haben, traf er auf einen Mann, den er noch nie gesehen hatte. In Panik griff er nach dem erstbesten Gegenstand und zog Rizzi mit der Rührstange eins über. Dann floh er aus dem Haus. Als er zur Besinnung kam, wollte er sich vergewissern, was er getan hatte, kam zurück, sah die Polizistin – und rannte wieder davon.

Rizzi tippte in sein Smartphone: *Hatte Nino Castaldo mit jemandem Streit? Hatte er Feinde?*

Diego Bocci las die Frage und starrte sekundenlang auf das Display. Rizzi beobachtete, wie sich seine Augenbrauen ein wenig zusammenzogen, als wagte er einen Gedanken nicht zuzulassen oder auszusprechen.

Dann nahm Diego Bocci entschlossen den Apparat, tippte seine Antwort, löschte und schrieb neu, während hinter ihm Matteo Savio, der Kollege vom Polizeiposten, eintrat, gefolgt von Dottor Rossetti mit der Arztasche.

Savio nahm respektvoll seine Mütze ab, als er das Gesicht des Toten unter Wasser sah, und Dottor Rossetti bekreuzigte sich und fragte, was er tun könne.

Rizzi erklärte, die Witwe des Toten, Stella Apicella, habe einen Nervenzusammenbruch und sei oben in der Wohnung, zusammen mit Agente Cirillo.

Dottor Rossetti verschwand über die Treppe, und Savio fragte: »Soll ich absperren?«

Rizzi nickte – während er Diegos Antwort auf dem Display seines Smartphones las: *Viele Menschen waren auf Ninos Leben mit Stella eifersüchtig. Eigentlich alle. Auch wenn es nie jemand laut gesagt hat.*

Rizzi ließ das Telefon sinken und sah Diego Bocci hinterher, der mit gesenktem Kopf hinter Dottor Rossetti die Treppe hinaufging, mit schwerem Schritt, Stufe für Stufe, wie ein alter Mann.

5

Cirillo hatte auf den Beistelltischchen die Lampen angeknipst, damit Dottor Rossetti mehr Licht hatte, als er die Spritze mit dem Beruhigungsmittel aufzog. Bevor er ging, ordnete er noch an, dass Stella Apicella auf keinen Fall alleine gelassen werden durfte.

Die junge Frau lag auf dem Sofa und starrte in die Luft. Im Tageslicht, das durch die schrägen Fenster über dem Fernseher fiel, tanzten die Staubkörnchen.

»Es geht mir schon besser«, erklärte sie matt, ohne Cirillo anzusehen. »Ich meine bloß. Sie müssen hier nicht sitzen wie eine Krankenschwester. Diego kann raufkommen. Er kann sich um mich kümmern.« Ihre Wimperntusche war verschmiert, das brünette, etwas rotstichige Haar umrahmte Hals und Schultern. Unter dem runden Kinn begann sich ein zweites abzuzeichnen, was ihrem weichen, fast durchsichtigen Gesicht ein kindliches Aussehen verlieh. Cirillo empfand für die junge Witwe keine besondere Sympathie. Sie wusste nicht, woran es lag. Vielleicht war es bloß die professionelle Distanz, die sie automatisch aufbaute, wenn es um Ermittlungen ging.

Cirillo blätterte, auf der Sofakante sitzend, in ihrem Notizbuch. »Nino Castaldo muss ein fantastischer Mensch gewesen sein. Und auch wenn Sie es wahrscheinlich schon hundertmal gehört haben« – Cirillo schaute auf –, »ich muss es Ihnen einfach sagen: Ihr Mozzarella ist ganz und gar einzigartig. Ich kann es fast nicht glauben, dass es so was ausgerechnet hier auf Capri gibt, praktisch vor meiner Haustür ...«

»Er muss weinen«, sagte Stella.

»Wie bitte?«

»Der Mozzarella. Wenn Sie draufdrücken, muss er weinen. Er darf nur ein klein wenig nachgeben und muss den Druck damit beantworten, dass er Wasser abgibt. Tränen, sozusagen. Danach nimmt er wieder seine ursprüngliche Form an.«

»Verstehe«, sagte Cirillo und fragte vorsichtig: »Sind Sie in der Lage, mir ein paar Fragen zu beantworten?«

Stella reagierte nicht, und Cirillo beschloss, es als Ja zu werten. »Wie alt sind Sie?«, fragte sie.

»Wie alt?«, wiederholte Stella, ohne die Augen aufzumachen. »Fünfundzwanzig.«

»Wann haben Sie Ihren Mann das letzte Mal gesehen?«

»Wir haben gestern Abend den Geburtstag meines Vaters gefeiert«, sagte Stella leise, mit fast ersterbender Stimme. »Bei meinen Eltern. Nino war so glücklich. Sie hätten ihn sehen sollen. Er war so jung. Und hatte eine so starke Ausstrahlung. Verstehen Sie, was ich meine? Er hat alle in seinen Bann gezogen. Ja, das hat er.«

»Wann hat er das Fest verlassen?«

Stella überlegte. »Um Mitternacht haben wir angestoßen, haben für Papà gesungen, er hat Kerzen ausgeblasen, und wenn Nino hätte bleiben können, hätten wir getanzt. Ich bin mir sicher. Nino und ich hätten getanzt, wie früher.«

»Aber er musste fort«, sagte Cirillo. »Wohin?«

»Nach Hause, natürlich.« Stella Apicella schaute erstaunt auf. »Er wollte sich vor der Arbeit noch ein Stündchen hinlegen.«

»Hat er sich ein Taxi genommen?«

»Er wollte zu Fuß gehen.«

»Mitten in der Nacht? Von Capri nach Anacapri?«

»Ja.«

Cirillo blätterte in ihrem Notizbuch eine Seite um. »Warum?«, fragte sie. »Ich meine, es ist ja eine ganz schöne Strecke.«

»Nino liebte die Natur, deshalb war er auch von Capri so begeistert. Nachts, hat er behauptet, könne er das Meer hören.« Stella schlug die Augen auf, als würde sie aus einem Traum erwachen, und schaute zur Decke, wo Spotlights hingen, die auf die Bilder an der Wand gerichtet waren. »Wenn ich mir vorstelle: Wir haben gefeiert, während er –« Sie schlug die Hände vors Gesicht.

»Wir werden alles tun, um den Tod Ihres Mannes aufzuklären«, sagte Cirillo, als wäre das ein Trost oder die Lösung des Problems. »Und zwar so schnell wie möglich«, fügte sie hinzu.

»Aber wie?«, schluchzte Stella. »Wie wollen Sie seinen Tod aufklären? Sie sind eine einfache Polizistin. Das haben Sie selbst neulich an der Käsetheke erzählt. Und jetzt wollen Sie herausfinden, was mit Nino passiert ist? Als wären Sie der Commissario persönlich? Ich verstehe das nicht. Ich verstehe überhaupt nichts!«

»Beruhigen Sie sich«, bat Cirillo.

»Nein, ich beruhige mich nicht!«

Cirillo schaute in das runde, verheulte Gesicht und fühlte sich hilflos. Stella Apicella hatte ja vollkommen recht. Was sollte sie als Polizistin, zuständig für Falschparker und anonyme Nachbarschaftsanzeigen, ohne eigenen Ermittlungsapparat bei einem solchen Verbrechen ausrichten können? Sie würde sich gedulden müssen und abwarten, was die Kriminalpolizei in Neapel anordnete – wenn sie überhaupt etwas anordnete und nicht lieber vollständig ihr eigenes Ding machte.

»Entschuldigung«, schniefte Stella. »Es tut mir leid. Sie sind Polizistin, und Sie wissen natürlich, was Sie tun.«

»Ihnen braucht gar nichts leidzutun«, sagte Cirillo. »Ich werde Sie jetzt in Ruhe lassen.« Sie erhob sich.

»Nein«, flüsterte Stella und griff nach ihrer Hand. »Bitte nicht. Bleiben Sie. Und fragen Sie mich.«

»Sie sollten sich erst mal ausruhen«, sagte Cirillo.

»Fragen Sie alles, was Sie wollen. Na los. Machen Sie schon. Was wollen Sie wissen?«

Cirillo zögerte. »Also gut.« Sie setzte sich wieder. »Wenn Sie morgens mit der Mozzarella-Produktion beginnen – wie gehen Sie vor? Was ist der erste Schritt?«

»Der erste Schritt?«, wiederholte Stella.

»Wo kommt die Büffelmilch her?«

»Aus Paestum. Diego nimmt sie jeden Morgen gegen fünf Uhr am Hafen in Empfang.«

»Das hat er auch heute Morgen gemacht?«

»Selbstverständlich.« Stella nickte, und zum ersten Mal breitete sich auf ihrem Gesicht ein Ausdruck von Ruhe und Zufriedenheit aus. »Die Büffelmilch wird zuerst mit dem Lab-Enzym versetzt und muss dann ziehen. Drei bis vier

Stunden. Bis sich die Käserohmasse auf dem Boden absetzt.«

»Erzählen Sie weiter.«

»Oben schwimmt nun die Molke, die wir abschöpfen und mit Milch und Salz zu Ricotta kochen. Den anderen Teil, die bröselige Masse für den Mozzarella, rühren wir mit heißem Wasser zu einer elastischen Paste an, von der wir im kalten Wasserbad faustgroße Klumpen abrupfen und zu Kugeln rollen. Daher heißt es ja auch Mozzarella, von *mozzare,* rupfen.«

»Wann wird das Wasser in den Bottich gefüllt?«, fragte Cirillo.

»Wasser?« Stella schaute überrascht auf und schüttelte den Kopf. »Gar nicht. Wasser hat im Bottich, außer zur Reinigung, nichts zu suchen.«

Cirillo machte sich eine Notiz. »Wie ist Ihre Beziehung zu Diego, Ihrem Mitarbeiter?«, fragte sie. »Was können Sie mir über ihn erzählen?«

»Diego?« Stella lächelte mit geschlossenen Augen in sich hinein. »Er ist unentbehrlich. Aber für Nino war er mehr als nur einfach ein Angestellter.« Sie sprach wieder ganz leise. »Er hat für Nino schon in der Käserei in Neapel gearbeitet. Nino hat Diego geliebt wie den Sohn, den er nie gehabt hat. Diego, hat er immer gesagt, ist der Einzige, der den Mozzarella mit den Händen so gut ziehen kann wie er selbst und keine Waage braucht. Er hat das Gefühl in den Fingern. Er ist ein Naturtalent.« Stella seufzte. »Diego ist ein ganz Lieber.«

»Er hat meinen Kollegen heute Morgen in der Käserei bewusstlos geschlagen«, sagte Cirillo, während sie den

Nachrichteneingang auf ihrem Telefon kontrollierte und die Message überflog, die Rizzi ihr geschickt hatte. »Und danach ist er abgehauen.«

Stella hob abrupt ihren Kopf und starrte Cirillo verdutzt an. Es sah aus, als würde sie gleich anfangen zu lachen. »Diego hat Ihren Kollegen bewusstlos geschlagen?«, wiederholte sie. »Ist das Ihr Ernst, oder wollen Sie mich verschaukeln?«

»Ihr Freund hat alles zugegeben.« Cirillo steckte ihr Telefon wieder ein. »Er hat meinen Kollegen für einen gefährlichen Eindringling gehalten. Agente Rizzi war ja in Zivil. Er trug keine Uniform.« Cirillo schaute auf ihre Notizen. »Wie haben Sie heute Morgen vom Tod Ihres Mannes erfahren?«

»Diego hat mir eine Nachricht geschickt«, erklärte Stella matt, »und geschrieben, dass etwas Furchtbares passiert ist. Als ich die Nachricht gefunden habe, ich glaube, so gegen sechs, und Nino nicht erreicht habe, bin ich sofort los. Diego kam mir schon entgegen.« Sie kämpfte wieder mit den Tränen.

Cirillo machte einen Strich unter ihre Aufzeichnungen, während aus der Käserei Stimmen heraufdrangen. Die Kollegen von der Kriminalpolizei aus Neapel trafen ein. Cirillo klappte den Block zu, steckte den Stift ein und schaute über ihre Schulter.

An der Wand, bei der Treppe, kauerte Diego Bocci auf dem Fußboden, vielleicht schon eine ganze Weile. Er hatte die Arme um die Knie geschlungen und starrte ins Leere wie jemand, der vom Spiel ausgeschlossen wurde und keine Funktion mehr hat. So verloren wirkte er, dass Cirillo an sich halten musste, um nicht zu ihm hinzugehen und ihn zu trösten und ihm wenigstens kurz mal ihre Hand auf die Schulter zu legen. Um sich selbst zur Ordnung zu rufen, sagte sie stattdessen laut und vernehmlich und im Ton wahrscheinlich strenger als beabsichtigt: »Ich möchte Sie alle beide bitten, vorerst hier oben zu bleiben und sich für den Commissario zur Verfügung zu halten.«

»Kein Problem«, erwiderte Stella Apicella und fügte leise hinzu: »Danke.«

Cirillo erhob sich, als ihr einfiel, dass Diego Bocci sie ja gar nicht hören und verstehen konnte, wenn er nicht von ihren Lippen ablas. Er schaute misstrauisch hoch, als sie an ihm vorbeiging.

Bevor sie über die Treppe nach unten ins Erdgeschoss verschwand, sah sie noch, wie er sich zu Stella Apicella aufs Sofa setzte und die beiden sich umarmten und einander festhielten.

Merkwürdig, dachte sie. Es sah fast aus, als wäre Diego derjenige, der den wichtigsten Menschen in seinem Leben verloren hatte, und Stella diejenige, die ihn tröstete, und nicht umgekehrt.

*

»*Buongiorno*«, grüßte Cirillo die Männer in den Schutzanzügen, die an ihr vorbeistiefelten und ihre Taschen abstellten, während Rizzi jedem einzelnen wortlos die Hand gab.

Andrea Scotto von der Kriminalpolizei betrat als Letzter den Raum und sah mit der Sonnenbrille im Haar, in seinem

Polohemd und den hellen Chinos aus, als käme er vom Golfplatz oder vom Segeln. Die Tatsache, dass Commissario Serra sich nicht selbst herbemühte, um die Ermittlungen aufzunehmen, sondern seinen Stellvertreter schickte, war vielleicht ein Hinweis darauf, dass man in Neapel entweder, wie überall, chronisch unterbesetzt und überlastet war – oder dass man dem Fall nicht die alleroberste Priorität einräumte.

Scotto ging an Cirillo vorbei, ohne sie zu sehen oder zu beachten, gab Rizzi die Hand und fragte mit Blick auf die nasse Stelle: »Was ist mit Ihrer Hose? Und warum sind Sie in Zivil?«

Rizzi berichtete, was passiert war, beschränkte sich dabei auf das Wesentliche, sprach von einer »Kollision« mit Diego Bocci, dem Mitarbeiter aus der Käserei, und einem Missverständnis, das sich inzwischen aufgeklärt hatte. Der Mann hatte den Toten entdeckt, die Polizei verständigt und war zuletzt mit Stella Apicella, der Witwe des Verstorbenen, aufgekreuzt.

Scotto schien Rizzis Ausführungen nicht ganz zu folgen. Er schaute ziellos im Raum umher und kürzte dann Rizzis Vortrag mit den Worten ab: »Schicken Sie mir einfach Ihr Protokoll.«

»Diego Bocci und Stella Apicella«, meldete sich Cirillo aus dem Hintergrund, »sind oben in der Wohnung und stehen Ihnen für alle Fragen zur Verfügung.«

Scotto drehte sich zu ihr herum, als würde er erst jetzt ihre Anwesenheit bemerken, tastete sie mit seinen Augen einmal von oben bis unten ab und sagte: »Danke.«

»Wofür?«, fragte Cirillo.

Scotto verzog fragend sein Gesicht, aber bevor Cirillo nachlegen konnte, schlug Rizzi vor: »Wollen Sie jetzt einen Blick auf die Leiche werfen?«

Cirillo fand Rizzis Ton anbiedernd und Scottos Auftritt unerträglich. Wie er den Toten, das Gesicht und die farblosen Lippen mit dem seltsamen Lächeln darauf betrachtete, ohne jede Emotion, mochte noch ein Beleg dafür sein, dass er einfach schon zu viele Tote in seinem Berufsleben gesehen hatte und die Fälle nicht so nah an sich heranließ. Genau das sollte man so auch tun, wurde einem immer gesagt, wenn man professionell sein und nicht an der Welt verzweifeln und am Beruf kaputtgehen wollte. Trotzdem war Cirillo davon überzeugt, dass es genauso schädlich war, seine Gefühle immer und ständig unter Kontrolle zu halten.

»Sag bloß, er ist da drin ersoffen?«, sagte einer der Männer in den Schutzanzügen, ohne dass ihn jemand nach seiner Meinung gefragt hatte.

»Vielleicht die Folge eines Herzinfarkts«, meinte ein anderer. »Ein Mann in seinem Alter –«

»Und wie ist er dann in den Bottich gekommen?« Cirillo ergriff das Wort. »Vielleicht kopfüber reingefallen? Aber warum liegt er dann auf dem Rücken? Konnte er sich mit letzter Kraft umdrehen, aber nicht mehr aus dem Bottich klettern? Und wer hat das Wasser eingefüllt – und wann?«

Die Männer schwiegen überfordert, und Scotto erklärte: »Genaueres werden wir wissen, wenn der Abschlussbericht aus der Pathologie vorliegt.«

»Wann wird das sein?«, fragte Rizzi.

Scotto schaute auf seine Armbanduhr. »Das kann Ihnen eigentlich völlig egal sein, Agente.«

Rizzi horchte den Worten sekundenlang hinterher und sagte: »Das sehe ich anders.«

»Wie bitte?«

»Wir sind auf Capri.« Rizzi war ganz sachlich. »Was hier passiert, geht uns Capreser alle an. Ein Gewaltverbrechen betrifft nicht nur die Familie und die nächsten Verwandten, sondern auch alle, die ihn gekannt, bei ihm eingekauft und seinen Mozzarella geschätzt haben oder jemanden kennen, der das getan hat.«

»Interessant.« Scotto wandte sich ab und klatschte in die Hände. »Los, Leute. Holt ihn jetzt raus.«

Während zwei Männer begonnen hatten, Fotos zu schießen und an Wannen, Plastikbehältern und anderen Gegenständen die Fingerabdrücke zu nehmen, beratschlagten die beiden anderen, wie sie die Leiche am besten bergen könnten: Unter den Schultern nehmen und mit vereinten Kräften aus dem Bottichs hieven? Das Wasser schwappte in Wellen über den Rand und klatschte auf den Boden, während sie versuchten, den Leichnam zu packen, und ihnen die leblosen Arme und Beine immer wieder entglitten.

Scotto scrollte derweil auf seinem Smartphone und fragte, ohne vom Display aufzuschauen: »Wer von euch hat den Mozzarella von Nino Castaldo schon mal gegessen? Stimmt es, ist er wirklich der Beste?« Fragend schaute er auf.

»Ich warte draußen«, sagte Cirillo.

Als sie ins Freie trat, in die milde und weiche Luft, merkte sie, dass sie die ganze Zeit gefröstelt hatte. Und dass über der Piazza La Torre eine angespannte Stimmung lag.

Vor der Käserei hatten sich Schaulustige versammelt und

umringten Savio, der dabei war, den Leichenwagen einzuweisen und rückwärts ans Gebäude heranzuwinken.

»Zur Seite, bitte«, befahl Savio, »geht weiter«, und den Kindern, die wie Katzen um das grau lackierte Fahrzeug herumstrichen, rief er zu: »Hier gibt es nichts zu sehen. Habt ihr gehört? Abmarsch. Na, wird's bald?«

Der Leichenwagen blieb stehen, zwei Männer im Anzug stiegen aus, öffneten hinten die Klappe, holten den Sarg heraus. Der Sarg wurde zum Seiteneingang der Käserei getragen und verschwand, und auf der Piazza setzten Gemurmel und Gespräche ein. Der Kellner vor dem Café rückte die Stühle zurecht, zwei Männer von der Müllabfuhr genehmigten sich einen Espresso und plauderten mit einem Typ mit tätowierten Armen, und eine junge Mutter, die Hand am Kinderwagen, redete aufgeregt in ihr Handy hinein. Etwas abseits stand eine Frau in grünen Turnschuhen und versuchte, durch den halb geschlossenen Rollladen in den Verkaufsraum der Käserei zu schauen.

»Kann ich Ihnen helfen?«, fragte Cirillo, verärgert von der Neugier dieser impertinenten Person.

»Ich glaube nicht«, antwortete die Frau, ohne sich umzudrehen, und murmelte: »Schade. Wirklich sehr schade.«

»Was?«, fragte Cirillo verständnislos.

»Das Deckengemälde mit den Blumen ist weg.« Die Frau zuckte die Schultern, aber die Enttäuschung war ihr deutlich anzumerken. Ihr rosafarbenes Halstuch korrespondierte mit dem Rosa ihres Lippenstifts. »Vermutlich wollten sie für ihren Laden eine neutrale Farbe«, sagte sie. »Kann man ja verstehen.« Sie schaute zum Leichenwagen hinüber. »Und jetzt ist er tot. Nicht zu fassen.«

»Kannten Sie ihn?«, fragte Cirillo.

»Nino Castaldo?« Die Frau schüttelte den Kopf und sagte, als wäre es eine Erklärung: »Er war aus Neapel. Aber Stella kenne ich schon, seit sie so groß war.« Sie hielt ihre Hand dorthin, wo der Saum ihres Baumwollkleides endete. »Ich war ihre Lehrerin.« Die Tatsache schien sie mit Stolz zu erfüllen. Dann versteinerte ihr Gesicht. Sie starrte auf den halb geschlossenen Rollladen und murmelte: »Irgendwie hat das Kind kein Glück. Fünfundzwanzig Jahre alt – und schon verwitwet. Das muss man erst mal schaffen. Manchmal kommt es mir vor, als ob sie das Unglück anziehen würde. Es gibt solche Menschen, glauben Sie nicht?« Sie schaute Cirillo fragend an. »Manche ziehen das Glück an, andere das Unglück.«

»Entschuldigung«, meldete sich eine Passantin mit Einkaufstasche und einem kleinen Hund auf dem Arm. »Wann kommt denn der Sarg?«

»Bitte gehen Sie weiter«, befahl Savio und machte die entsprechende Handbewegung. »Es gibt hier überhaupt nichts zu sehen.«

Cirillo nahm den Gesprächsfaden mit der Lehrerin wieder auf und meinte: »So guter Käse hätte ihr ja eigentlich Glück bringen können.«

»Aber sie war doch eine totale Anfängerin in dem Bereich!« Die Frau trat näher und sagte mit gesenkter Stimme, als dürfe niemand mitbekommen, dass Cirillo eine solche Wissenslücke hatte: »Ihr Vater ist der berühmte Maler Massimo Apicella. Haben Sie noch nie von ihm gehört? Und ihre Mutter war beim Ballett.«

»Verstehe. Dann hat Stella also eine künstlerische Ader?«

Die Frau lachte kurz auf. »Das kann man leider nicht behaupten. Aber sie war eine gute Schülerin, unkompliziert und im guten Sinne angepasst. Ging nach dem Abitur nach Rom, um Psychologie zu studieren. Keine Ahnung, wie sie darauf gekommen ist. Ich dachte noch: Mädchen, das ist doch nichts für dich. Und dann, schau an, war sie ja auch schneller wieder hier, als man gucken konnte.«

»Und hat den Käseladen aufgemacht«, ergänzte Cirillo.

Die Frau nickte und zuckte gleichzeitig die Schultern. »Etwas vereinfacht ausgedrückt.«

»Aber die Beziehung zwischen Stella und Nino war ja auch etwas Besonderes«, behauptete Cirillo. »Ein so berühmter Mann. Wo die Liebe hinfällt. Da spielt so ein Altersunterschied ja keine Rolle.«

Die Frau rückte unbehaglich ihr rosafarbenes Halstuch zurecht. Cirillo folgte ihrem Blick auf die andere Seite des Platzes. Die Männer von der Müllabfuhr waren verschwunden, nur der Typ mit den tätowierten Armen stand noch da und starrte herüber.

»Kennen Sie ihn?«, fragte Cirillo.

»Ich kenne hier fast alle«, antwortete die Frau. »Die meisten von ihnen saßen irgendwann einmal bei mir im Unterricht.«

Plötzlich ging ein Raunen über die Piazza. Cirillo schaute sich um. Die Seitentür zur Käserei öffnete sich, und Savio drängte die Leute zurück. Zuerst kam ein Mann im dunklen Anzug heraus, dann erschien langsam der Sarg, der metallisch in der Morgensonne glänzte. Als auch der zweite Träger erschien, klatschte jemand in die Hände.

Es war ein Kind, das Beifall spendete, ein kleines Mädchen, das über das ganze Gesicht strahlte und beim Klatschen fröhlich auf und nieder hüpfte – bis es erschrocken verstummte. Die Person daneben, wahrscheinlich die Mutter, hielt dem Kind die Hände fest und wies es zischend zurecht. Nun begann es zu weinen und wurde von der Frau an der Hand fortgezerrt.

Cirillo war von dem Zwischenfall ein paar Sekunden lang abgelenkt. Als sie sich wieder umdrehte, war die Frau mit dem rosa Halstuch und den grünen Turnschuhen verschwunden.

6

Es war kurz nach elf Uhr. Der Himmel war beinahe wolkenlos und die Luft sommerlich warm, als Rizzi seinen Motorroller an der Rampe parkte, die zum Polizeiposten hinunterführte. Er verstaute seinen Helm im Sattel und grüßte mit der Hand Richtung Roxy Bar, dem Lokal seines besten Freundes Alberto, wo die Stammgäste sich versammelt hatten und wahrscheinlich hofften, von ihm auf den neuesten Stand gebracht zu werden. Die Nachricht vom Verbrechen in Anacapri hatte sich natürlich schon herumgesprochen, und die Gier nach Informationen war groß.

»Ich sage es gleich«, rief Rizzi rüber. »Ich habe nicht viel Zeit!«, derweil Cirillo nun auch in den Kreisverkehr einbog, im Zeitlupentempo die Kurve nahm und vorschriftsmäßig blinkend neben Rizzi zum Stehen kam. Sie waren gleichzeitig losgefahren, aber Cirillo brauchte für die Strecke immer ewig – obwohl sie die Via Provinciale Anacapri täglich fuhr, seit sie sich entschieden hatte, lieber im provinziellen Anacapri zu wohnen statt in Capri-Stadt, und die engen Serpentinen eigentlich im Schlaf kennen müsste.

Sie bockte ihr Motorrad auf und fragte: »Wartest du auf mich?«

»Hast du schon gefrühstückt?«, fragte Rizzi.

»Kein Bedarf. Wir sehen uns gleich beim Ispettore.«

Er verstand Cirillo nicht, selbst in den einfachsten Handlungen.

Alberto in der langen Schürze des Barista empfing Rizzi mit ausgebreiteten Armen. »Wir haben uns schon Sorgen gemacht«, rief er. »Gatti hat erzählt, er musste Verstärkung anfordern und alle Einsatzkräfte mobilisieren. Seid ihr mit Neapel in Kontakt?«

»Leute, ich habe nicht viel Zeit«, entgegnete Rizzi, tätschelte Alberto im Vorbeigehen den Nacken und schob Edoardo Caruso beiseite, aber der pensionierte Finanzbeamte ließ sich nicht abschütteln und folgte ihm an die Theke.

»Michele glaubt, es sei ein Infarkt gewesen, und das will er so auch in der Inselzeitung schreiben«, erklärte der alte Mann mit schnarrender Stimme. »Ist es offiziell? Erri, mach den Mund auf. Wollt ihr etwas vertuschen?«

»Lass ihn in Ruhe«, befahl Marco Sasso, der Lebensmittelhändler, während Alberto an der Espressomaschine zu hantieren begann und Gina mit besorgtem Gesicht aus der Backstube trat.

Rizzi nahm ihr Gesicht in seine Hände und küsste sie. Sie erwiderte seinen Kuss und strich dabei mit der Hand durch seine Locken.

»Was ist passiert?«, fragte sie alarmiert und betastete vorsichtig seine Kopfhaut. »Du hast geblutet.«

»Ist nicht so schlimm.«

»Halt bitte still.«

»Liebling, es ist wirklich nicht der Rede wert.«

»Wenn er am Kopf blutet, soll er lieber rüber ins Capilupi«, meldete sich Fortunata Parisi von ihrem Stuhl in der Ecke. »Die sollen sich das im Krankenhaus mal anschauen.

Wie bei meinem Franco damals, als er vom Baum gefallen ist und niemand ahnen konnte, dass er sich eine Rippe gebrochen hat.«

»Erri hat sich eine Rippe gebrochen?« Der Blumenhändler Giuseppe Ruffini machte die Tür vom Klo hinter sich zu. »Beim Großeinsatz in Anacapri?«

»Alle mal herhören.« Rizzi nahm seine Sonnenbrille ab und wartete, bis Giuseppe Ruffini und Fortunata Parisi aufgehört hatten, über seine Verletzung zu diskutieren und alle verstummt waren. »Wir hatten in Anacapri einen gefährlichen Einsatz und haben die Situation problemlos gemeistert«, erklärte Rizzi. »Jetzt ist die Questura in Neapel am Zug.« Er wandte sich zur Theke, wo Alberto ihm einen Espresso hinstellte. »Wir unterstützen die Kollegen natürlich mit Rat und Tat und arbeiten eng mit ihnen zusammen – wie man es von uns hier in Capri erwartet und auch nicht anders kennt. Und was euch angeht« – Rizzi riss das Zuckertütchen auf und ließ die weißen Körner in die Crema rieseln, »bitte ich euch, Ruhe zu bewahren. Macht euch nicht verrückt und lasst euch nicht verrückt machen. Wir haben alles im Griff.«

»Er hat recht«, sagte Alberto, während er mit dem Lappen über die Theke wischte.

»Genau so ist es«, pflichtete Marco bei, und von den anderen erhob sich zustimmendes Gemurmel, während Gina ein mit Puderzucker bestäubtes Cornetto für Rizzi auf den Teller legte.

»Eine Frage habe ich trotzdem noch, wenn es erlaubt ist.« Edoardo Caruso schloss die Knöpfe von seinem viel zu großen Sakko. »Was genau ist denn in der Käserei passiert?

Haben wir es, wie man munkelt, mit Mord zu tun? Läuft ein Verbrecher frei herum?« Er musterte die Umstehenden mit scharfem Blick. »Vermutlich schon. Denn von einer Festnahme war keine Rede. Oder habe ich etwas nicht mitbekommen? Sind wir also alle in Gefahr? Ich finde, Erri, du schuldest uns eine Erklärung.« Durch seine kleine Brille hindurch sah er Rizzi herausfordernd an.

»Die Ermittlungen laufen auf Hochtouren«, erklärte Rizzi und tupfte mit den Fingern die Krümel vom Teller. »Über den aktuellen Stand darf ich keine Auskunft geben. Ich bitte um Verständnis.«

»Schatz«, sagte Gina. »Deine Uniform. Ich habe sie dir mitgebracht.«

Die Kleidungsstücke hingen in der Backstube über dem Ofen. Während Gina ihm nacheinander Hose, Hemd und Jacke reichte, mahnte sie: »Bitte sei vorsichtig. Du musst nicht den Helden spielen und niemanden beeindrucken.« Sie half ihm, das Hemd zuzuknöpfen, und strich ihm die Jacke über den Schultern glatt. »Hast du mich verstanden?«, fragte sie.

Er schaute in ihre grünen Augen, die vor Sorge ganz dunkel waren, und zog sie an sich. »Ich liebe dich«, sagte er und küsste sie.

Dann setzte er seine Mütze auf. »Wir sehen uns heute Abend.«

Im Polizeiposten, am Empfang, saß Gatti hinterm Tresen und starrte auf die Telefone, zwei Festnetzapparate, die ununterbrochen klingelten, und sah entsetzlich müde aus.

»Geh nach Hause.« Rizzi klopfte im Vorbeigehen auf

den Tresen. »Schlaf dich aus.« Er war schon in der Tür, die zum Gemeinschaftsbüro führte, als er sich noch einmal umdrehte. »Du hast gute Arbeit geleistet, Gatti. Danke. Hast die Nerven behalten. Klasse.«

Gatti schaute überrascht auf. Seine Augen, die wegen ihrer langen Wimpern immer ein wenig an Kuhaugen erinnerten, glänzten vor Freude. »Danke, Chef«, stammelte er.

Teresa saß an ihrem Schreibtisch, dem Zentrum des Gemeinschaftsbüros, war am Tippen und sagte, ohne von ihrer Arbeit aufzuschauen oder sie zu unterbrechen: »Dass der alte Mann da nachts ganz alleine in diesem schrecklichen Haus an der Piazza La Torre mit dem Tod ringt, ist wirklich eine Schande.« Das Klappern der Tasten hörte auf. Teresa nahm ihre Brille ab. »Wo war denn seine Frau, als er starb?«, fragte sie empört. »Wo waren die Nachbarn, die sich in Anacapri doch immer damit rühmen, dass sie füreinander da sind – im Gegensatz zu uns, in Capri-Stadt, wo es ja angeblich keinen Zusammenhalt gibt? Wenn du mich fragst, ist das mal wieder typisch für Anacapri. Wenn es drauf ankommt, sind es da drüben alles Schlafmützen. Gleichgültigkeit, wohin man schaut.«

Rizzi nahm sich von ihrem Obstteller ein Stück Apfel. »Ist Cirillo schon oben?«, fragte er.

»Vor zwei Minuten hochgegangen.« Teresa senkte ihre Stimme. »Ich glaube, sie hat mal wieder Ärger mit ihrem Ex. Oder mit ihrem Sohn. Ich weiß, das geht uns nichts an, und was sie alles an privaten Problemen mit sich herumschleppt, will ich auch gar nicht wissen. Das Einzige, was mich wirklich mal interessieren würde: Warum fährt diese Frau eigentlich dauernd nach Neapel?«

»Frag sie doch«, schlug Rizzi vor.

»Aber was glaubst du?«, fragte Teresa. »Trifft sie jemanden? Oder baut sie am Ende Beziehungen zu irgendwelchen Dienststellen auf, von denen wir keine Ahnung haben? Entschuldige, Erri. Ich denke nur laut.«

»Ich weiß es nicht.« Er war schon auf der Treppe. »Vielleicht hat sie ja einfach nur ein Privatleben.«

»Aber wenn sie etwas im Schilde führt und hier vielleicht schon heimlich ihren Abgang vorbereitet, wüsste ich es gerne«, rief sie ihm hinterher.

Das Büro von Ispettore Lombardi im ersten Stock war hell und sonnendurchflutet, und das große Fenster erstreckte sich fast über die gesamte Breite des Raums. Der Kontrast zu unten, dem Gemeinschaftsbüro, konnte nicht größer sein. Dort hatten sie bloß ein kleines vergittertes Fenster mit Blick auf den Hof, den Streifenwagen und die Mülltonnen, und den auch nur, wenn man auf einen Stuhl stieg. Ispettore Lombardi dagegen brauchte sich auf seinem Chefsessel nur umzudrehen, und er hatte den Blick auf das Meer und den Vesuv. Und dieses Panorama war so schön, dass Rizzi für einen Moment vergaß, um was es hier eigentlich ging: um einen Toten und einen Bottich voller Wasser. Hier oben gab es nur Postkarte, Licht und Wärme und den Ispettore in seiner gebügelten Uniform mit goldenen Epauletten, gefärbtem Schnauzbart und einer hohen Stirn, die, während er sich Cirillos Bericht anhörte, allerdings heute Morgen von Sorgenfalten zerfurcht war.

»Wir haben die Käserei versiegelt«, beendete Cirillo ihre Zusammenfassung, »und der Leichnam ist unterwegs nach Neapel in die Gerichtsmedizin.« Sie saß dem Ispettore am

Schreibtisch gegenüber und hatte ihr Notizbuch auf den Knien.

»Buongiorno«, grüßte Rizzi und schloss hinter sich die Tür.

»Wie heißt der Mitarbeiter?«, fragte Lombardi, ohne Notiz von Rizzi zu nehmen, und schraubte seinen Füllfederhalter auf.

»Diego Bocci«, diktierte Cirillo. »Er ist gehörlos, was die Kommunikation mit ihm ein wenig erschwert.«

Lombardi machte sich eine Notiz. »Und bei dem Toten handelt es sich zweifelsfrei um Nino Castaldo, den Mozzarella-König aus Neapel?«, fragte er.

»Sowohl Stella Apicella als auch Diego Bocci haben ihn identifiziert«, bestätigte Cirillo.

»Unsere Stella Apicella.« Lombardi drehte sich auf seinem Sessel zum Fenster und schaute nachdenklich hinaus auf den Vesuv und die beiden Höcker, die sich in der Ferne als unwirkliche Silhouette im Dunst der Vormittagssonne gegen den blassblauen Himmel abzeichneten. »Was hatte sie an diesem Mann bloß für einen Narren gefressen? Dieser Nino Castaldo war doch viel zu alt für sie.« Lombardi schaute zur italienischen Fahne mit dem Wappen Capris. »Und unsere Stella Apicella hatte natürlich auch ihre Bedürfnisse. Vielleicht hat er deshalb einen Infarkt erlitten?«

»Haben Sie zum Stand der Ermittlungen schon mit Commissario Serra in Neapel gesprochen?«, wollte Rizzi wissen.

»Nein, aber ich habe mit seinem sehr klugen Mitarbeiter konferiert. Ich weiß, Sie hören das nicht gerne, aber dieser Mann weiß, was er tut.« Lombardi schaute Cirillo fragend an. »Wie heißt er gleich?«

»Andrea Scotto.« Rizzi setzte sich auf den Stuhl neben Cirillo. »Es gibt viele Ungereimtheiten«, sagte er. »Erstens: Wie ist Castaldo in den Bottich geraten? Zweitens: Warum war der Bottich randvoll mit Wasser gefüllt?«

»Nino Castaldo musste Herztabletten nehmen«, unterbrach Lombardi. »Die Witwe hat diese Angabe Scotto gegenüber gemacht, und der hat daraufhin alle Medikamente beschlagnahmt. Lassen Sie mich ausreden. Solange nicht das Gegenteil bewiesen ist, folgen wir der offiziellen Linie und gehen von einem Herzinfarkt aus. Haben Sie mich verstanden, Agenti?« Lombardi schaute eindringlich zwischen Rizzi und Cirillo hin und her. »Es gibt Todesfälle, die sind so grotesk und beruhen auf einer solch unglaublichen Verkettung tragischer Umstände – das können Sie und ich und wir alle uns gar nicht vorstellen.«

»Ich möchte einen Vorschlag machen«, begann Rizzi. »Unabhängig vom Stand der Ermittlungen und der offiziellen Linie würde ich gerne der Familie von Stella einen Besuch abstatten. Dort hat Nino Castaldo seinen letzten Abend verbracht, dort sind die Menschen, die ihn gesehen und mit ihm gesprochen haben, bevor er Stunden später gestorben ist.«

»Sie machen die Familie doch nur verrückt«, widersprach Lombardi. »Lassen Sie die Kollegen in Neapel erst mal ihre Arbeit tun, und dann schauen wir weiter.«

»Ich will ihnen mein Beileid ausdrücken«, sagte Rizzi. »Ich finde, das gehört sich.«

Lombardi lockerte seinen Krawattenknoten. »Schluss mit der Diskussion. Wir pfuschen Neapel nicht ins Handwerk. Folgende Aufgaben sind zu erledigen.« Lombardi klappte die große Ledermappe auf, holte einen Zettel hervor und setzte seine Brille auf. »Sie überprüfen bitte, ob Nino Castaldo mit seinem Betrieb ordnungsgemäß Steuern abführt und seine Mitarbeiter beim Finanzamt angemeldet sind. Wir dürfen keine Nachsicht walten lassen und uns keine Ungenauigkeiten leisten. Die Zeiten sind jetzt so.« Lombardi war rot im Gesicht. »Wir stehen im Moment im Fokus der Aufmerksamkeit, und ich will mir von niemandem nachsagen lassen, ich hätte meine Insel nicht im Griff.«

»Herausfinden, ob Nino Castaldo ordnungsgemäß seine Steuern gezahlt hat«, wiederholte Cirillo und notierte.

»Und schreiben Sie das Protokoll bitte zügig.« Lombardi ließ seinen Blick über den Schreibtisch und Cirillos Notizbuch schweifen. »Teilen Sie sich die Arbeit meinetwegen untereinander auf. Danach gehen Sie auf Streife und zeigen Präsenz. Damit unter den Leuten keine Unruhe entsteht bei all den Gerüchten, die im Moment kursieren.«

Cirillo klappte ihr Notizbuch zu. »So machen wir es, Ispettore«, sagte sie.

Auf der Treppe, hinunter ins Gemeinschaftsbüro, sagte Rizzi: »Teresa kümmert sich um den Betrieb und den Steuerkram, und das Protokoll kannst du heute Nachmittag schreiben.«

»Warum ich?«, antwortete Cirillo.

»So oder so ist es schnell erledigt.« Rizzi pustete den Staub von seiner Sonnenbrille und setzte sie auf. »Was ich sagen will: Wir sollten uns nicht verzetteln und jetzt keine Zeit verlieren.«

7

Die Via Castiglione verlief über mehrere Kurven den Berg hinauf und an Mauern entlang, hinter denen die schönsten Häuser von Capri lagen, wie manche Leute behaupteten. Ob es stimmte, war schwer zu sagen. Von der Straße aus war nur hier und da ein Dachfirst zu sehen, ein Tor oder die Lampe einer Alarmanlage.

Das Haus der Apicellas war leicht zu finden und an der Grundstücksmauer zu erkennen, die Massimo Apicella schon vor vielen Jahren in ein Kunstwerk verwandelt hatte – wenn man bei den aufgemalten Eierköpfen, Schielaugen, schiefen Nasen, großen Mündern und abstehenden Ohren überhaupt von Kunst sprechen wollte. Nicht wenige Leute fanden, die Eierköpfe seien ein ausgemachter Blödsinn, eine Schmiererei, die die ganze Gegend verschandelte, und forderten ihre Entfernung. Der Streit währte schon ewig und war offiziell immer noch nicht beigelegt – nur dass die Gegner der Eierköpfe im Laufe der Zeit leiser geworden waren und ihre Kritik nur noch hinter vorgehaltener Hand äußerten. Schließlich war Massimo Apicella als Künstler inzwischen eine Berühmtheit. Menschen aus der ganzen Welt pilgerten angeblich nach Capri, um die Mauer zu besichtigen.

Rizzi dachte, er wäre schon vorbeigefahren und hätte die Mauer vielleicht übersehen, weil sie inzwischen unter einer

Bougainvillea verschwunden oder die Kunst vom Regen heruntergewaschen war. Dann tauchten die Eierköpfe doch noch auf. Sie leuchteten nicht mehr so grell wie früher, und die Natur hatte ihnen mit den Kapern, die zwischen den Steinen sprießten, grüne Elemente hinzugefügt.

»Vielleicht ist es eine Darstellung der Familie Apicella«, meinte Cirillo, als Rizzi mit dem Motorroller zum Stehen kam und sie hinten abstieg. Aber ihre These konnte eigentlich nicht stimmen. Dafür waren es zu viele Eierköpfe, und Massimo Apicella und seine Frau Adriana hatten nur ein Kind: Stella.

Rizzi betätigte den Klingelknopf. Nach dem zweiten Mal ertönte ein leises Klicken, und das Tor ging automatisch auf.

Die Treppe war mit bunten Kacheln belegt und führte zwischen Rhododendren und Kirschlorbeer über einen gewundenen Weg zur Haustür hinauf. Zwischen zwei Möpsen aus Keramik stand eine schmale Gestalt mit schulterlangen, weizenblonden Haaren im weiten Hauskleid.

»Ja, bitte?«, fragte die Frau so leise, dass sie kaum zu verstehen war.

Rizzi kannte Adriana Apicella nur vom Sehen. Manchmal saß sie mit Gästen auf der Piazzetta, trug verrückte Hüte und exzentrische Brillen und hatte über viele Jahre vor allem dadurch von sich reden gemacht, dass sie gern mit ihren vielen Hunden – Möpsen und Pinschern – durch die Via Camerelle spazierte, sich dabei die Hundeleinen ineinander verhedderten und nur dadurch entwirren ließen, dass alle Hunde freigelassen und dann wieder eingefangen werden mussten.

Wie Adriana Apicella da stand, so kerzengerade und mit durchgedrücktem Kreuz, die Füße ein wenig nach außen gekehrt, war sie immer noch die Primaballerina von früher und eine Schönheit obendrein, auch wenn sie etwas Hartes und Unbeugsames ausstrahlte. Leute, die sich auskannten, behaupteten, der Erfolg von Massimo als Künstler sei vor allem ihr zu verdanken und ihrer Gabe, ihren Mann nicht nur als Exzentriker zu inszenieren, sondern auch knallhart zu verhandeln, bis für seine Bilder und Skulpturen Höchstpreise bezahlt wurden. Und gleichzeitig hielt sie allen Rummel von ihm fern, damit er in Ruhe arbeiten und seine Kunst erschaffen konnte. Adriana Apicella selbst blieb dabei als Persönlichkeit ein wenig auf der Strecke. Sie war die Frau an der Seite von Massimo und für Rizzi, wenn er ehrlich war, immer noch die Fremde, die vor vielen Jahren nach Capri gekommen war und den durchgeknallten Fischersohn Massimo Apicella geheiratet hatte.

Er stellte sich und Cirillo vor, drückte in ihrer beider Namen und im Namen von Ispettore Luigi Lombardi sein Beileid aus und fragte: »Dürfen wir hereinkommen?«

»Selbstverständlich«, wisperte sie, ließ sie eintreten und sagte: »Mein Mann ist in Rom und kann seinen Aufenthalt dort leider nicht abbrechen. Er muss eine Ausstellung vorbereiten. Sie können sich vorstellen, wie schwierig das alles für ihn ist. Wir sind ja völlig erschlagen von dieser Geschichte. Kommen Sie.« Etwas fahrig machte sie eine einladende Handbewegung. »Möchten Sie etwas trinken?«

Rizzi und Cirillo verneinten und folgten ihr durch einen großen Raum, der vollgestellt war mit Sofas, Sesseln, Tischen und Beistellwagen mit Vasen für Orchideen und andere Blumen. Dazwischen standen Samthocker und Stühle, und überall lagen farbige Kissen. Es sah aus wie in einer Hotelhalle, in der es bunt und fröhlich zugehen sollte, nur fehlten die Gäste.

Adriana Apicella führte sie an einer bunt angemalten Holzfigur mit Turban und Pluderhose vorbei und an rosa Flamingos aus Pappmaché. Wahrscheinlich war das alles Kunst, und auch Adriana Apicella selbst, der Hausherrin, haftete etwas Künstlerisches an, wie sie, die Arme eng am Körper, die Handflächen seitlich abgeknickt, elfengleich durch den Raum schwebte und mit ihren Espadrilles schnelle kleine und vollkommen lautlose Schritte machte, während die Gummisohlen von Rizzi und Cirillo auf den glasierten Tonfliesen hässlich quietschten.

»Stella ist unsere einzige Tochter, und wir wollen natürlich jetzt, in dieser schweren Stunde, alle beieinander sein«, zwitscherte Adriana Apicella. »Aber man kann es sich nicht aussuchen. Die Ausstellung war lange geplant und ist für meinen Mann sehr wichtig.«

»Wie geht es Stella?«, fragte Cirillo.

»Sie tut mir so leid.« Adriana Apicella blieb vor dem Kamin stehen und schaute Cirillo an, als hätte sie ihren Text vergessen.

Rizzi fragte sich, ob Adriana Apicella vielleicht beschwipst war, und betrachtete die Fotos auf dem Kaminsims. Stella in allen Altersstufen, außerdem Aufnahmen von Adriana Apicella als Primaballerina und von einem kräftigen Mann mit nacktem Oberkörper und wilden Locken, unverkennbar Massimo Apicella. Vom Schwiegersohn Nino Castaldo konnte er kein Foto entdecken.

»Stella ist in ihrem Zimmer und ruht sich aus«, sagte Adriana Apicella und lächelte.

»Um es kurz zu machen«, sagte Cirillo. »Wir sind dabei, die letzten Stunden im Leben von Nino Castaldo zu rekonstruieren, und brauchen von Ihnen ein paar Angaben.«

»Ein paar Angaben? Wozu soll das gut sein?« Adriana Apicella schaute Rizzi mit weit aufgerissenen Augen an, obwohl es ja Cirillo war, die mit ihr sprach.

»Hat Stella Ihnen nicht erzählt, wo wir Nino Castaldo aufgefunden haben?«, fragte Cirillo.

»Ich verstehe Ihre Frage nicht.« Adriana Apicella wickelte sich eine Strähne um den Finger. »Ist das ein Verhör?«

»Solange die Todesursache nicht zweifelsfrei geklärt ist, ermitteln wir in alle Richtungen.«

»In alle Richtungen? Nicht zweifelsfrei geklärt?« Das maskenhafte Lächeln von Adriana Apicella erstarb. »Was heißt das? Ich verstehe nicht. Ist er denn nicht an einem Herzinfarkt gestorben?«

»Wir wissen es noch nicht.« Rizzi legte seine Hand auf den steinernen Sklavenkopf, der das Kaminsims trug. »Deshalb ist es so, wie meine Kollegin sagte: Wir versuchen, seine letzten Stunden zu rekonstruieren, um zu verstehen, was passiert ist.«

»Sie machen mir Angst.« Adriana Apicella wandte sich ab und trat durch eine Schiebetür auf eine überdachte Terrasse hinaus. Rizzi und Cirillo gingen hinterher. Vogelgezwitscher umfing sie, der Oleander duftete, und von irgendwo war ein Rasenmäher zu hören.

»Wann haben Sie Nino Castaldo zuletzt gesehen?«,

fragte Rizzi, während sie einen großen Tisch umrundeten, auf dem benutzte Gläser standen. Überall lagen gebrauchte Servietten herum.

»Wir haben hier gestern alle zusammen den Geburtstag meines Mannes gefeiert«, erklärte Adriana Apicella. »Im kleinen Kreis. Büffet für zwölf Personen. Linda kann das bezeugen. Linda!« Es klang wie ein Hilferuf. Adriana Apicella schaute an der weiß getünchten Fassade entlang zu den Fenstern mit den geschlossenen Läden hinauf. »Die Polizei ist hier!«, rief sie, aber es kam keine Antwort. »Ich gehe mit den Agenti runter in den Garten. Hörst du, Linda? Bring ein paar Gläser mit, ja?« Sie lauschte. Nichts regte sich. »Sie ist meine Freundin«, erklärte Adriana Apicella. »Die einzige übrigens, die ich auf Capri habe. Wenn man nicht hier geboren ist, bleibt man immer die Fremde. Es ist leider so.« Sie setzte sich eine Sonnenbrille mit hellblau getönten Gläsern auf und stieg die Treppe in den Garten hinunter, wo zwischen Koniferen eine hübsche Sitzgruppe unter einem Sonnenschirm zu sehen war und eine Remise mit großen Fenstern, die mit Bastrollos gegen die Sonne geschützt waren.

»Wann hat Nino die Party verlassen?«, fragte Rizzi.

»Irgendwann nach Mitternacht.«

»Können Sie es etwas genauer sagen?«

»Tut mir leid, ich habe nicht auf die Uhr geschaut. Kennen Sie das nicht? Wenn plötzlich die Zeit anfängt zu rasen? Man schaut sich um, und auf einmal sind alle weg. Draußen ist es hell, und der Tag hat begonnen.« Sie waren im Garten angekommen, und Adriana Apicella wischte mit der flachen Hand über die Sitzflächen der Stühle. »Nino war ein feiner

Mensch, herzensgut und charismatisch«, hauchte sie. »Massimo hat immer gesagt: Nino ist unser goldener Hintergrund. Klingt das nicht schön? Falls Sie es noch nicht wussten, jetzt wissen Sie es: Massimo ist nicht nur Maler, sondern auch Poet.« Sie nahm unter dem Sonnenschirm Platz. »Was ist Nino denn zugestoßen, wenn er nicht an einem Infarkt gestorben ist?«, fragte sie, und es klang seltsam beiläufig.

»Das wissen wir erst, wenn die Ergebnisse der Obduktion vorliegen«, antwortete Cirillo.

»Um Gottes willen.« Adriana Apicella machte eine theatralische Handbewegung. »Jetzt wird er auch noch aufgeschnitten.« Ihr Blick schweifte verloren über Champagnerschalen, eine Sektflasche im Kühler, Zigaretten, Aschenbecher und Kleenex.

»Hatte Nino Feinde?« Cirillo legte ihr Notizbuch auf den Tisch.

»Feinde?«, wiederholte Adriana Apicella nachdenklich und goss sich vom Champagner ein. »Ich fürchte, Sie steigern sich da in etwas hinein. Nino war glücklich mit seiner Büffelmilch und beseelt von seinen Produkten. Es war wirklich rührend zu sehen, wie genau er alles nahm und wie er sein Handwerk zelebriert hat. Als würde es sich bei seinen weißen Mozzarella-Kugeln um Kunst handeln.« Ohne hinzusehen, griff sie nach ihren Zigaretten. »Verstehen Sie mich nicht falsch«, sagte sie. »Es war wahrscheinlich auch Kunst, was er mit seiner Büffelmilch gemacht hat, aber Kunst, die sich so wahnsinnig ernst nimmt, hat mich noch nie interessiert.«

»Beschreiben Sie Nino«, bat Rizzi. »Was war er für ein Mensch?«

Nachdenklich pustete sie den Rauch in die Luft. »Er war ein Arbeitstier und sparsam obendrein. Immer am Rackern und Schuften für seinen kleinen Käseladen. Und von Stella hat er den gleichen Einsatz erwartet. Haben Sie sich das Geschäft mal angeschaut? Die Wände, die Decke – alles ist weiß. Was Sie nicht gesehen haben und auch gar nicht sehen konnten, ist die sehr frühe Arbeit meines Mannes, noch aus seiner Jugend, die er dort vor vielen Jahren für den vormaligen Besitzer angefertigt hatte.«

»Ernesto Colasanti«, nickte Rizzi. »Ich erinnere mich an das Deckengemälde. Blumen, Schlangen und, ich glaube, irgendwelche Teufel.«

Adriana Apicella lachte nervös. »Natürlich hätte es uns gefreut, wenn es eine Möglichkeit gegeben hätte, dieses frühe Kunstwerk zu erhalten. Aber Nino wollte seine Käserei unbedingt in einem neutralen Weiß, und Stella hat sich seinem Wunsch und seinen Vorstellungen gebeugt, wie sie sich allem gebeugt hat, was dieser Mann angeordnet hat.« Sie schnalzte mit der Zunge. »Bitte entschuldigen Sie, dass ich es so klar sage. Es ist meine persönliche Meinung.«

»Wie ist der Abend gestern verlaufen?«, fragte Cirillo.

»Das kann ich Ihnen sagen.« Adriana Apicella drückte ihre Zigarette aus. »Nino hat zur Feier des Tages seine Burrata mit Feigenmarmelade verköstigt. Ohne Übertreibung: Da ging es zu wie beim Abendmahl. Um Mitternacht haben wir angestoßen, und danach ist Nino gegangen – diskret und unauffällig, wie es seine Art war. Er musste ja immer so früh aufstehen, der Arme, und sich um seinen Mozzarella kümmern.« Sie legte sich die gespreizten Finger ihrer rechten Hand an die Brust und unterdrückte einen Rülpser.

»Dio mio«, sagte sie mit belegter Stimme, »auch wenn wir aus komplett verschiedenen Welten kamen, haben wir Nino doch sehr geliebt.«

»Hat außer Nino noch jemand die Party verlassen?«, fragte Cirillo.

Adriana Apicella schüttelte den Kopf. »Niemand.«

»Warum ist Stella nicht mit ihm gegangen?«

»Weil wir gesagt haben: Stella, du bleibst. Und amüsierst dich. Das ist ein Befehl.«

»Und hat sie sich amüsiert?«

»Allerdings. Als er weg war, ging die Party erst richtig los.« Adriana Apicella seufzte. »Es war schön, Stella mal wieder richtig ausgelassen zu sehen. Sie war so sorglos und unbeschwert. Ich hatte schon fast vergessen, dass sie diese Seite hat.«

»Gab es Streit?«, fragte Rizzi.

»Es gibt nie Streit.«

»Meinen Sie das ironisch?«

Adriana Apicella trank einen Schluck und schaute Rizzi dabei vielsagend über den Rand ihrer Sektschale hinweg an. Dann stellte sie das Glas ab und sagte: »Die Uniform steht Ihnen gut.«

»Bitte antworten Sie auf meine Frage.«

»Ob ich es ironisch meine, wenn ich sage, dass es bei uns nie Streit gibt?« Sie schaute Rizzi ausdruckslos an. »Nein, ich meine es überhaupt nicht ironisch. Ich weiß gar nicht, was Ironie ist.«

»Wir brauchen eine Liste mit den Namen aller Gäste, die an dem Fest teilgenommen haben«, sagte Rizzi.

»Ist das wirklich nötig?«

»Ja.«

»Hast du gehört?«, rief Adriana Apicella über ihre Schulter. »Sie wollen eine Liste.«

Eine Frau mit kurzen grauen Haaren kam die Treppe in den Garten herunter. Sie trug ein Baumwollkleid, ein rosafarbenes Halstuch und Turnschuhe aus grünem Stoff. »Gianfranco steht vor der Tür«, berichtete sie. »Ich habe ihm gesagt, Stella schläft und er soll gehen. War doch richtig, oder?«

»Buongiorno«, grüßte Cirillo überrascht. »So sieht man sich wieder. Sie waren plötzlich weg, ich konnte Sie gar nicht mehr nach Ihrem Namen fragen.«

»Ich heiße Linda Rubini.«

»Ihr kennt euch?«, fragte Adriana Apicella verwundert.

»Kennen ist zu viel gesagt.« Die Frau mit den kurzen grauen Haaren gab Cirillo und Rizzi die Hand. »Wir haben ein paar Worte auf der Piazza La Torre vor der Käserei gewechselt.«

»Du warst auf der Piazza La Torre?«, fragte Adriana Apicella zerstreut. »Wann?«

»Ich habe Stella abgeholt. Du hattest mich darum gebeten. Schon vergessen?« Linda Rubini nahm ihrer Freundin das Glas aus der Hand.

»Wer ist Gianfranco?«, fragte Rizzi. »Der Mann vor der Tür?«

Linda Rubini schaute ihre Freundin fragend an. »Das ist eine lange Geschichte.«

»Erzähl sie ihnen«, befahl Adriana Apicella spöttisch. »Aber halt dich kurz.«

»Gianfranco Riva ist im Grunde ein guter Junge«, sagte

Linda Rubini. »Er macht sich Sorgen um Stella und will nach ihr schauen. Aber sie will ihn nicht sehen. Zwei Sturköpfe, wenn Sie mich fragen. Die beiden sind schon zusammen zur Schule gegangen.«

»Hat Gianfranco hellblonde Haare und tätowierte Arme?«, fragte Cirillo. »Wenn ja, habe ich ihn auf der Piazza La Torre gesehen.«

»Richtig«, nickte Linda Rubini. »Genau der.«

»Er läuft Stella hinterher wie ein Hund«, berichtete Adriana Apicella. »Wie er allen Frauen hinterherläuft und überall sein Bein hebt. Am besten, man beachtet ihn gar nicht.«

Ein Schrei war zu hören. Eine laute Stimme, die etwas brüllte, was nicht zu verstehen war, dann ein Knall, eine Tür, die zuschlug. Danach war alles still.

»Sie bleiben hier und rühren sich nicht vom Fleck«, befahl Rizzi – und rannte los. Cirillo war schon an der Treppe.

Er nahm immer zwei Stufen auf einmal, kam mit Cirillo gleichzeitig oben an, rannte am langen Tisch vorbei und blieb an der Tür stehen.

Irgendwo war ein Wummern zu hören, als ob jemand gegen eine verschlossene Tür schlug.

»Stella?«, rief Rizzi. »Wo sind Sie?«

Sie durchquerten das Esszimmer. Die Schläge oder das Klopfen gegen die Tür hatten aufgehört. Rizzi holte seine Pistole hervor. Auch Cirillo hatte ihre Waffe gezogen.

Sie standen am Kamin mit den griechischen Sklaven und lauschten in die Stille, gingen an den Flamingos aus Pappmaché vorbei ans andere Ende des Raumes, wo in der Mauer ein Vorsprung war. Dahinter befand sich die Küche, die fast so groß war wie Rizzis gesamte Wohnung – aber auch hier war niemand zu sehen, und die blitzblanken Arbeitsflächen sahen nicht aus, als wären sie in letzter Zeit benutzt worden.

Rizzi öffnete die Tür zu einem Gäste-WC, schob einen Vorhang beiseite, hinter dem Putzmittel und ein Staubsauger standen, und sah erst jetzt die Treppe, die um die Ecke in die obere Etage führte. Er verständigte sich mit Cirillo wortlos. Der dicke Teppich auf den Stufen schluckte jedes Geräusch.

Oben waren die Wände grau gestrichen und bildeten den gedeckten Hintergrund für Bilder in bunten Farben. Rechts und links gingen Türen ab, von denen die meisten geschlossen waren. Die Beleuchtung war diffus. Rizzi nahm sich die Zimmer auf der linken Seite vor, Cirillo auf der rechten.

Schlafzimmer an Schlafzimmer. Überall in den Räumen waren die Fensterläden geschlossen, die Betten unbenutzt. Und nirgends eine Menschenseele zu sehen. Rizzi hielt sich nicht lange auf, öffnete keine Schränke, keine Schubladen, sondern überzeugte sich nur davon, dass sich hier niemand versteckte oder seine Hilfe brauchte.

Cirillo ging gründlicher vor. Als Rizzi mit seiner Seite durch war, fand er sie gegenüber, im zweiten Raum, wo sie einen Papierkorb durchsuchte und sich als Nächstes die Taschen eines Morgenmantels vornahm, der neben dem Bett auf dem Boden lag. Auf dem Nachttisch stand ein Glas Wasser, daneben lagen Tabletten, eine Schlafmaske und zerknüllte Taschentücher. Am Fußende des zerwühlten Bettes saß ein Teddybär, der aussah, als hätte er schon viel mitgemacht.

»Ich bin froh, dass Sie gekommen sind.« Stella stand wie ein Gespenst in der Tür. Sie trug ein Nachthemd, war barfuß, zerzaust, blass und hatte die Hände zu Fäusten geballt.

»Sind Sie schwanger?«, fragte Cirillo und präsentierte am ausgestreckten Arm ein Ultraschallbild, das sie wohl in der Tasche des Morgenmantels gefunden hatte.

»Das geht Sie nichts an!« Stella stürzte auf Cirillo zu und riss ihr die Aufnahme aus der Hand. »Was fällt Ihnen ein, in meinen Sachen herumzuschnüffeln?«, schrie sie. »Das ist meine Privatangelegenheit.«

»Welcher Monat?«, fragte Cirillo.

Stella Apicella senkte den Kopf. Ihre Augen füllten sich mit Tränen. »Zweiter.«

»Wer weiß davon?«

»Niemand«, schluchzte sie. »Außer Nino.« Ihr Gesicht war verzerrt. So durchsichtig sah sie aus, dass Rizzi auf sie zuging, weil er fürchtete, sie würde gleich ohnmächtig.

»Ist Nino der Vater?«, fragte er.

»Ob Nino der Vater ist?«, wiederholte sie angriffslustig. »Wer denn sonst?« Ihre Augen blitzten, während rechts von ihr, nah am Körper, dunkelrote Tropfen auf den weißen Teppich fielen.

Rizzi nahm ihre Hand. Sie leistete keinen Widerstand, als er ihre Faust öffnete. In ihrer Handfläche war eine tiefe Schnittwunde. Sie blutete.

»Was ist passiert?«, fragte Rizzi.

Der Blick von Stella Apicella wanderte zum Fenster. »Er hat Nino umgebracht«, sagte sie mit dumpfer Stimme. Ihre Schultern fielen nach vorne, als hätte jemand kiloschwere Gewichte darauf gelegt. »Ich weiß es.«

»Wer hat Nino umgebracht?«, fragte Rizzi. »Gianfranco? Antworten Sie!«

»Er ist ein Mörder«, stieß sie hervor. »Ich hasse ihn.«

»Wo ist der Mann?«, fragte Rizzi.

»Ich musste es tun. Verstehen Sie?« Stella schaute Rizzi flehend an. »Für Nino.«

»Bringen Sie uns zu ihm.« Rizzi packte Stella am Arm. »Sofort.«

Am Ende der Treppe folgten sie Stella in einen kleinen Flur. Stella bewegte sich, als wäre sie ferngesteuert und öffnete eine feuersichere Tür. Die Luft in dem Raum dahinter war stickig, das Licht diffus, und es roch nach Waschmittel.

Gianfranco lag auf dem Rücken hinter einem Berg Schmutzwäsche, sein Kopf lehnte an der Waschmaschine. Erst auf den zweiten Blick sah Rizzi, dass sich auf seinem T-Shirt, auf Höhe des Bauchs, etwas abzeichnete. Ein beinahe kreisrunder Fleck, der an den Rändern ausfranste. Etwa einen Meter von ihm entfernt lag ein kleines Messer. Gianfranco Riva hob ein wenig den Arm.

»Bitte helfen Sie mir«, flüsterte er.

»Ganz ruhig.« Rizzi kniete neben dem Mann nieder, während Cirillo bereits ihr Telefon gezückt hatte und einen Krankenwagen rief. Rizzi nahm das Handgelenk von Gianfranco Riva und fühlte den Puls.

»Stella trifft keine Schuld«, flüsterte Gianfranco. »Haben Sie gehört, Agente? Ich habe sie provoziert und nicht geglaubt, dass sie wirklich mit dem verdammten Tomatenmesser zusticht. Ich habe sie unterschätzt.«

»Haben Sie Nino Castaldo umgebracht?«, fragte Rizzi.

Gianfranco Riva verzog das Gesicht vor Schmerzen. »Ich

wünschte, ich hätte es getan«, stieß er hervor. »Diese arrogante Sau. Aber mir fehlt für so etwas –« Seine Augenlider flatterten.

»Signor Riva.« Rizzi fasste den Mann am Kinn. »Verstehen Sie mich? Bleiben Sie wach. Haben Sie verstanden?« Er klatschte mit der flachen Hand gegen seine Wangen.

»Ich habe ihn nicht getötet«, flüsterte Gianfranco Riva. »Kein Mumm. Bin zu feige. Ein Weichei.« Die Pupillen des Mannes drehten zur Seite. Er verlor das Bewusstsein.

Stella Apicella stand hinter Rizzi und sagte, die Arme vor der Brust verschränkt: »Ich glaube ihm kein Wort.«

8

Die Sonne verschwand hinter dem Monte Cappello, und der Himmel darüber leuchtet in Rot- und Orangetönen, während die wattigen Streifen über dem Meer in einem milden Violett schimmerten.

Rizzi fuhr Slalom um die Schlaglöcher. Gianfrancos Kreislauf, hatte der Notarzt versichert, sei wieder stabil. Adriana Apicella hatte dem Abtransport aus der Waschküche mit der Champagnerschale in der Hand zugeschaut, während Linda Rubini, die Lehrerin in den grünen Turnschuhen, einen Arm schützend um Stella gelegt hatte. Rizzi und Cirillo hatten nach Rücksprache mit Ispettore Lombardi auf eine Festnahme verzichtet und Stella Apicella lediglich die Auflage gemacht, die Insel bis auf Weiteres nicht zu verlassen. Ob und was die jüngsten Ereignisse mit dem Toten in der Käserei zu tun hatten, würde sich erst noch herausstellen.

Rizzi bremste und bog beim großen Stein um die Ecke, als ihm die Ape von Giuseppe Ruffini entgegenkam. Der Blumenhändler stoppte, als er auf Rizzis Höhe war, und legte seinen Arm auf seine Tür mit dem offenen Fenster. »Es gibt eine Festnahme?«, rief er. »Wie verrückt ist das denn?«

»Davon kann keine Rede sein«, antwortete Rizzi. »Der Fall ist kompliziert.«

»Verstehe. Du darfst nichts sagen. Habe ich recht?« Giuseppe boxte Rizzi gegen den Arm und rief: »Hör zu. Wir rechnen nächste Woche ab. Dein Papà weiß Bescheid. Aber du kannst dich freuen. Ich habe euch einen guten Preis gemacht. Weil ihr es seid.« Er hob zum Gruß die Hand und gab Gas.

Rizzi rollte den Hang hinunter und kam vor dem Schuppen zum Stehen. Romeo begrüßte ihn kläffend, aber von seinem Vater war nichts zu sehen. Nur der Großeinkauf, den er bei Giuseppe getätigt hatte, stand unter dem Walnussbaum: Paletten mit Tomaten- und Auberginensetzlingen, wunderschöne, kräftige Pflanzen, mindestens 120 Stück, die jede Menge Früchte bringen würden.

Rizzi zog seine Uniformjacke aus, warf sie über die Gartenbank, krempelte seine Ärmel hoch und betätigte die Pumpe. Während er sich kaltes Wasser ins Gesicht spritzte, dachte er, dass sie eigentlich nicht so einfach zur Tagesordnung übergehen durften. Auch wenn Gianfranco Riva, wie es aussah, Glück gehabt hatte und mit einer Fleischwunde davonkam und er keine Anzeige gegen Stella Apicella erstatten wollte. Rizzi schob sich eine Rolle Draht und die Kneifzange in die Hosentasche und schulterte die Spitzhacke.

»Ich habe hinter den Johannisbeeren eine schöne Fläche frei gemacht«, rief Vito, der am Bohnenspalier mit dem Spaten zugange war und versuchte, dem Wurzelgeflecht des Asparagus beizukommen, der sich hier ausgebreitet hatte. »Morgen hole ich noch mal zehn Paletten!«, rief er.

»Wir hatten eine Abmachung«, sagte Rizzi und trat im Vorbeigehen die Erde fest.

»Ich weiß nicht, was du hast.« Vito wischte sich mit dem Handrücken über die Stirn und betrachtete glücklich den neuen Acker. »Dreißig Cent für die Pflanze«, schwärmte er, »wir wären verrückt, wenn wir nicht zugreifen würden. Sei doch mal Geschäftsmann und denk an den Profit.«

»Und wer erledigt die Arbeit?« Rizzi stellte die Spitzhacke ab. »Das Wenige, was ich mir nach Feierabend und am Wochenende an Zeit abknapsen kann, reicht nicht, um all die Flächen zu bestellen, und du ruinierst dir deine Gesundheit. Wir hatten das alles im Winter ausführlich besprochen. Erinnerst du dich? Nur noch für den Eigenbedarf anbauen. Punkt. Aus.«

Vito machte sich weiter an den Wurzeln zu schaffen. »Deine Mutter liebt es, im Garten zu arbeiten.«

»Mamma soll sich nicht mehr so viel bücken.«

»Und Francesca ist auch noch da.«

»Das Kind ist elf.«

»Sie muss lernen, was es heißt, in einer Familie aufzuwachsen, wo jeder nach Kräften mit anpackt und seinen Teil beiträgt.«

»Wenn du damit sagen willst, dass Gina mehr mithelfen soll, dann nur raus damit.«

»Ich habe hier gar nichts gesagt. Das sind deine Worte.«

Rizzi hieb mit der Spitzhacke auf die Erde ein. »Wir brauchen Leute, die richtig arbeiten«, sagte er, »und wenn wir überhaupt jemanden finden, muss der auch anständig bezahlt werden. Verstehst du, Papà? Und schon trägt sich der ganze Laden nicht. Also überleg, was du tust, bevor du den Großeinkauf machst.«

»Du und deine ewige Schwarzmalerei«, grummelte Vito.

»Einer muss ja vorausschauend denken und die Übersicht behalten.«

»Wir haben es immer geschafft, wir schaffen es auch weiter.«

Sie arbeiteten schweigend. Nachdem Rizzi die Erde unter den Weinstöcken aufgelockert hatte, um Sauerstoff in den Boden zu lassen und ihn für den Regen vorzubereiten, der hoffentlich bald fallen würde, stellte er die Spitzhacke beiseite und holte Zange und Draht hervor. Es war Zeit, beim Wein die besten und kräftigsten Fruchtruten auszuwählen und die Triebe festzulegen, an denen die Trauben wachsen und gedeihen würden. Weinanbau war eine Kunst, die Rizzi von seinem Vater erlernt hatte, und bei keiner anderen Arbeit dachte er so intensiv daran, dass auch er eines Tages sein Wissen weitergeben und einen Sohn haben wollte, der die Gärten übernehmen und all das fortführen würde, was Rizzis Großvater und Urgroßvater einmal begonnen hatten.

»Was habe ich gesagt?«, rief Vito, als sie sich an der Pumpe trafen. »Wir haben wieder mal alles geschafft.«

Rizzi antwortete nicht, trocknete sich das Gesicht ab und kickte auf dem Weg zur Scheune den Fußball weg, mit dem Francesca hier gespielt hatte, schob das Tor auf und knipste das Licht an.

Das Gerümpel aus Kisten, Kartons, alten Korbstühlen und kaputten Lampen stapelte sich im hinteren Teil fast bis zur Decke, aber hier vorne herrschte Ordnung. Wie lange schraubte er jetzt eigentlich schon an dem alten Fiat Cinquecento herum? Er hatte mit dem Getriebe angefangen, dann die Karosserie ausgebessert und die Elektrik erneuert und zuletzt die Polster auf dem Fahrer- und Beifahrersitz und der Rückbank geflickt. Der Cinquecento war so gut wie neu und fast schon fahrbereit. Nur die Abdeckungen für die Rückleuchten fehlten und die Blinker vorne. Aber die Teile waren schon bestellt und sollten jeden Tag kommen.

Vito stellte zwei Flaschen Bier auf dem Werkzeugtisch ab, zog sich den alten Küchenstuhl heran, setzte sich und betrachtete wortlos, die Hände auf den Knien, das Auto. Vielleicht dachte er an all die Fahrten, die er damit seinerzeit mit Marta unternommen hatte, da waren Rizzi und seine beiden älteren Schwestern noch gar nicht geboren und wahrscheinlich nicht mal geplant.

Rizzi reichte seinem Vater eine der beiden Bierflaschen. Sie stießen wortlos an, tranken. Dann stellte sein Vater die Flasche neben sich auf den Boden, zog die flache Schachtel mit den Zigarillos aus seiner Brusttasche und sagte: »Erzähl. Was ist passiert?«

Während Rizzi mit dem weichen Lappen über das Blech, die blassblaue Lackierung fuhr, berichtete er von den Ereignissen in der Käserei in Anacapri, von dem Toten, Nino Castaldo, dem Mozzarella-König aus Neapel, der in einem Bottich voller Wasser lag, und davon, dass niemand wusste oder bisher rekonstruieren konnte, wie er da hineingekommen war. Er erzählte von Stella Apicella, die Nino Castaldo geheiratet und mit ihm zusammen vor einem Jahr die kleine Käserei an der Piazza La Torre eröffnet hatte und die jetzt, mit 25 Jahren, schwanger und verwitwet war und heute Nachmittag einen Mann namens Gianfranco Riva attackiert hatte, ein Verflossener anscheinend, den sie des Mordes an ihrem Mann bezichtigte, ohne irgendeinen Beweis für diese Behauptung zu haben. Er erzählte, dass sie nun mit dem

Kind, falls sie es überhaupt zur Welt brachte, und der Käserei alleine dastand – abgesehen von einem gehörlosen Mitarbeiter namens Diego Bocci und den exzentrischen Eltern Adriana und Massimo Apicella, die, wie es aussah, in ihrer eigenen Welt lebten und für den Weg, den ihre Tochter eingeschlagen hatte, wenig Verständnis hatten.

»Kaum zu glauben. Stella …«, wunderte sich Vito. »So groß ist das Mädchen schon? Die Zeit rast.« Kopfschüttelnd hob er seine Flasche an den Mund. »Massimo hat sich immer geweigert, Fischer zu werden wie sein Vater, Großvater und Urgroßvater.« Vito schnaubte. »Mit seinen verrückten Ideen hat er seine Eltern viel zu früh ins Grab gebracht. Viel haben sie von ihrer Enkeltochter jedenfalls nicht gehabt. Stella Apicella …« Vito trank einen Schluck und fragte: »Ist sie hübsch?«

»Sie ist längst erwachsen und ihr Vater Massimo ein erfolgreicher Künstler«, erklärte Rizzi, »und das übrigens nicht erst seit gestern.«

»Ich kann nur sagen: Massimo ist ein Spinner, immer gewesen«, stellte Vito fest. »Und seine Tochter heiratet einen Käsemacher? Da sieht man doch gleich, dass etwas nicht stimmt.«

»Du bist manchmal furchtbar engstirnig, Papà.« Rizzi faltete den Lappen und legte ihn zurück in die Kiste. »Aber es soll Menschen geben, die eine Berufung haben und nicht anders können, als ihr zu folgen. Es gibt Lebensentwürfe, auf die würden wir mit unserem begrenzten Horizont gar nicht kommen.«

Vito erhob sich von seinem Stuhl. »Ich weiß nur eins: Eine Familie muss zusammenhalten, sonst funktioniert es nicht.« Er bückte sich und prüfte mit dem Daumennagel das Profil des Reifens. »Ist genug Benzin im Tank?«, fragte er und schnalzte unternehmungslustig mit der Zunge. »Dann schnapp dir Gina, und fahr endlich mal los. Mach die Sache klar. Es ist jetzt dein Auto, und du hast lange genug auf diesen Tag hingearbeitet. Worauf wartest du?«

»Am Sonntag«, sagte Rizzi. »Aber kein Wort zu Gina. Hast du verstanden? Es soll eine Überraschung sein.«

9

In dieser Nacht machte Rizzi kein Auge zu. Drehte sich von einer Seite auf die andere. Versuchte sich der ruhigen, tiefen Atmung von Gina anzupassen, aber kein Trick funktionierte, um das Gedankenkarussell in seinem Kopf zum Stehen zu bringen. Im Gegenteil. Es drehte sich immer schneller.

»Was ist denn los mit dir?«, murmelte Gina und hob schlaftrunken den Kopf. »Wo willst du hin?«

Er küsste sie und flüsterte: »Versuch zu schlafen.«

»Schon wieder ein Notruf?« Gina seufzte: »Diese Deppen sollen dich mal in Ruhe lassen.«

»Es ist alles in Ordnung.« Er küsste Gina. »Mach dir keine Sorgen.«

»Sei vorsichtig«, murmelte Gina, schon wieder halb in den Schlaf sinkend. »Und pass auf, dass du das Kind nicht weckst.«

Zweimal war Francesca in der Nacht rübergekommen und hatte geklagt, sie könne nicht einschlafen, und daran war Rizzi nicht ganz unschuldig. Er hatte Gina, als er sich nach dem Essen eine Zigarette drehte, den Toten in der Käserei beschrieben, und Gina hatte so lange nachgefragt, bis er das bleiche Gesicht mit dem seltsamen Lächeln auf den Lippen und die Nasenspitze, die aus der Wasseroberfläche ragte, in allen Details beschrieben hatte. Und beide hatten sie nicht gemerkt, dass Francesca mit schreckgeweiteten Augen hinter ihnen in der Terrassentür stand und alles mitanhörte. Sie hätte längst schlafen sollen.

Rizzi zog im Dunkeln seine Uniformhose an, das Hemd, stopfte sich den Stoff in die Hose, schloss den Gürtel und nahm die Jacke vom Bügel.

Francesca im Zimmer nebenan atmete flach und beinahe lautlos. Rizzi hob das Stofftier vom Boden auf, die Ratte, die sie von ihrem Vater vor vielen Jahren zum Geburtstag bekommen hatte und abgöttisch liebte, und platzierte das abgewetzte Tier neben ihrem Kopfkissen. Er liebte das Kind, als wäre es sein eigenes, auch wenn er mit ihr, seit sie vor drei Jahren mit Gina in sein Leben getreten war, schon manche Kämpfe ausgetragen hatte. Sie war seither schon ziemlich gewachsen, beim Fußball immer besser geworden und ein kluges Mädchen, aber manchmal vergaßen sie, dass sie noch ein Kind war, das Albträume bekam, wenn es mit anhörte, wie es auf der Welt zuging.

Er nahm seine Mütze vom Haken, ging zur Tür, hatte die Klinke schon in der Hand, als er noch einmal umkehrte und zurück in die Küche ging. Die Flasche Whisky, die da oben auf dem Regal stand und die sie nie angerührt hatten, passte genau in die Innentasche seiner Jacke. Vielleicht konnte sie ihm bei seinem Vorhaben nützlich sein. Der Plan war nicht brillant und möglicherweise auch gar nicht in die Tat umzusetzen, aber gleichzeitig auch nicht so schlecht, dass er es nicht wenigstens versuchen wollte.

Vor der Wohnungstür zog er seine Stiefel an, lief schnell und leise die Außentreppe hinunter, am dunklen Küchenfenster seiner Eltern vorbei, und befahl Romeo im Hof mit einem scharfen *Vieni qua!* zurück in die Waschküche zu gehen. Der Hund trollte sich. Rizzi machte das Tor auf und schob seine Vespa auf die Gasse hinaus.

Die Luft war kühl und feucht, der Fahrtwind frisch und der Mond nur schemenhaft hinter den Wolken zu sehen. Vor ziemlich genau vierundzwanzig Stunden hatte Nino Castaldo noch gelebt, war voller Pläne gewesen und hatte als werdender Vater, mit über sechzig Jahren, am Anfang eines neuen Lebensabschnitts gestanden. War er verfolgt worden? Hatte er auf dem Weg jemanden getroffen oder seinem Mörder die Tür aufgemacht? Oder war der Mörder schon im Haus gewesen und hatte ihn erwartet? War die Tat geplant gewesen oder war ihr ein Streit vorausgegangen? Wie viel Hass war nötig, wie viel Kraft, um einen Menschen im Bottich wie eine Katze zu ersäufen? Oder war Castaldo schon vorher tot gewesen?

Es war kurz vor halb vier, als Rizzi in die Auffahrt zum Krankenhaus Capilupi bog und neben dem Eingang und der Blumenschale parkte, die voller Zigarettenstummel war. Die Eingangstür, eine Schiebetür, war verschlossen. Rizzi spähte durch die Scheibe ins Halbdunkel, aber weder im Foyer noch hinter dem Empfangstresen war jemand zu sehen.

Er klopfte, erst verstohlen, dann energischer, bis endlich ein Schatten auftauchte. Die Nachtschwester trug eine Strickjacke über dem weißen Kittel, schaute eher überrascht als erschrocken und brauchte eine Weile, bis sie den Knopf gefunden hatte und die Tür aufging.

»Was ist denn los, Agente?«, fragte sie mit gedämpfter Stimme. »Ist etwas passiert?«

»Ich weiß, es ist eine ungewöhnliche Zeit«, entschuldigte sich Rizzi. »Ich möchte zum Patienten Gianfranco Riva. Er wurde heute Abend eingeliefert.«

»Die Stichwunde.« Die Nachtschwester schloss sekundenlang die Augen. »Sie können beruhigt sein, Agente. Ich bin mir sicher, er wird in den nächsten Tagen, vielleicht schon morgen nach der Visite, entlassen.«

»Ich mache Ihnen trotzdem einen Vorschlag.« Rizzi nahm seine Mütze ab. »Sie schauen, ob der Patient wach ist und vielleicht, wie ich, eine schlaflose Nacht hat – und wenn ja, fragen Sie ihn bitte, ob er die Gelegenheit nutzen und jetzt mit mir sprechen will oder später, nach seiner Entlassung, auf der Wache.«

»Sie sind Agente Rizzi, nicht wahr? Sie bringen mich in Schwierigkeiten.« Die Krankenschwester zog die Strickjacke fester um ihren Körper. »Also gut. Ich will sehen, was ich tun kann, aber ich kann Ihnen nichts versprechen.« Sie ließ Rizzi eintreten, drehte sich um und verschwand im Krankenhausflur hinter einer Tür aus Sicherheitsglas.

Rizzi wartete am Empfangstresen bei einer Flasche Desinfektionsmittel und einem handgeschriebenen Schild mit dem Hinweis: *Torno subito* – bin gleich zurück. Das Bett an der Wand, wahrscheinlich für Notfälle, war mit Folie bedeckt, und die Lampe über den Grünpflanzen, die die Sitzecke verschönern sollten, flackerte, erlosch und ging wieder an.

»Zimmer sechs. Er erwartet Sie.« Die Nachtschwester hielt ihm die Tür zum Flur auf. »Und das hier erzählen Sie bitte niemandem.«

»Ist er allein?«, fragte Rizzi.

»Sonst würde ich Sie ganz bestimmt nicht zu ihm lassen.« Sie vermied es, Rizzi anzusehen, als sie sagte: »Zehn Minuten und keine Sekunde länger.«

»Danke.«

Zimmer sechs war die vorletzte Tür auf der rechten Seite. Er klopfte, wartete einen Moment und trat ein.

Eine Neonröhre verströmte kaltes Licht. Das Bett war leer, die Decke zurückgeschlagen, das Kopfkissen zerknautscht. Gianfranco Riva stand hinter der Tür am Waschbecken und trocknete sich das Gesicht ab. Die blonden Haare sahen in diesem Licht fast gelb aus, und seine Gesichtsfarbe wirkte umso bleicher. Er trug karierte Boxershorts und um den nackten Oberkörper einen Verband.

»Ungewöhnliche Zeit für ein Gespräch mit den Bullen«, sagte er und hängte das Handtuch über die Stange.

»Schön, dass Sie mich empfangen«, sagte Rizzi, »und dass Sie genauso schlaflos sind wie ich.«

Gianfranco Riva betrachtete seine tätowierte Schulter im Spiegel. »Ich kann nur wiederholen, was ich schon gesagt habe, wenn ich mich richtig erinnere.« Er schlappte in Badelatschen an Rizzi vorbei. »Es war ein Unfall. Ein Missverständnis und völlig bescheuertes Gerangel um das beste Küchenmesser.« Er ließ sich aufs Bett plumpsen. »Werden Sie Stella jetzt verhaften?«

»Kommt darauf an.« Rizzi stand mitten im Raum. »Kann es sein, dass Sie etwas wissen, das ich nicht weiß?«

Gianfranco Riva schwieg, und Rizzi holte die Flasche aus der Innentasche seiner Uniformjacke. »Trinken wir einen?«, fragte er. Ohne eine Antwort abzuwarten, ging er zum Waschbecken.

Während er zwei Zahnputzgläser fingerbreit mit Whisky füllte, sagte er: »Ich werde aus Stella jedenfalls nicht schlau. Ich wusste zum Beispiel nicht, dass sie so schnell die Nerven verliert.« Er reichte Gianfranco ein Glas, zog sich einen Stuhl heran und setzte sich.

Gianfranco auf der Bettkante drehte sein Glas in der Hand und starrte in die goldbraune Flüssigkeit.

»Was denken Sie?«, fragte Rizzi.

»Stella hat einmal etwas getan, was ich nie für möglich gehalten hätte«, sagte er. »Sie hat einen Menschen umgebracht und damit großes Unglück über mich und meine Familie gebracht.«

»Wovon sprechen Sie?«, fragte Rizzi.

»Wir haben ein Kind erwartet. Und sie hat es wegmachen lassen.« Er schaute Rizzi an, und sein Blick war unendlich traurig. »Obwohl ich sie auf Knien angefleht habe, es nicht zu tun. Und wenn ich auf Knien sage, meine ich es so. Ich war wirklich auf Knien und habe dabei in ihren Schoß geweint.« Er trank das Glas in einem Zug leer.

»Wann war das?«, fragte Rizzi.

»Vor drei Jahren«, sagte er mit heiserer Stimme und betrachtete das leere Glas in seiner Hand. »In der darauffolgenden Nacht ist sie abgehauen. Psychologie studieren, wie ich hinterher erfahren habe. Ausgerechnet. Sie hat nie auf Wiedersehen gesagt.« Er lacht abfällig. »Nach einem Jahr war sie wieder hier. Das hätte ich ihr gleich sagen können. Psychologie. Völliger Schwachsinn. Vielleicht hat sie gedacht, es hilft ihr, die Schuld zu verarbeiten, die sie auf sich geladen hat. Sie hat alles, aber wirklich alles in meinem Leben zerstört und einen einzigen Scherbenhaufen hinterlassen.« Melancholisch starrte er auf Rizzis Stiefel. »Ich weiß nicht, ob es Ihnen schon mal jemand erzählt hat, aber Stella und ich waren ein Traumpaar. Schon in der Schulzeit. Wir passten perfekt zusammen, und es war völlig klar, dass wir früher oder später gemeinsam ein Kind haben würden. Auch meine Eltern gingen davon aus. Stella war für sie wie eine Tochter. Sie hatten in all den Jahren immer einen Platz für sie am Tisch und ein offenes Ohr, während ihre Eltern meistens mit allem Möglichen beschäftigt waren, vor allem mit Papàs ach so wichtiger Kunst. Und als es passiert ist und sie schwanger wurde, hat sie, statt sich zu freuen, Panik bekommen. Dabei war es das Beste, was passieren konnte – auch für Stella. Sie saß in unserer Familie ja im gemachten Nest. Wir hatten zu der Zeit noch das Hotel in der Via Monticello und hätten den Laden schon bald von meinen Eltern übernehmen können. Für unsere Zukunft war also gesorgt. Stella an der Rezeption liebte ihre Arbeit. Da ist sie aufgeblüht, das war ihr Ding. Alles war perfekt, doch Stella hat alles kaputt gemacht. Einfach so, ohne Not. Hat mich sitzenlassen und unser Kind getötet. Sie ist eiskalt, und ich« – er breitete vorsichtig seine Arme zu den Seiten aus – »schauen Sie mich an: Ich bin ein Wrack.«

»Nehmen Sie Psychopharmaka?« Rizzi schenkte noch etwas Whisky nach. »Sie müssen die Frage nicht beantworten.«

Gianfranco Riva ließ die Flüssigkeit im Glas kreisen. »Ich habe die Glückspillen nach drei Monaten wieder abgesetzt. Unter ärztlicher Aufsicht, natürlich. Die Nebenwirkungen, wenn Sie verstehen, was ich meine. Ich kann Ihnen sagen: Das ist kein Leben.«

»Mit anderen Worten« – Rizzi streckte seine Beine aus – »Stella hat Sie von vorne bis hinten verarscht.«

Gianfranco Riva starrte Rizzi an, nickte dann und machte eine Bewegung, als wollte er Rizzi umarmen. »Sie bringen es auf den Punkt, Agente!«

»Was ich nicht verstehe« – Rizzi hob die Hand – »wenn sie Ihnen so übel mitgespielt hat, warum sind Sie dann heute zu ihr in die Via Castiglione gegangen? Was wollten Sie von ihr, und wie kam es zum Gerangel mit dem Küchenmesser?«

Gianfranco Riva nippte am Whisky, schürzte die Lippen und erklärte dann im sachlichen Ton: »Wenn man sich so lange kennt wie Stella und ich, gebietet es der Anstand, dem anderen persönlich sein Beileid auszudrücken.«

»Und dann?«, fragte Rizzi.

»Was?«

»Was ist dann passiert? Wie kam es zu diesem Gerangel?«

»Ich erinnere mich nicht mehr. Irgendein Missverständnis. Ich wollte ihr helfen.«

»Wobei?«

»Beim Kochen, keine Ahnung. Ich sage es noch mal: Es war ein Unfall.«

»Oder haben Sie sich im Ton vergriffen? Immerhin ist Ihr Nachfolger, der Mann an Stellas Seite, jetzt tot und der Platz neben ihr wieder frei.«

»Blödsinn. Ich weiß doch, wie man sich benimmt.«

»Haben Sie einmal seine Bekanntschaft gemacht?«

Gianfranco Riva stellte sein Glas auf den Nachtschrank. »Lässt sich kaum vermeiden, wenn sie sich mit ihrem Käseladen direkt vor meine Nase setzen. Ich meine, wie viele

Immobilien und Standorte gibt es auf Capri? Aber sie müssen unbedingt an die Piazza La Torre kommen. Natürlich läuft man sich dann ständig über den Weg.« Er fasste sich nervös in den Schritt. »Was wollen Sie eigentlich von mir? Der alte Mann tat mir leid. Er ging auf dem Zahnfleisch. Klar, niemand kennt Stella so gut wie ich, und niemand weiß aus eigener Erfahrung so genau, was sie braucht. Und ich sage es Ihnen von Mann zu Mann: Sie braucht es regelmäßig. Das geht bei einem so alten Mann natürlich über die Kräfte. Der Infarkt war sozusagen vorprogrammiert.«

»Sie brauchten eigentlich nur abzuwarten.«

Gianfranco Riva schlug sich mit leichter Hand auf die Schenkel und grinste. »Ich sehe, Sie verstehen mich.«

»Ich weiß nicht, ob Sie es schon mitbekommen haben.« Rizzi lehnte sich zurück. »Wir kennen die Todesursache von Nino Castaldo noch nicht und können ein Gewaltverbrechen jedenfalls nicht ausschließen.« Er musterte das Gesicht von Gianfranco Riva, der ihn unsicher ansah, und fragte: »Wo waren Sie gestern zwischen Mitternacht und fünf Uhr morgens?«

»Das kann ich Ihnen genau sagen. Ich habe geschlafen.«

»Zeugen?«

»Keine.«

»Das heißt: kein Alibi.«

»Was soll ich denn machen?«, brauste Gianfranco Riva auf. »Ich schlafe nun mal allein.«

Die Tür ging auf, die Nachtschwester steckte den Kopf herein, und Rizzi und Gianfranco Riva versteckten wie auf Kommando ihre Gläser. »Agente«, sagte die junge Frau leise, »ich muss Sie jetzt bitten zu gehen.«

»Wir sind gleich fertig«, antwortete Rizzi. »Zwei Minuten.«

Die Tür ging wieder zu.

»Kommen Sie.« Gianfranco Riva hielt Rizzi seine Hand mit dem Glas hin. »Noch einen Kleinen zum Abschluss.«

Rizzi schenkte noch einen halben Fingerbreit ein und sagte: »Wenn Sie nachts nicht schlafen können – was tun Sie dann?«

»Ich schätze, dasselbe wie Sie.«

»Durch die Gegend fahren?«

»Ich habe keine festgelegten Routen.«

»Sind Sie gestern Nacht zur Via Castiglione gefahren, wo der Geburtstag von Stellas Vater gefeiert wurde? Haben Sie gesehen, wie Nino Castaldo irgendwann nach Mitternacht die Feier verließ, oder sind Sie ihm auf dem Weg begegnet? Anworten Sie.«

Gianfranco Riva ließ schweigend den Whisky in seinem Glas kreisen. »Manchmal fahre ich am frühen Morgen zum Hafen«, sagte er, »und beobachte, was da so vor sich geht.«

»Was meinen Sie?«

»Ich schaue, was da anlandet.«

»Sie beobachten die Anlandung der Büffelmilch? Warum?«

Gianfranco hob den Kopf und schaute Rizzi direkt in die Augen. »Wer sagt denn, dass es nur Büffelmilch ist, die da im Morgengrauen verladen wird?«

»Was denn sonst?«

Gianfranco Riva zuckte vielsagend die Schultern. »Sie sind die Polizei, nicht ich. Aber mir kann niemand erzählen, dass es Nino Castaldo und seinem Gehilfen, diesem

Bekloppten, der nicht reden und hören kann, nur um diesen verdammten Käse geht. Und Stella, diese unschuldige Seele, hat angeblich von nichts eine Ahnung.«

10

Rizzi nahm im Kreisverkehr die Ausfahrt nach Marina Grande. Niemand fuhr hinter ihm, niemand kam ihm entgegen. Er legte sich in die Kurven, sah das Dunkel der Nacht und keinen Horizont, keine Farben, nur den fahlen Mond, diffuse Wolken und vor ihm die Straße und das Scheinwerferlicht seiner Vespa. Er hielt bei den Ticketschaltern, die noch geschlossen waren, und dachte beim Anblick der roten Vespa, die vorschriftsmäßig auf den Stellplätzen für Motorräder parkte, ob das nicht der Roller von Cirillo war und sie am Ende die gleiche Idee gehabt hatte wie er und auch hierher zum Hafen gekommen war. Es war kurz vor fünf Uhr. Er nahm den Helm ab und schaute sich um.

Weit und breit war niemand zu sehen, nur ein paar Tauben und rastlos streunende Hunde. Die *aliscafi* lagen verlassen am Anleger für die Linienboote, an den Bars und Cafés waren die Rollläden heruntergezogen, Tische und Stühle zusammengestellt, und auch die Standseilbahn, die *funicolare,* hatte ihren Betrieb noch nicht aufgenommen. Die Nachtschwärmer waren schon lange weg, die Pendler noch nicht da, und Waren wurden noch nicht angelandet. Wohl zu keinem Zeitpunkt lag Marina Grande so verlassen da wie um diese Uhrzeit. Was hatte er erwartet?

Er ging zurück zu seiner Vespa, als er plötzlich ein Licht

sah. Es tauchte in der Ferne, am Horizont, auf, zuerst undeutlich und flackernd, wurde immer klarer und dann immer größer. Es war ein Motorboot, das auf Capri und Marina Grande zuhielt. Im Schatten der Kaimauer stehend, beobachtete Rizzi, wie das Boot sich mit hoher Geschwindigkeit näherte. Als es an der dorischen Säule das Tempo drosselte und in den Hafen einfuhr, trat Rizzi, einer plötzlichen Eingebung folgend, noch ein paar Schritte weiter zurück in den dunklen Durchgang, der zwischen Hafenamt und Ticketschaltern lag.

Soweit Rizzi es erkennen konnte, bestand die Besatzung des Boots aus einem einzigen Mann, der einen gelben Anorak trug. War es der Lieferant für Büffelmilch? Zeitlich würde es hinkommen. Wenn es so war, hatte ihm anscheinend niemand mitgeteilt, dass sein Abnehmer, Nino Castaldo, tot war.

Rizzi wollte vortreten, aufklären und bei der Gelegenheit ein paar Fragen stellen, als, wie aus dem Nichts, ein Transporter angerast kam und an Rizzi vorbei den Anleger hinunterschoss. Rizzi beobachtete aus seinem Versteck, wie der *furgone* stoppte und ein Mann aus dem Fahrerhäuschen sprang. Er trug Jeans, helle Sneaker, einen schwarzen Hoodie und hatte sich die Kapuze über den Kopf gezogen. Diego Bocci. Er winkte dem Mann auf dem Boot, nahm das Schiffstau an, zog die Gangway heran und holte die Sackkarre von der Ladefläche seines Transporters.

Jeder Handgriff saß, alles ging zügig und routiniert vonstatten, keine Sekunde wurde vertrödelt, und es sah nicht aus, als gäbe es irgendetwas, das das Programm durcheinanderbringen könnte. Der Typ im Anorak hievte ein Metallfass auf die Sackkarre, und Diego Bocci rollte die Fracht über die Gangway an Land. Gemeinsam luden sie den Behälter von der Sackkarre auf den Transporter. Die Aktion dauerte nur wenige Minuten, dann hielt Diego Bocci dem Unbekannten sein Smartphone entgegen.

Der Mann im Anorak nahm das Gerät, das Display beleuchtete sein Gesicht. Rizzi sah dunkle Augenbrauen und eine modische schwarze Haartolle, die ihm in die Stirn fiel. Das Handy in der Hand, nahm er Diego plötzlich in den Arm, hielt ihn sekundenlang fest, umfasste schließlich sein Gesicht und lehnte seine Stirn an Diegos. Die Geste hatte etwas zutiefst Mitfühlendes, Zärtliches.

Plötzlich wich Diego zurück, schubste den Mann von sich, der abwehrend die Hände hob, sich schließlich umdrehte und mit einem sportlichen Satz zurück aufs Boot sprang. Diego holte die Gangway ein und stieg grußlos in den Transporter. Während das Motorboot ablegte, einen Halbkreis beschrieb, auf die Hafenausfahrt und die dorische Säule zuhielt, wendete Diego seinen Transporter, und Rizzi, ohne in Erscheinung zu treten, lief durch den Gang hinterm Ticketoffice zu seinem Motorroller.

Diego Bocci fuhr über die Via Cristoforo Colombo auf die Via Maria Grande, Richtung Capri-Stadt. Rizzi folgte dem Transporter, ohne das Licht an seiner Vespa einzuschalten, und hielt Abstand. Als Bocci im Kreisverkehr die Ausfahrt nach Anacapri nahm, schien das Ziel endgültig klar. Der Mitarbeiter der Käserei hatte anscheinend wie jeden Morgen die Büffelmilch in Empfang genommen. Oder war in dem Fass auf der Ladefläche, wie Gianfranco Riva vermutete, gar keine Büffelmilch, sondern etwas ganz anderes?

Es war keine Überraschung, sondern die Bestätigung für das, was Rizzi von Anfang an vermutet hatte, als Diego Bocci an der Piazza Vittoria in die Via Giuseppe Orlandi bog, sich an der Via Boffe rechts hielt und auf der Piazza La Torre vor dem Käseladen mit den heruntergelassenen Rollläden stoppte.

Rizzi parkte in Sichtweite, im Schutz der Hibiskushecke und der beiden Olivenbäume, stellte den Motor ab und beobachtete, wie Diego Bocci im fahlen Licht der Straßenlaterne zuerst die leere Sackkarre ablud und dann mit beiden Händen das Fass packte. Rizzi schätzte das Fassungsvermögen auf fünfzig Liter, aber Diego Bocci brauchte nur einen Versuch, dann schulterte er den Behälter und stellte ihn mit einer Drehung beinahe lautlos auf der Sackkarre ab. Der Mann war stärker, als Rizzi gedacht hatte, und die Entschlossenheit, mit der er vorging und sein Ding machte, war schon fast irritierend. *Business as usual.* Als würde Diego Bocci ausblenden, dass sein Chef tot war.

Rizzi wollte abwarten, bis Diego Bocci die Versiegelung am Eingang zur Käserei beschädigte und erwiesenermaßen eine Straftat vorlag, dann würde er hervortreten, Bocci vorübergehend festnehmen, ihn in den Polizeiposten verfrachten und – am besten zusammen mit Cirillo – in die Mangel nehmen.

Weil Bocci gehörlos war, konnte er ihn nicht ansprechen, belehren und – je nachdem, wie der Mann reagierte – direkt zur Ordnung rufen oder beruhigen. Wahrscheinlich wäre es am besten, das Überraschungsmoment zu nutzen und ihm für alle Fälle sofort Handschellen anzulegen, bevor der Mann Gegenwehr leistete und womöglich durchdrehte. Eigentlich hätten sie für diese Manöver zu zweit sein sollen, aber es war jetzt zu spät, Verstärkung anzufordern.

Doch Rizzi hatte die Situation falsch eingeschätzt. Diego Bocci dachte gar nicht daran, das Siegel am Eingang zur Käserei zu beschädigen oder die Tür auch nur anzufassen. Stattdessen schob er die Sackkarre mit dem Behälter die Via Timpone hinunter und verschwand hinter der Kurve. Rizzi folgte ihm im Laufschritt, und als er ihn wieder im Blick hatte, manövrierte der Mann sein Gefährt Stufe für Stufe eine Treppe hinunter. Rizzi gab ihm erneut einen Vorsprung und setzte erst nach, als er am Ende der Treppe um die Ecke verschwand. Doch er hatte die Lage wieder falsch beurteilt. Als er unten ankam, war Diego Bocci weg, wie vom Erdboden verschluckt. Hatte er bemerkt, dass er verfolgt wurde? Obwohl der Mann doch gehörlos war? Oder gab er vielleicht nur vor, gehörlos zu sein? Rizzi fluchte leise und schaute sich um.

Vor ihm lagen grüne Hänge, die in eine Ebene hinabführten und mit Zäunen in mehrere Grundstücke eingeteilt waren. Überall standen Bäume und Büsche. Von Diego Bocci keine Spur.

Rizzi blieb nichts anderes übrig, als dem Weg den Hang hinunter zu folgen und bis zur ersten Biegung zu gehen, wo sich ein Plateau befand, von wo aus er den Rest der Strecke überblicken konnte. Diego Bocci konnte mit der Sackkarre unmöglich so schnell den Maschendrahtzaun überwunden haben und sich irgendwo auf einem der Grundstücke im Dickicht versteckt halten. So viel schien sicher.

Mauersegler schossen den Abhang hinunter und stiegen in einem eleganten Bogen in den Himmel, in dem die Wolken sich in einem hellen Rosa zu verfärben begannen. Ein leichter Wind kam auf, und plötzlich war es totenstill. Die Vögel hörten auf zu zwitschern, der Motorenlärm in der Ferne und das Glockengeläut waren verstummt. Rizzi sah, nur wenige Meter entfernt, eine Pforte im Maschendraht. Anders als die große Kette vermuten ließ, war die Pforte unverschlossen, und an den trockenen Blättern und der Spur im Sand war zu erkennen, dass sie vielleicht erst vor wenigen Minuten geöffnet worden war. Dahinter erstreckte sich ein kleiner Hain aus Orangenbäumen, die voller überreifer Früchte hingen.

Rizzi trat durch die Pforte und folgte dem Pfad. Das Gelände war abschüssig, der Golf von Neapel im Hintergrund wirkte wie eine Tapetenwand, auf der im Morgenlicht graublau die Inseln Ischia und Procida im Meer lagen. Ein paar Meter vor Rizzi, zwischen Sumpfgras und Bambus leicht zu übersehen, befand sich eine Bodenplatte aus Teerpappe und Wellblech, die mit einzelnen Steinen und Felsbrocken beschwert war. Es war das Dach eines Schuppens oder eines Verschlags, der sich unter der Erde zu befinden schien.

Als Rizzi näher kam, sah er, dass es im Gelände einen Absatz gab, einen Vorsprung, und eine Treppe aus Holzbohlen. Steineichen, Zwergpalmen und ein riesiger Kaktus bildeten einen kleinen, verwilderten Garten. Eimer lagen herum, kaputte Tontöpfe, und auf einem alten Plastikstuhl lag ein zerfetzter Regenschirm. Was Rizzi im ersten Moment für eine Wäscheleine gehalten hatte, war ein tief hängendes Stromkabel, das zwischen Verteilerkasten und Schuppen verlief und ganz danach aussah, als hätte sich hier jemand illegal ans Versorgungsnetz angeschlossen.

Er wusste nicht, ob Diego Bocci sich im Schuppen verschanzte, durch die Ritzen spähte und ihn vielleicht schon die ganze Zeit beobachtete. Und er konnte nicht ausschließen, dass sich neben Bocci noch andere Personen da drinnen befanden und es sich hier vielleicht um ein Versteck handelte, mit dem es noch eine ganz andere Bewandtnis hatte.

Er hob seine Waffe, richtete sie auf die Holztür und rief: »Polizei!«

Als Antwort war nur das Gemecker einer Ziege zu hören und in der Ferne ein Bellen.

Ohne länger abzuwarten, stieß Rizzi mit dem Stiefel gegen das Holz. Die Tür flog auf, und Rizzi sah in das erschrockene Gesicht von Diego Bocci. Bevor der Mann reagieren konnte, schubste Rizzi ihn an die Wand, zwang ihn, sich umzudrehen und die Beine auseinanderzuhalten.

Rizzi steckte seine Pistole weg und tastete ihn ab. Die ganze Aktion dauerte keine halbe Minute. Diego Bocci war unbewaffnet.

»Okay«, sagte Rizzi. »Alles in Ordnung.«

Der Mann reagierte nicht. Rizzi klopfte ihm auf die Schulter.

Langsam, mit erhobenen Händen, drehte Diego Bocci sich um und schaute zu Rizzi, als hätte er es mit einem Verrückten und nicht mit der Polizei zu tun. Der Mann zitterte.

»Nichts für ungut.« Rizzi versetzte dem Mann einen Klaps, damit er sich wieder beruhigte – und holte sein Smartphone hervor.

Was tun Sie hier?, tippte er.

Diego Bocci starrte verängstigt auf das Display und schüttelte nur den Kopf – was keine Antwort auf Rizzis Frage war.

Rizzi nahm seine Mütze ab und fuhr sich mit dem Ärmel über die Stirn. Es war stickig hier drin, er verstand nicht, was hier vor sich ging, und dass er mit Diego Bocci nicht klar und direkt kommunizieren konnte, machte es nicht einfacher.

»Jetzt sagen Sie schon!« Rizzi zeigte fragend, mit ausgestreckten Armen, im Raum herum. »Was soll das Ganze? Warum verkriechen Sie sich in dieser Bruchbude? Wohnen Sie hier? Und was ist in dem Fass?« Er klopfte gegen den Behälter. »Büffelmilch oder etwas anderes?«

Der Behälter war noch nicht abgeladen und stand auf der Sackkarre vor einem Regal aus Eisenstangen und Brettern, das vollgestopft war mit Eimern, Körben und Kisten. Der lange Tisch mitten im Raum diente als Abstellfläche für leere Flaschen, und dahinter stapelten sich Aluminiumwannen und andere Behälter und Gerätschaften.

»Öffnen!«, befahl Rizzi und berührte mit der Schuhspitze so unmissverständlich das Fass, dass auch der gehörlose Diego Bocci es auf Anhieb verstand. Seine Hand zitterte, als er sich am Behälter zu schaffen machte, und ruckelte ewig daran herum, bis er endlich den Deckel anhob.

Das Fass war randvoll mit weißer Flüssigkeit, und diese Flüssigkeit, die man auch für Dispersionsfarbe hätte halten können, war fett und schmeckte sehr gehaltvoll – wie Rizzi feststellte, nachdem er seinen Finger hineingetaucht und davon probiert hatte. Kein Zweifel, es war Milch, wahrscheinlich Büffelmilch.

Er holte sich aus der Ecke eine Bambusstange, rührte damit in der Flüssigkeit und stocherte darin herum, doch seine Vermutung, noch etwas anderes zu finden, Päckchen mit Drogen zum Beispiel, bestätigte sich nicht.

Er zeigte noch einmal – und dieses Mal ziemlich ungeduldig – auf die vier Worte auf seinem Smartphone-Display: *Was tun Sie hier?* Nur weil er gehörlos war, brauchte der Mann nicht zu glauben, dass er sich dumm stellen konnte.

Diego Bocci tippte als Antwort ein einziges Wort: *Mozzarella.*

Rizzi zeigte ungläubig mit beiden Zeigefingern auf den schmutzigen Boden. »Hier?«, fragte er.

In diesem Schuppen eine Käserei zu improvisieren und ein Lebensmittel herzustellen, verstieß gegen alle Hygienebestimmungen. Rizzi verstand es nicht.

Warum?, fragte er.

Diego tippte: *Nino hätte es gewollt. Weitermachen. Nicht aufgeben.*

11

Ich habe ihm die Bude natürlich sofort dichtgemacht und die Büffelmilch beschlagnahmt, so schnell konnte der gar nicht gucken.« Rizzis Stimme am Telefon hatte diesen Angeberton, den Cirillo auf den Tod nicht ausstehen konnte. Dieses: »Baby, ich erkläre dir die Welt« – und das schon am frühen Morgen. Sie lag noch im Bett, aber nicht in ihrem eigenen, sondern bei Davide, in seiner Wohnung unterm Dach in Neapel. Sie hatte das Gespräch angenommen, bevor sie richtig wach war und an einen Kaffee noch nicht mal hatte denken können. Durch das offene Fenster drangen Stimmen und Geräusche von Nachbarn und Passanten unten in der Gasse.

»Sag es noch mal«, bat sie, überrascht vom heiseren Ton ihrer Stimme. Sie hustete, schob Davides Arm von sich runter und tastete neben der Matratze nach ihrer Armbanduhr. Es war kurz nach sieben. »Du bist zum Hafen gefahren und hast Diego Bocci ertappt – wobei?« Sie ließ ihre Uhr zurück auf den Boden fallen, und Davides Arm lag schon wieder da, wo er nicht liegen sollte. Jedenfalls nicht, wenn sie mit ihrem Kollegen telefonierte.

»Diego Bocci hat sich in einem Schuppen am Ende der Via Timpone provisorisch eine Käserei eingerichtet, um dort Mozzarella herzustellen«, berichtete Rizzi.

Cirillo richtete sich auf. »Und du bist jetzt wo?«, fragte sie.

»Auf dem Weg zum Polizeiposten.«

»Mit der Büffelmilch auf dem Motorrad.«

»Wie denn sonst?«, rief Rizzi.

Cirillo hörte im Hintergrund Straßenlärm und stellte sich Rizzi auf seiner Vespa vor, den Behälter mit der Büffelmilch auf dem Trittbrett zwischen seinen Füßen. Sie verpasste Davide einen Stoß mit dem Ellenbogen, damit er Abstand hielt, und fragte: »Wie bist du ihm überhaupt drauf gekommen?«

»Das habe ich dir doch gerade erzählt! Was ist denn los? Bist du noch im Bett?«, rief Rizzi und berichtete, wie er Gianfranco Riva im Krankenhaus aufgesucht hatte, die erste große Liebe von Stella Apicella, weil er gehofft hatte, von dem Mann Informationen zu bekommen, die er bei einem Verhör so vielleicht nicht preisgegeben hätte. »Mein Plan ist ja auch aufgegangen«, lobte Rizzi sich selbst. »Dachte ich jedenfalls, als er meinte, bei der Lieferung der Büffelmilch würde etwas nicht mit rechten Dingen zugehen.«

»Oder er hat dich an der Nase herumgeführt«, meinte Cirillo. »Hat eine Nebelkerze gezündet, mit der er von etwas ablenken wollte.«

»Ich sehe das anders«, widersprach Rizzi. »Er hatte einen Verdacht, ich habe die Sache überprüft, und der Verdacht hat sich nicht bestätigt. Punkt. Und um es mal ganz klar zu sagen: Meine Ermittlungen haben dazu geführt, dass wir nun wissen, wie es mit der Lieferung der Büffelmilch abläuft und wer der Lieferant ist. Diego Bocci ist mit dem Namen rausgerückt.«

»Ist ja wahrscheinlich auch kein Geheimnis, oder?«, warf Cirillo ein.

Rizzi ließ sich nicht beirren. »Der Lieferant heißt Claudio Tripodi und betreibt eine Büffelfarm in Paestum. Ich schlage vor, wir fahren hin und statten dem Mann mal einen kleinen Überraschungsbesuch ab.«

»Wenn der Mann etwas zu verbergen hat, ist er von Diego Bocci längst vorgewarnt«, gab Cirillo zu bedenken. »Aber ich stimme dir zu: Jede Person, die mit Nino Castaldo zu tun hatte, ist für uns interessant.« Sie schob Davides Bein von sich runter, zog das Laken unter ihm weg und stand auf. »Trotzdem«, sagte sie, während sie sich in das Betttuch wickelte und zum Fenster ging. »Alles in allem: Gute Arbeit.« Das Hintergrundrauschen am anderen Ende des Telefons hatte aufgehört, und Cirillo schloss daraus, dass ihr Kollege am Polizeiposten angekommen war. »Aber bevor wir nach Paestum fahren und uns diesen Claudio Tripodi mal vorknöpfen, halten wir Rücksprache mit Ispettore Lombardi«, mahnte sie. »Außerdem will ich nicht unvorbereitet hinfahren.«

»Ich weiß schon, was Ispettore Lombardi sagen wird«, antwortete Rizzi. »Paestum liegt nicht in unserem Zuständigkeitsbereich, und am Ende verlieren wir nur unnötig Zeit. Aber wahrscheinlich hast du recht.«

»Wir halten den Dienstweg ein«, befahl Cirillo. »Ich kann mir eine Abmahnung nicht leisten. Also, es ist beschlossen. Wir sehen uns um zehn Uhr am Polizeiposten bei Ispettore Lombardi.« Sie legte auf und sah auf dem Display, dass ihr Exmann Björn schon wieder versucht hatte, sie anzurufen.

»Wo willst du hin?« Davide lag auf dem Bauch, hob verschlafen den Kopf, und seine langen Locken hingen ihm ins Gesicht.

»Wohin wohl? Zum Acht-Uhr-*aliscafo*.« Cirillo stieg in ihre Uniformhose.

»Komm.« Davide streckte seinen Arm nach ihr aus. »Fünf Minuten haben wir noch.«

Sie legte ihren BH an, warf das Laken über ihn drüber und hob ihre Armbanduhr auf. »Kennst du den Mozzarella von Nino Castaldo?«

»Natürlich.« Er gähnte, streckte sich und verschränkte die Arme am Hinterkopf. »Wer ihn nicht kennt, hat etwas verpasst. Warum?«

»Wusstest du, dass Castaldo zuletzt auf Capri war?«

»Und?«

»Er ist tot.« Sie nahm ihre Uniformmütze vom Haken.

Davide schaute sie ungläubig an. »Was ist passiert? Woran ist er gestorben?«

»Genau das werde ich herausfinden.« Sie ging zur Tür.

»Stopp mal, *amore*.«

Sie war schon im Treppenhaus, hatte die Klinke in der Hand und schaute noch einmal zurück auf den Mann, der vom Alter auch ihr Sohn hätte sein können. Er schaute sie auf eine Weise an, wie es vielleicht noch nie zuvor ein Mann getan hatte.

»Sehen wir uns heute Abend?«, fragte er.

Sie überlegte. »Ich melde mich«, sagte sie und zog die Tür hinter sich zu.

Unten auf der Gasse zog sie ihre Uniformjacke glatt, rückte ihre Mütze zurecht und wandte sich nach links, ging die Via San Mattia hinunter, wie immer, zuerst am Kanarienvogel vorbei, der vor dem Fenster im zweiten Stock in seinem Käfig herumturnte. An den Hauswänden klebten Wahlplakate mit Gesichtern und Slogans von Politikern, die mit unflätigen Schimpfwörtern übersprüht waren. Frauen in luftigen Kleidchen, wie aus dem Ei gepellt, stolzierten auf hochhackigen Schuhen um Mülltonnen und parkende Autos herum. Ein Mann im Anzug versuchte, seine Vespa in Gang zu bringen, und ein Barista in langer Schürze eilte mit dem Tablett und vier Tassen Espressi über die Straße. Neapel am Morgen war von einer Schönheit, die Cirillo einmal mehr daran erinnerte, wie blutleer ihr Leben im Stockholmer Vorort gewesen war, als sie jahrelang mit Björn wie unter einer Glocke gelebt und Vater-Mutter-Kind gespielt hatte. So kam es ihr im Nachhinein vor, wenn sie auf diese Jahre ihres Lebens zurückblickte und sich fragte, wie sie es dort zwischen den Kataloghäusern und getrimmten Rasenflächen überhaupt so lange ausgehalten hatte. Sie holte ihr Telefon hervor und drückte auf den Rückruf-Button mit der schwedischen Nummer. Ihr Ex war sofort dran.

»Hast du einen Moment Zeit?«, fragte sie höflich-kühl und versuchte, während sie die Via Toledo überquerte, den pragmatisch-sachlichen Ton anzuschlagen, den sie bei ihm immer verwendete. Immerhin: Auf dieses Niveau hatten sie es in ihrer Kommunikation inzwischen geschafft.

»Danke, dass du zurückrufst.« Seine vertraute Stimme und sein schwedischer Akzent, den er in all den Jahren nie abgelegt hatte, versetzten ihr einen Stich.

»Es geht um Oscar?«, fragte sie, um gleich zum Punkt zu kommen und das Gespräch so kurz wie möglich zu halten.

»So ist es«, antwortete Björn und berichtete in knappen Worten, dass ihr gemeinsamer »Herr Sohn« die Schule schmeißen wollte, dabei hatte er das Abitur doch schon so gut wie in der Tasche. Er musste nur noch das Mündliche hinter sich bringen. Und statt die Arschbacken zusammenzukneifen und sich darauf vorzubereiten, flippe er jetzt aus.

»Wie ist denn das Schriftliche gelaufen?«, fragte Cirillo, die auf diese Weise verriet, dass sie, was das Leben und die Leistungen ihres Sohnes betraf, nicht auf dem Laufenden war. »Hat er die Ergebnisse schon?«

»Wie soll ich es sagen?« Björn machte eine Kunstpause. »Medizin kann er damit jedenfalls nicht studieren. Aber er will ja ohnehin nur noch Musik machen.«

Cirillo verkniff sich die Bemerkung, dass es bei Björn ja auch bloß zum Zahnarzt gereicht hatte, und sagte: »Ich rede mit ihm.«

»Tu das.«

Etwas in seiner Stimme ließ sie aufhorchen. »Gibt es noch etwas, das ich wissen sollte?«, fragte sie.

»Ich wollte es dir eigentlich schon länger sagen.« Er räusperte sich. »Es stehen in nächster Zeit ein paar Veränderungen an.«

»Welche?«

»Stefanie und ich, also, es ist jetzt so weit. Wir bekommen ein Kind, ein Mädchen.«

»Glückwunsch!«, rief Cirillo, ohne auch nur eine Sekunde zu zögern, und hoffte, dass ihr die Kränkung, die sie empfand, nicht anzumerken war. Björn machte also ernst und gründete eine neue Familie. Es war klar gewesen, dass es irgendwann passieren würde, war auch richtig, dass es passierte, aber es tat trotzdem weh. Und statt sich auf die Zunge zu beißen, hörte sie sich sagen: »Warum sagst du das nicht gleich? Das erklärt doch alles.«

»Was meinst du damit?«, fragte er scharf.

»Ist doch klar, warum Oscar auf die Barrikaden geht – oder wie du sagst: ausflippt. Er fühlt sich von euch zurückgesetzt, ganz besonders von dir. Aber um das zu kapieren, fehlt dir halt die Empathie.«

»Schön, dass du mal wieder alles weißt und eine so herrlich einfache Erklärung parat hast«, schoss Björn zurück. »Warum fällt dir eigentlich nichts Besseres ein, als mir ständig ein schlechtes Gewissen zu machen? Ausgerechnet du?«

Cirillo zwang sich, ruhig zu bleiben. Da waren sie also wieder: die alten Vorwürfe. Björn, der Egoist, vor allem um sein eigenes Fortkommen und Wohlbefinden bemüht. Sie, die Rabenmutter, überfordert und unfähig. Sie hatte dafür gesorgt, dass alles, was sie sich nach der Trennung von Björn aufgebaut hatte, in die Luft geflogen und Oscar zu seinem Vater nach Schweden zurückgekehrt war. Aber ihr geliebter, widerspenstiger Oscar rebellierte. Natürlich. Er war ja auch ihr Sohn, und das italienische Temperament gewann endlich gegenüber der verdammten schwedischen Ausgeglichenheit die Oberhand.

»Nur dass du's weißt«, sagte sie und drückte die Tür zur Espresso-Bar auf. Das Stimmengewirr, das ihr entgegenschlug, und das laute Fauchen und Zischen der Maschinen zwangen sie, ihre Stimme zu erheben. »Egal, was Oscar vorhat, ich unterstütze ihn!«

»Überrascht mich nicht, dass du dich auf seine Seite schlägst.« Björn war die Ruhe selbst. »Wie dumm von mir, auf deine Unterstützung zu hoffen. Aber weißt du was? Solange er bei mir wohnt, werde ich nicht zulassen, dass er sich die Zukunft verbaut und kurz vor dem Ziel hinschmeißt.«

Cirillo schaute auf ihr Display. Björn hatte aufgelegt.

»Espresso?« Der Barista stellte ihr ein kleines Glas Wasser hin. Cirillo nickte. Es duftete nach Kaffee, heißer Schokolade und frischem Blätterteig, und Cirillo beschloss, sich nicht weiter über Björn zu ärgern und mit Oscar schon sehr bald ein ernstes Wörtchen zu reden. Nicht wie sein Vater es tat, immer schön von oben herab, sondern, wie es sich für vernünftige Menschen gehörte, auf Augenhöhe. Dann – davon war sie überzeugt – würde der Junge ganz von allein darauf kommen, was zu tun war, und die letzten Prüfungen auf einer Arschbacke absitzen.

Sie trank grimmig das Glas Wasser aus, trat zur Seite und machte Platz für die Büroangestellten in den Anzügen und Businesskostümen, die hinter ihr an den Tresen drängelten, als sie in der Zeitung, die ihr Nebenmann auf der Theke ausgebreitet hatte, ein Foto von Nino Castaldo sah und die Überschrift: *Mozzarella-König, addio!*

Während die Leute hinter und neben ihr lachten und plauderten und der Barista beinahe im Sekundentakt die Untertässchen mit dem kleinen Löffel auf der Theke bereitstellte, ließ Cirillo den Zucker aus dem Tütchen in die haselnussbraune Crema ihres Espresso rieseln und schielte dabei aus den Augenwinkeln auf den Artikel über Nino Castaldo, in dem es vor allem um eine detaillierte Beschreibung seiner Spezialitäten zu gehen schien und außerdem um die Frage, warum der Mann ohne Not die unglückselige Entscheidung getroffen hatte, seiner Heimatstadt Neapel den Rücken zuzukehren und nach Capri zu gehen, wo er unter ungeklärten Umständen in der Nacht vom neunten auf den zehnten Mai verstarb.

»Es ist eine Tragödie«, stellte der Mann neben ihr fest, während er sich sein Basecap aufsetzte, und überließ ihr freundlich die Zeitung. »Er war einer, der es draufhatte und wusste, wie es geht«, sagte er. »Zurück bleiben die Deppen, die immer nur so tun und in Wirklichkeit gar nichts mehr auf die Reihe kriegen.« Er legte zwei Münzen auf den Tresen. »*Povera Italia*, kann man da nur sagen. Armes Italien.« Er wandte sich ab und ging.

Cirillos Telefon meldete den Eingang einer Textnachricht, aber sie kümmerte sich nicht darum, sondern überflog weiter den Artikel, in dem vermutet wurde, dass der Verlust der vertrauten Umgebung einem Mann wie Nino Castaldo, der wie kein Zweiter in Neapel verwurzelt gewesen war, stärker zugesetzt haben könnte, als man bislang annahm. Ein unglückliches Herz sei ein belastetes Herz, hieß es am Ende, und der Verfasser schloss den Nachruf mit den pathetischen Worten, die Cirillo fast die Tränen in die Augen trieben: *Ciao, Nino. Danke für alles. Wir vermissen dich und werden dich und deinen Mozzarella nie vergessen.*

Sie legte nachdenklich die Zeitung zusammen, während ihr Telefon in der Hosentasche zu klingeln begann und der Barista ihre Tasse abräumte. Sie trat auf die Straße hinaus und nahm das Gespräch an. Es war Rizzi.

»Hat Teresa dich noch nicht benachrichtigt?«, fragte er. »Dann halt dich fest: Die Besprechung bei Ispettore Lombardi ist abgeblasen.«

Cirillo blieb stehen, überlegte kurz – und änderte die Richtung. Sie ging jetzt, statt zum Hafen, zur Via Medina.

Was Rizzi weiter sagte, ging im Lärm unter, den ein vorbeirauschender LKW verursachte. Jemand hupte ausdauernd, es stank nach verbranntem Gummi, und Cirillo sah auf der gegenüberliegenden Straßenseite das Eingangsportal zur Questura, das von zwei Polizisten mit Maschinengewehr bewacht wurde. Dass sie die Gegend fast nicht wiedererkannte, lag vielleicht daran, dass die improvisierten Verkaufsstände vorne an der Via Toledo verschwunden waren, die Klapp- und Tapeziertische, auf denen Straßenverkäufer billige Krawatten, Smartphone-Hüllen und Heiligenbildchen angeboten hatten. Aber dann erinnerte sie sich: Der neue Bürgermeister wollte solche Stände genauso aus Neapels Zentrum verbannen wie die Wäscheleinen aus den Gassen.

»Willst du meine ehrliche Meinung hören?«, fragte Rizzi am anderen Ende, während Cirillo den Polizisten am Eingang ihren Dienstausweis zeigte. »Der Ispettore hat Schiss, uns mitzuteilen, dass es keinen Ermittlungsauftrag gibt. Teresa denkt das auch. Und ich sage dir noch etwas: Ich wette, es gibt in Neapel noch nicht mal ernst zu nehmende Ermittlungen.«

»Genau das werde ich jetzt herausfinden«, erklärte Cirillo.

»Du bist in der Questura?«

»So ist es.« Die Pförtnerloge war nicht besetzt, der Fahrstuhl außer Betrieb, und Cirillo sagte, während sie die breite Treppe hinaufstieg: »In ein paar Minuten wissen wir mehr.«

»Und dann?«, fragte Rizzi.

»Dann komme nicht ich nach Capri, sondern du kommst nach Neapel.«

»Um zum Beispiel in die Via Tarsi zur Käserei Castaldo zu gehen?«

»Wäre aus meiner Sicht der nächste logische Schritt«, antwortete Cirillo.

»Abgemacht«, sagte Rizzi. »Ich nehme das nächste *aliscafo*.«

»Warte noch«, sagte Cirillo, aber Rizzi hatte schon aufgelegt.

Stimmen hallten in den langen Gängen, Türen klappten. Sie kannte den Weg zum Büro von Commissario Serra im dritten Stock und wunderte sich, wie vertraut ihr alles war. Die gehetzten Gestalten, die ihr entgegenkamen, Beamte in Zivil zumeist, erinnerten sie an ihre eigene Zeit als Kriminalbeamtin in Bergamo, als sie selbst ein kleines Rädchen in einem größeren Getriebe war. Sie vermisste diese Zeit und vor allem ihre alten Kollegen in der Sonderkommission, die großen Fälle, den Nervenkitzel und das Gefühl zu wissen, dass man von Menschen umgeben war, die ebenso besessen waren von dem Wunsch, die Welt ein wenig sicherer, besser und gerechter zu machen.

Vor der Tür mit der Nummer 301 blieb sie stehen, klopfte und wartete. Als niemand antwortete, trat sie ein und sagte laut und vernehmlich: *»Buongiorno.«*

Auf dem Schreibtisch stand eine Teetasse mit Goldrand aus dünnem Porzellan, und am Garderobenständer hing neben einem Geschirrhandtuch ein Panamahut, wie er typisch war für Commissario Serra. Das Fenster zum Lichthof war geöffnet, das Gurren und Flattern der Tauben war zu hören und eine Stimme, die aus dem Zimmer nebenan kam.

Cirillo wollte sich noch einmal bemerkbar machen, rufen oder klopfen, als Commissario Serra in der Tür erschien und, ohne sie zu beachten, an ihr vorbei zu seinem Schreibtisch ging, den Telefonhörer aufnahm, am Festnetzapparat eine Taste drückte und in den Hörer sagte: »Wir geben ihm eine Viertelstunde und keine Sekunde mehr. Hörst du? Richtig. Ansonsten war's das. Wir lassen uns nicht verscheißern.« Er legte auf und fragte, ohne Cirillo anzusehen: »Was gibt's?«

»Das wollte ich eigentlich Sie fragen«, antwortete Cirillo.

Commissario Serra schaute auf und musterte sie erstaunt. »Woher kenne ich Sie?«, fragte er – und hob die Hand. »Nicht sagen.« Er zeigte mit dem Finger auf ihre Brust. »Capri«, sagte er. »Sie sind Agente« –

»Cirillo.«

»Richtig.« Er schnippte mit den Fingern, als ob er sich ärgerte, dass er das Rätsel nicht vollständig gelöst hatte. »Wie geht's Agente Rizzi?«, fragte er, während er auf seinem Schreibtisch etwas zu suchen begann. »Sagen Sie jetzt bitte nicht, dass er Sie und die Insel verlassen hat und neue Wege geht.« Commissario Serra klappte eine Aktenmappe auf. Nebenan war die Stimme von Andrea Scotto zu hören, der telefonierte – und jetzt die Verbindungstür zumachte. Seine Stimme war trotzdem zu hören, nur leiser.

»Agente Rizzi geht's gut«, sagte Cirillo. »Wir sind, wie Sie wahrscheinlich wissen, in den Fall um Nino Castaldo eingebunden, den Mozzarella-König, wie er in der Presse genannt wird.«

»Ja, klar. Natürlich.« Commissario Serra überflog einen Schriftsatz in der Mappe und redete gleichzeitig weiter: »Schießen Sie los. Wie kann ich Ihnen helfen?«

»Wie gesagt, das wüsste ich gerne von Ihnen.« Cirillo nahm ihre Mütze ab. »Wie weit sind die Ermittlungen? Wie können wir Ihnen unter die Arme greifen?«

»Andrea!«, rief Commissario Serra, klappte die Mappe zu und warf sie zurück auf den Stapel.

Die Tür zum Nebenzimmer ging auf. »Chef?« Scotto, mit dem Telefon in der Hand, schaute fragend. Im Gegensatz zum Commissario trug er einen Pistolengürtel über dem Hemd.

»Capri«, sagte Serra. »Haben wir schon etwas?«

»Ich rufe dich zurück«, sagte Scotto in den Hörer – und erklärte: »Nicht viel. Warum?«

Serra zeigte wortlos auf Cirillo und begann, an seinem Schreibtisch eine Schublade nach der anderen aufzuziehen, während Scotto an Cirillo vorbei an die Wand schaute und fragte: »Haben wir Sie herbestellt?«

»Ich hatte in Neapel zu tun«, begann Cirillo und schalt sich dafür, dass sie versuchte, ihre Anwesenheit zu rechtfertigen. Als hätte sie es nötig. Sie war Inselpolizistin, vor Ort, dicht am Geschehen, und jetzt war sie auf der Questura und bot ihre Unterstützung an.

»Der Leichnam ist in der Gerichtsmedizin«, erklärte Scotto und schaute auf seine Armbanduhr. »Die Kollegen dort können leider nicht zaubern.«

»Frag doch mal nach bei Professor Pelosi.« Commissario Serra fuhr mit einer Bürste über seine Lederschuhe. »Vielleicht kann er die Sache ein bisschen beschleunigen.«

»Ich habe gerade erst mit seiner Assistentin gesprochen.« Scotto redete weiter, an Cirillo vorbei, mit der Wand.

»Macht das unter euch aus.« Serra zog sein Sakko an und sagte zu Cirillo: »Grüßen Sie mir Agente Rizzi. Und wehe, Sie erscheinen hier noch einmal ohne ihn.« Er drohte mit dem Finger. »Beim nächsten Mal nehme ich es persönlich. Sagen Sie ihm das.« Er nahm im Vorbeigehen seinen Hut vom Garderobenständer und verschwand. Die Tür hinter sich ließ er offen.

»Ich will nicht unhöflich sein«, sagte Scotto, »aber ich habe zu tun. Wenn wir Ihre Hilfe benötigen, setzen wir uns mit Ispettore Lombardi in Verbindung.« Er zeigte zur Tür. »Versprochen.«

Cirillo hob beide Hände. »Das Wichtigste weiß ich ja schon: Der Fall liegt in Ihren Händen, und das beruhigt mich.« Sie setzte ein Lächeln auf. »Und jetzt – bin ich weg.«

Sie war schon fast am Ende des Flurs angelangt und wunderte sich, dass ihre Worte nicht die gewünschte Wirkung zeigten und Scotto wohl doch nicht so simpel gestrickt war, wie sie gedacht hätte, als sie seine Stimme hörte: »Warten Sie«, rief er den Gang hinunter. »Jetzt kommen Sie schon. Wenn Sie schon mal hier sind.«

Sein Büro war nur etwa halb so groß wie das Büro von Commissario Serra, sah aber mit der grünlichen Wandfarbe, dem kalten Licht und dem alten Mobiliar sehr ähnlich aus. Nur dass an der Wand statt eines Stadtplans ein Porsche-Kalender hing, und der feuerrote Spielzeug-Ferrari auf dem Schreibtisch bestätigte Cirillos schlimmste Befürchtungen.

»Ich will Sie wirklich nicht von Ihrer Arbeit abhalten«,

sagte sie. »Ich weiß ja: Sie tragen eine große Verantwortung.«

»Allerdings«, bestätigte Scotto, ignorierte das Klingeln seines Telefons und zeigte großspurig auf den Stuhl an seinem Schreibtisch. »Wir haben viel zu tun und viele Entscheidungen zu treffen. Da ist es schwer, die Übersicht zu behalten, aber« – er senkte vertraulich die Stimme – »der Commissario kann sich voll auf mich verlassen, ich habe alles im Griff.«

»Das ist auch mein Eindruck.« Cirillo schaute sich bewundernd um und entdeckte auf dem Aktenschrank, neben einer Grünlilie, noch mehr Ferrari-Modelle. »Sie strampeln sich ab, und er heimst die Lorbeeren ein.«

»Ungefähr so.« Scotto schob seine Hemdsärmel ein wenig höher, sodass sein gebräunter Bizeps zur Geltung kam. »Und wer hält den Kopf hin, wenn etwas schiefgeht?«

Cirillo nickte verständnisvoll und packte in dieses Nicken all die leidvollen Erfahrungen, die auch sie in ihrem Berufsleben schon gemacht hatte. Sein Vollbart war akkurat getrimmt, die Augenbrauen gezupft – doch seine Augen waren erschreckend leer und uninteressant.

»Sie sind doch nicht von Capri. Habe ich recht?« Er lehnte sich mit gespreizten Beinen zurück und verschränkte die Hände am Hinterkopf. »Sie sind eine attraktive Frau. Ich finde, wir zwei sollten mal zusammen einen Kaffee trinken gehen.«

»Wir hätten mit Sicherheit einiges zu besprechen.« Cirillo bemühte sich um einen sachlichen Tonfall. »Was sagt denn die Assistentin?«

»Assistentin?«

»Von Professor Pelosi. Aus der Gerichtsmedizin. Sie sagten, Sie hätten mit ihr gesprochen.«

»Richtig.« Er musste sich kurz besinnen, schaute suchend auf seinem Schreibtisch herum, hob eine Aktenmappe hoch und zog ein Stück Papier darunter hervor. »Sie hat Folgendes berichtet.« Er räusperte sich. »Was die Leiche betrifft, gibt es äußerlich keine Spuren von Gewalteinwirkung. Keine Verletzungen, keine Hämatome. Alkoholgehalt im Blut: null Komma fünf Promille.« Er schaute auf. »Das ist praktisch nichts.«

»Und weiter?«, fragte Cirillo.

»Eine klitzekleine Auffälligkeit.«

»Nämlich?«

Er machte auf seinem Stuhl eine Vierteldrehung, bewegte die Maus und schaute in den Computerbildschirm. »Der Kaliumspiegel.«

»Was ist damit?«

»Er ist – Moment. Erhöht.«

»Was heißt das?«

»Im Extremfall kann es zum Herzstillstand kommen.«

»Und worauf ist der erhöhte Kaliumspiegel zurückzuführen?«

»Konnte die Kollegin noch nicht genau sagen. Möglicherweise auf die Einnahme eines Medikaments.«

»Was sollte das Medikament denn bewirken?«

»Warten Sie.« Scotto scrollte. »Man verabreicht bei Patienten mit Herzschwäche ein Medikament, das bewirkt, dass über die Nieren überschüssiges Volumen ausgeführt wird. Bei Überdosierung des Medikaments kommt es zu einem erhöhten Kaliumspiegel, der tödlich sein kann.«

»Hatte der Tote Wasser in der Lunge?«, fragte Cirillo.

»Allerdings.« Scotto fuhr sich mit einem Finger über die Augenbrauen. »Passt in sein Krankheitsbild. Altersbedingte Herzschwäche. Was die Herzinfarkt-Theorie stützt.«

Cirillo erhob sich von ihrem Stuhl. »Danke.«

»Keine Ursache.« Scotto schaute überrascht auf. »Und was ist mit unserem Kaffee?«

»Ich habe heute leider schon zu viel davon getrunken.« Cirillo lächelte nicht. »Ich bekomme dann immer Herzrasen. Aber wissen Sie was?« Sie beugte sich zu ihm über den Schreibtisch.

Er wich ein wenig zurück und schaute sie erwartungsvoll an.

»Wir bleiben in Kontakt«, sagte sie – und verließ das Büro, ohne die Tür hinter sich zu schließen oder sich noch einmal nach ihm umzudrehen.

12

Die Käserei Castaldo befand sich unweit der Basilica dello Spirito Santo in der Via Tarsia und war zu Fuß von der Questura in einer Viertelstunde zu erreichen. So hatte es Teresa Villa in ihrer Textnachricht geschrieben und hinzugefügt, Rizzi sei unterwegs, habe das Linienboot genommen und komme dann direkt zur Käserei.

Cirillo aß auf der Piazza Sette Settembre ein Panino mit Thunfisch, trank eine Spremuta d'Arancia und teilte Rizzi bei einem kurzen Telefonat die vorläufigen Ergebnisse aus der Pathologie mit. Der Abschlussbericht werde, laut Andrea Scotto, in den nächsten Tagen erwartet.

Sie ging einfach der Nase nach, nahm in Kauf, dass sie sich im Gewirr der Gassen verfransen würde, wie es praktisch immer passierte, wenn sie ihre Pfade zwischen Davides Wohnung, seiner Bar und dem Weg zum Hafen verließ. Sie bog dann zu früh oder zu spät ab, lief, ohne es zu bemerken, in die falsche Richtung, kam aber immer an und hatte auf dem Weg mehr gesehen, als wenn sie ihre Augen auf das Display ihres Smartphones geheftet hätte.

Dieses Mal hatte sie nur einmal auf den Plan geguckt, sich die Route eingeprägt, einmal nach dem Weg gefragt und war schneller als gedacht in der Via Tarsia. Als sie vor der richtigen Hausnummer stand, entdeckte sie dort die kaum noch leserlichen Buchstaben über den heruntergelassenen Rollläden eines wohl schon lange geschlossenen Ladenlokals:

Formaggi Castaldo, gegr. 1755

Das Erdgeschoss hatte man auf unschöne, hastige Weise mit weißer Farbe gestrichen, aber die dadurch entstandene gescheckte Fläche war schon wieder mit politischen Parolen und Graffiti besprayt. Im riesigen, von zwei Säulen flankierten Tor befand sich eine kleine Tür, an der sich eine alte Frau zu schaffen machte, die eine lilafarbene Strickmütze trug und ein Einkaufswägelchen neben sich stehen hatte.

»Befindet sich hier auch die Käserei Castaldo?«, fragte Cirillo, während sie der Frau half, den Trolley über die hohe Schwelle zu heben. In der überraschend breiten Einfahrt parkten im Halbdunkel Motorräder, zwei Kleinwagen, und es roch nach Benzin.

»Früher war das Tor immer offen«, beschwerte sich die Alte. »Man konnte einfach durchgehen, nur nachts wurde zugesperrt. Aber heute, wo überall Verrückte herumlaufen, muss alles verriegelt und verrammelt werden.« Sie schaute Cirillo prüfend an. »Zu wem wollen Sie denn?«

»Zum Chef.«

»Also zu Bruno. Folgen Sie mir.« Die Alte packte ihren Einkaufswagen und setzte sich in Bewegung. »Hat er etwas ausgefressen?«, fragte sie und fuhr fort, ohne Cirillos Antwort abzuwarten: »Glauben Sie mir, er ist in Ordnung. Er wirkt zwar manchmal finster und verschlossen, aber er ist grundehrlich, fleißig, und vor allem ist er ein guter Geschäftsmann. Er weiß, wie man das Geld zusammenhält.

Und dass er nicht das Talent und die goldenen Hände von Nino hat, kann man ihm nicht vorwerfen.«

»Ist er verwandt mit Nino Castaldo?«

»Er ist der Sohn von Donatella Castaldo, und Donatella ist Ninos Cousine. Sie wohnen zusammen im zweiten Stock.« Sie blieb stehen, schaute hoch zu den dunklen Fenstern, und Cirillo glaubte zu erkennen, dass sich da oben die Gardine bewegte.

»Sie wissen, dass Nino verstorben ist?«, fragte sie.

»Ich habe davon gehört, ja.« Die Alte setzte unbeirrt ihren Weg fort, und das Quietschen der Räder begleitete jeden ihrer kurzen Schritte, während sie den Hof durchquerten.

»Nino hat immer geglaubt, er könne die Zeit zurückdrehen«, sagte die Alte mit dumpfer Stimme. »Aber das ist ein Irrtum. Du kannst die Zeit nicht anhalten, habe ich zu ihm gesagt, und du kannst sie auch nicht zurückdrehen. Und wissen Sie, was er geantwortet hat?« Sie blieb schwer atmend stehen. »Concetta, hat er gesagt, das ist mir scheißegal. Und irgendwie habe ich ihn auch verstanden. Ich hoffe nur« – sie schaute hinauf in den Himmel, faltete die Hände wie zum Gebet und schüttelte sie –, »dass er in den Armen seiner Frau verstorben ist.«

»War er krank?«, fragte Cirillo, »oder gesundheitlich vorbelastet?«

»Ich bitte Sie«, schnaubte die Alte. »Natürlich hatte er seine Zipperlein, wie wir alle unsere Zipperlein haben. Das werden Sie auch noch merken, wenn Sie in unser Alter kommen.« Sie waren vor einem offenen Tor angekommen, aus dem Schwaden von Wasserdampf herauszogen.

»Wie lange kannten Sie Nino?« Cirillo ließ nicht locker. »Kannten Sie ihn gut?«

Die alte Frau parkte ihr Wägelchen neben den Topfpflanzen. »Ich habe mein Leben lang für ihn gearbeitet und war die Einzige, die sich getraut hat, ihm die Wahrheit ins Gesicht zu sagen.«

»Welche Wahrheit?«

»Dass er sich übernimmt. Dass sein zweiter Frühling kein Frühling ist, sondern dass es sich nur um ein paar unverhofft warme Tage im Spätherbst handelt.« Sie zog ein Taschentuch aus ihrem Ärmel hervor, schnäuzte sich und rief mit überraschend kräftiger Stimme in den Raum und den Nebel hinein: *»Ragazzi!«*

»Concetta!«, antwortete jemand, und ein anderer: *»Buongiorno!«*

Cirillo konnte die Stimmen keiner bestimmten Person zuordnen. Mehrere Leute in langen Schürzen waren zu erkennen, ein Rauschen war zu hören, ein elektrisches Brummen und Wasser, das in einem Strahl in Wannen prasselte, um sie zu reinigen. Leute scherzten und lachten.

Die Alte ließ sich erschöpft auf einem Schemel nieder, der als Türstopper diente – oder vielleicht auch genau deshalb hier stand: damit sie sich hier hinsetzen konnte.

»Als ich hier anfing«, berichtete sie, »blutjung, mit vierzehn Jahren, gab es nur vorne den Laden und einen Raum dahinter, einen Bottich, ein paar Bretter als Regale. Das war's.« Sie schob sich die Strickmütze aus dem Gesicht und sah plötzlich ganz verwegen aus. »Rosario, Ninos Großonkel, war hier der Chef, ein imposanter Mann, der seine Finger nicht nur im Mozzarella hatte, wahrhaftig nicht. Ich war bildhübsch, das war mein Glück und mein Pech. Und Nino, der ebenfalls noch grün hinter den Ohren war, konnte kaum bis drei zählen und wurde von seinem Großonkel schikaniert und regelmäßig vor versammelter Mannschaft fertiggemacht, wenn der Mozzarella nicht die Konsistenz hatte, die er seiner Meinung nach haben sollte. Nino hat es damals nicht leicht gehabt. Die jungen Leute heute würden sich wehren, wenn Bruno sich herausnähme, als Chef so mit ihnen umzuspringen. Aber wissen Sie was?« Sie wartete, bis Cirillo näher trat und sich ein wenig zu ihr herunterbeugte. »Für die Familie hat es sich gelohnt, dass Nino damals so hart rangenommen wurde. Nino wollte es seinem Großonkel zeigen und hat aus der kleinen Klitsche einen Betrieb geformt mit einem Mozzarella, von dem heute ganz Italien spricht, vielleicht sogar die ganze Welt. So, jetzt wissen Sie es.«

»Hört, hört, Concetta erzählt wieder Geschichten«, kommentierte grinsend ein Mann mit weißer Schirmmütze und überreichte eine durchsichtige Tüte, in der eine große Kugel Mozzarella schwamm.

»Mach dich nicht lustig, und sag lieber: Wo ist Bruno?« Concetta nahm die Tüte und klappte von ihrem Wägelchen die Abdeckung hoch.

»Eben war er noch hier.« Der Mann drehte sich suchend um.

»Hol ihn. Worauf wartest du? Du siehst doch, die Polizei will ihn sprechen.«

Der Mann verschwand. Concetta schaute ihm kopfschüttelnd hinterher, und Cirillo fragte: »Ist der Mozzarella noch so gut wie früher, als Nino hier gearbeitet hat?«

»Selbstverständlich. Und wer etwas anderes behauptet, lügt.«

»Es gibt also diese Leute, die behaupten, der Mozzarella sei früher besser gewesen?«

»Es gab sie immer, und es wird sie immer geben. Mehr habe ich dazu nicht zu sagen.« Sie erhob sich von ihrem Schemel. »Kommen Sie. Ich bringe Sie jetzt zu Bruno.«

Sie ließ ihren Wagen stehen und ging voran, und vielleicht gefiel es ihr, einmal nicht nur die Person zu sein, die sich ihre Kugel Mozzarella abholte, sondern dafür zuständig war, eine Polizistin in einer wichtigen Angelegenheit durch die Käserei zu führen, in der sie, im Gegensatz zu früher, heute keine Rolle mehr spielte.

Als sie an einer Wanne mit einer krümeligen Masse vorbeikamen, fragte Cirillo: »Sieht so der Mozzarella aus, bevor er zur Kugel geformt wird?«

Concetta hörte sie wohl nicht, zu laut war es hier drinnen mit den Wannen, die herumgewuchtet wurden, und den hallenden Stimmen. Doch eine Mitarbeiterin antwortete an Concettas Stelle: »Das ist die Büffelmilch-Rohmasse«, erklärte sie, während sie weißen Brocken und Krümel mit einer Schaufel in der Wanne verteilte und wieder zusammenschob, verteilte und wieder zusammenschob. »Auf siebzig Grad erhitzt, damit die Keime abgetötet werden. Und dann tun die Bakterien ihre Arbeit.« Die Frau lächelte. Ihr Gesicht unter der Mütze war fast so bleich wie der zerhackte Käse in der Wanne vor ihr. Sie nahm mit einem Löffel einen Brocken auf, reichte ihn Cirillo zum Probieren und fragte leise: »Kann ich Sie irgendwann unter vier Augen sprechen?«

»Selbstverständlich«, antwortete Cirillo, »jederzeit« – und sah im Augenwinkel, dass hinter ihr plötzlich ein Mann auftauchte. Seine dichten schwarzen Augenbrauen und sein Backenbart kontrastierten mit dem Weiß der Haube über seinen Haaren. Und sein Blick war ebenfalls dunkel. »Ich weiß nicht, was Sabrina Ihnen hier erzählt, aber unser Mozzarella ist zu hundert Prozent ein Naturprodukt, und die Prozesse bei der Verarbeitung laufen nicht nach der Stechuhr ab.« Ein Tadel lag in der Bemerkung oder sogar eine Verwarnung. Dann wandte er sich, um Liebenswürdigkeit bemüht, an Cirillo. »Und?«, fragte er lächelnd. »Was schmecken Sie?«

»Könnte ein bisschen Salz dran«, meinte Cirillo und reichte ihm den Löffel.

»Sehr gut, sehr gut! Aber das Salz kommt später.« Er gab den Löffel an seine Mitarbeiterin Sabrina weiter und dozierte: »Fängt man zu früh mit der Verarbeitung der Büffelmilch an und lässt ihr nicht ausreichend Zeit zum Gären, erhält man eine Pasta Filata, die zu flüssig ist und keine richtigen Fäden enthält. Wartet man zu lange, bekommt man eine feste, kaugummiartige Masse, der die Geschmeidigkeit fehlt.«

»Woher kommt die Büffelmilch?«, fragte Cirillo.

»Aus dem Milchtank draußen. Sie wird über diese Leitungen hier direkt in den Pasteur gepumpt.« Er zeigte auf ein Gestänge aus blitzenden Röhren, Schläuchen und Kompressoren, die nagelneu aussahen, und einen großen Chromstahlbehälter. »Wir verarbeiten in der Stunde bis zu tausend Liter.«

Cirillo lächelte nachsichtig. »Ich meinte eigentlich, woher die Büffelmilch kommt, bevor sie bei Ihnen im Tank landet.«

»Wir haben verschiedene Produzenten, die uns beliefern«, antwortete er, ohne weiter auf das Missverständnis einzugehen. »Die Wasserbüffel befinden sich alle auf Höfen in der Region, in Kampanien, in einem Umkreis von hundert Kilometern. Wir bevorzugen kurze Lieferwege.« Und übergangslos fügte er hinzu: »Ich bin übrigens Bruno Castaldo, der Neffe von Nino, und hier der Chef.«

»Agente Cirillo.« Die Hand von Bruno Castaldo fühlte sich eiskalt an.

»Sie sind wahrscheinlich nicht gekommen, um mit mir über Büffelmilch zu reden«, sagte er.

»Es geht um Ihren Onkel«, antwortete Cirillo. »Ich hätte da ein paar Fragen. Reine Routine.«

»Genau das waren auch die Worte von Ihrem Kollegen.«

»Ist er schon da?«, fragte Cirillo überrascht.

»Er wartet schon. Wenn Sie mir folgen wollen?«

Cirillo ließ bei Sabrina, der Mitarbeiterin, unauffällig ihre Visitenkarte auf dem Arbeitstisch liegen und parierte den Seitenblick von Bruno Castaldo, indem sie überrascht auf eine Maschine zeigte, die aus einem Trichter und einer Walze bestand, und fragte: »Sie formen den Mozzarella gar nicht mit der Hand?«

Golfballgroße Mozzarella-Kugeln fielen hintereinander, im gemächlichen Tempo, in eine trübe Flüssigkeit.

»Heute nicht mehr, nein.« Bruno Castaldo schaute argwöhnisch über seine Schulter, aber die Visitenkarte war vom Tisch verschwunden und Sabrina wieder dabei, die Büffelmilch-Rohmasse in der Wanne hin und her zu schieben.

»Concetta zum Beispiel konnte den Mozzarella grammgenau zupfen«, fuhr Bruno Castaldo fort. »Fünfzig Gramm, hundert, zweihundertfünfzig – ganz egal. Sie war darin eine Meisterin, und Onkel Nino beherrschte diese Kunst ebenfalls. Ich selbst habe dieses präzise Fingerspitzengefühl nicht, und die meisten anderen von uns Jüngeren auch nicht.« Er öffnete eine Feuertür, legte im Vorraum die Schürze ab und zog sich die Haube vom Kopf. Ein dichter, schwarzer Bürstenhaarschnitt kam zum Vorschein, der selbst aussah wie eine Kappe.

»Wie viele Leute arbeiten bei Ihnen?«, fragte Cirillo.

»Wir haben ungefähr zwanzig feste Mitarbeiter, sind aber chronisch unterbesetzt.« Er schob mit dem Fuß einen Eimer beiseite. »Wenn Sie jemanden kennen, dem es nichts ausmacht, früh aufzustehen und im Schichtbetrieb zu arbeiten – nur zu. Ich könnte auf der Stelle fünf Leute einstellen.«

Um die Ecke befanden sich Schließfächer und eine zweite Tür, die entsetzlich quietschte, als Bruno Castaldo sie öffnete.

Der Raum war überraschend groß, die Luft warm und trocken. Durch ein vergittertes Fenster fiel Sonnenlicht herein, und der helle Anstrich an den Wänden schaffte eine freundliche, fast wohnliche Atmosphäre. Der lange Holztisch mit all den Kerben und Abnutzungserscheinungen schien seine eigene Geschichte zu haben und sah aus, als würde er schon ewig hier stehen. Von den Stühlen drumherum waren die meisten mit einer Jacke oder einem Pullover belegt. Butterbrotdosen und Thermoskannen markierten feste Sitzplätze.

An der Stirnwand stand eine gläserne Vitrine, in der goldene und silberne Pokale ausgestellt waren. Darüber hingen Urkunden und ein gerahmtes Gruppenbild mit Mitarbeitern in weißer Arbeitskluft, das von Rizzi mit dem Smartphone abfotografiert wurde.

»War es für Sie eigentlich ein großer Verlust«, wandte Rizzi sich an Castaldo, »dass Diego Bocci Ihren Betrieb verlassen hat und mit Nino nach Capri gegangen ist? Ich habe ihn auf Ihrem Gruppenfoto gesehen, daraus schließe ich, dass er vorher für Sie gearbeitet hat.«

»Das war natürlich schade für uns, aber kein Problem und im Prinzip auch keine Überraschung.« Castaldo schloss hinter Cirillo geräuschvoll die Tür. »Diego und mein Onkel gehörten irgendwie zusammen. Konnten sich wortlos verständigen und haben beide nicht gerne geredet – was bei Diego natürlich mit seiner Gehörlosigkeit zu tun hat.«

»Der Typ neben Diego – wer ist das?« Rizzi vergrößerte auf seinem Smartphone das Gruppenfoto und zoomte ein Gesicht mit dunkler Stirnlocke und blauen Augen näher heran.

Bruno Castaldo betrachtete widerwillig die Aufnahme und das Gesicht, als sähe er es zum ersten Mal. »Das Foto ist mindestens fünf Jahre alt«, sagte er. »Und wir haben einen solchen Durchlauf an Mitarbeitern und Praktikanten – tut mir leid. Ich kenne den Mann nicht.«

»Heißt er vielleicht Claudio Tripodi?«, fragte Rizzi. »Sagt Ihnen der Name etwas?«

»Tripodi?«, wiederholte Castaldo. »Könnte sein.«

»Er betreibt, nach meiner Information, eine Farm mit

Wasserbüffeln in Paestum und beliefert die Käserei von Ihrem Onkel in Anacapri.«

»Schön.«

»Und hat vorher offensichtlich bei Ihnen gearbeitet und gelernt, wie man Mozzarclla macht.«

»Hört sich vernünftig an, dass einer, der mit Büffelmilch handelt, auch lernen will, wie sie verarbeitet wird.« Bruno Castaldo war plötzlich hochrot im Gesicht. »Aber bevor Sie mir weiter kluge Fragen stellen«, brach es aus ihm heraus, »erklären Sie mir erst einmal: Was soll dieser Großeinsatz?« Seine Stimme überschlug sich. »Sie fallen hier unangemeldet ein, inspizieren meinen Betrieb, halten meine Leute von der Arbeit ab, missachten Hygienevorschriften –«

»Beruhigen Sie sich.« Cirillo legte ihr Notizbuch auf den Tisch. »Wir haben einen klaren Auftrag. Ihr Onkel wurde tot in seiner Käserei in Anacapri aufgefunden, und wir müssen ein paar Sachverhalte klären. Bitte setzen Sie sich.«

Ihre Worte, so unbeeindruckt vorgetragen, wirkten. Bruno Castaldo sank auf den Stuhl am Kopfende und schaute eingeschüchtert auf die vollgeschriebenen Seiten des Notizbuchs, in dem Cirillo blätterte.

»Ich weiß nicht«, begann sie, »ob die Kollegen Sie über die näheren Todesumstände aufgeklärt haben. Ihr Onkel lag in einem Bottich voller Wasser. Wir wissen inzwischen, dass für die Herstellung von Mozzarella kein Wasser benötigt wird, jedenfalls nicht in diesen Mengen, weshalb wir einen Arbeitsunfall ausschließen.«

»Was wollen Sie damit sagen?« Bruno Castaldos Gesicht war wie versteinert.

»Wir glauben, dass jemand das Wasser in den Bottich

gefüllt hat, um Ihren Onkel zu ertränken«, erklärte Rizzi. »Die Umstände lassen leider keinen anderen Schluss zu. Es tut uns sehr leid.«

»Umgebracht?«, murmelte Bruno Castaldo ungläubig. »Onkel Nino?« Der Blick aus seinen Augen irrte ziellos durch den Raum.

»Sind Sie in der Lage, uns ein paar Fragen zu beantworten?« Cirillo platzierte ihre Hand mit dem Stift auf der freien Seite ihres Notizbuchs, bereit zum Mitschreiben. »Wann hatten Sie zuletzt Kontakt mit Ihrem Onkel? Damit meine ich ein Telefonat, ein persönliches Treffen oder auch bloß eine Mail.«

»Keine Ahnung«, stammelte Castaldo. »Wir waren in der letzten Zeit sehr beschäftigt, alle beide. Er auf Capri mit dem Aufbau seines Geschäfts und ich hier mit dem Betrieb.«

»Also – kein Kontakt in der letzten Zeit?«, fragte Cirillo.

»Nein, leider.« Castaldo lächelte schief. »Aber Sie können mir glauben: Ich habe das sehr bedauert. Onkel Nino war ein sehr wichtiger Mensch für mich, nicht nur fachlich. Er war eine Autorität, aber auch ein guter Ratgeber, war immer für mich da und hatte ein offenes Ohr für alle Sorgen und Nöte.« Er verstummte, schaute auf seine Fingernägel und sagte mit heiserer Stimme: »Ich kann es gar nicht glauben.«

»Gab es Differenzen zwischen Ihnen und Nino?«, fragte Rizzi. »Haben Sie ihm übelgenommen, dass er nach Anacapri gegangen ist und dort seine eigene Käserei aufgemacht hat?«

»Im Gegenteil.« Bruno Castaldo hob abwehrend beide

Hände. »Das Geschäft auf Capri war eine gute Lösung. Für uns alle. Die Idee – oder dieser Schachzug, wenn Sie so wollen – hat all unsere Probleme gelöst.«

»Welche Probleme?«

Castaldo lächelte gequält. »Ich weiß nicht, ob Sie sich das vorstellen können«, sagte er, »aber versetzen Sie sich mal in meine Lage.« Er legte seine Hände flach auf den Tisch. »Mit mir tritt die nächste Generation an, auf mir lastet eine große Verantwortung. Ich empfinde es jedenfalls so. Zum Glück bin ich optimal vorbereitet. Ich weiß alles über Mozzarella, kenne die Vertriebswege und das Geschäft in- und auswendig. Der Betrieb floriert, aber gleichzeitig sehe ich, dass es nicht einfach automatisch immer so weitergeht. In einer Welt, die ständig im Wandel ist, muss man sich auch ständig neu erfinden. Ich habe Ideen, verstehen Sie? Ich will loslegen. Aber die Altvorderen, wie zum Beispiel Onkel Nino, sehen das verständlicherweise anders, wollen nicht loslassen und blockieren die Innovationen.«

»Es gab also Krach«, stellte Rizzi fest.

»Nennen Sie es, wie Sie wollen.« Bruno Castaldo klang gereizt.

»Was wollten Sie denn anders machen als Ihr Onkel?«, fragte Rizzi.

»Interessiert Sie das wirklich?« Castaldo musterte Rizzi überrascht, der an der Wand lehnte, als wäre er hier zu Hause. »Ohne zu sehr ins Detail zu gehen«, Castaldo seufzte, »der Grundkonflikt bestand darin, dass ich überzeugt bin, dass wir wachsen müssen, wenn wir in Zukunft auf dem Markt bestehen wollen. Aber Onkel Nino wollte genau das nicht. Er meinte, vereinfacht gesagt, wenn wir ein gutes Produkt herstellen, findet sich der Rest ganz von alleine. Er gehörte eben zu einer anderen Generation, und was Social Media und Mozzarella miteinander zu tun haben, konnte er bis zuletzt nicht verstehen. So gesehen, war seine Idee, nach Capri zu gehen und dort seinen eigenen kleinen Laden zu eröffnen, nur konsequent. Wie gesagt, es hat all unsere Probleme gelöst. Er konnte nach seinen, ich sage mal, traditionellen Grundsätzen arbeiten, und ich hatte freie Bahn. Es war ein Befreiungsschlag für uns alle.«

»Ist seine Käserei auf Capri für Sie keine Konkurrenz?«, fragte Cirillo. »Ich meine, wenn sich herumspricht, dass der berühmte Nino Castaldo gar nicht mehr hinter Ihren Produkten steht, sondern auf Capri seine eigene Sache macht, könnte man doch auf die Idee kommen, dass der Mozzarella auf Capri das Original ist und die Qualität Ihres Mozzarellas dagegen abfällt.«

»Wer sagt denn so etwas?«, fragte Castaldo scharf. »Alle wissen, dass der Mozzarella von Castaldo der beste ist – egal, ob er von Nino oder Bruno kommt.« Er ballte die Faust. »Ich wiederhole: Onkel Nino und ich – wir waren im Reinen miteinander und haben einander nur das Beste gewünscht.«

»Hatte er Feinde?«, fragte Cirillo.

»Feinde?«, wiederholte Bruno Castaldo erregt. »Jemand wie Onkel Nino hat keine Feinde! Er hat Bewunderer! Er war ein Künstler, ein ganz feiner Mensch!«

»Ich sage Ihnen jetzt mal etwas.« Rizzi verschränkte die Arme vor der Brust. »Dieses ständige Gerede von Nino Castaldo und seiner großen Kunst geht mir auf den Wecker. Er hat Mozzarella hergestellt, und sein Mozzarella war bestimmt sehr gut, vielleicht sogar der beste, den es gibt. Einverstanden. Aber auch ein Nino Castaldo musste sich nach der Decke strecken und schauen, dass ihm die Kosten nicht davonrennen. Er hat viel in seinen kleinen Betrieb bei uns auf Capri investiert. Ich habe den Laden gesehen und auch die Wohnung obendrüber, und ich weiß, wie es dort vorher aussah. Da ist kein Stein auf dem anderen geblieben. Und den Umbau hat er mit Sicherheit nicht mal eben aus der Portokasse gezahlt. Worauf ich hinauswill« – Rizzi löste sich von der Wand und ging langsam um den Tisch herum –, »Sie können mir nicht erzählen, dass er diesen Betrieb verlassen hat, ohne dass Sie ihn auszahlen mussten. Dieser Betrieb hier war sein Lebenswerk, und woher sollte er sonst das Geld für seinen Neuanfang nehmen? Wie viel mussten Sie ihm geben? Hunderttausend? Eine halbe Million? Oder mehr?«

»Das sind interne Angelegenheiten«, antwortete Bruno Castaldo knapp. »Darüber rede ich nicht.«

»Was ist mit Ihren eigenen Investitionen?« Rizzi blieb vor der Vitrine mit den Pokalen stehen. »All die Leitungen, Maschinen und Anschlüsse drüben sehen ziemlich neu aus. Sie haben kräftig modernisiert. Oder liege ich falsch?«

»Sie liegen richtig. Aber ich bin ein guter Geschäftsmann und kann kalkulieren.«

»Soll ich Ihnen etwas verraten?« Rizzi stützte sich gegenüber von Castaldo mit beiden Händen auf die Tischplatte. »Ich glaube nicht, dass es eine gütliche Einigung mit Onkel Nino gegeben hat und dass alle sich hier nur das Beste gewünscht haben. Geben Sie es zu. Ihr Onkel hat den Kontakt zu Ihnen abgebrochen.«

»Sie sind nicht der Erste mit solchen Vermutungen«, entgegnete Bruno Castaldo und lehnte sich, scheinbar gelassen, zurück, doch er konnte nicht verbergen, dass seine Hände zitterten. »Aber zum Glück ist es in all den Jahren noch niemandem gelungen, einen Keil in unsere Familie zu treiben.«

»Auch Stella nicht?«, fragte Cirillo.

Bruno Castaldo fuhr herum und schaute Cirillo überrascht an. »Stella?«, wiederholte er. »Nein, auch sie nicht.«

»Aber sie hat es versucht«, insistierte Cirillo.

»Nein, hat sie nicht!«

»Wer von den beiden hatte denn die Idee, nach Capri zu gehen?«, fragte Cirillo. »Stella wahrscheinlich. Sie kommt ja von dort.«

»Das müssen Sie Stella fragen, nicht mich.«

»Haben Sie schon mit ihr gesprochen?«

»Selbstverständlich habe ich mit ihr gesprochen«, entgegnete Bruno Castaldo erregt. »Ich habe ihr, auch im Namen meiner Mutter und der ganzen Belegschaft, mein Beileid ausgesprochen, so wie sie uns ihr Beileid ausgesprochen hat. Schließlich haben auch wir einen nahen Menschen verloren.«

»Haben Sie ihr Unterstützung zugesagt?«, fragte Cirillo. »Jetzt, wo sie mit dem Betrieb alleine dasteht?«

»Wir sind immer für sie da«, erklärte Castaldo ausweichend. »Stella weiß das.«

»Also gut.« Cirillo machte einen Strich unter ihre Aufzeichnungen. »Wo waren Sie in der Nacht vom neunten auf den zehnten Mai? Zur Erinnerung: Das war die Nacht von Montag auf Dienstag.«

Bruno Castaldo schwieg und starrte vor sich auf den Tisch.

Cirillo beugte sich zu ihm hinüber. »Haben Sie meine Frage gehört?«

»Wir behandeln Ihre Aussage diskret«, fügte Rizzi hinzu.

»Ich habe diese Frage befürchtet«, sagte Bruno Castaldo, und sein Lächeln wirkte fast weise.

»Warum?«

Er schaute auf seine Fingernägel. »Ich war bei meiner Freundin, Sabrina Bergesio. Sie ist verheiratet, und ich möchte Sie bitten, sie aus der Sache herauszuhalten.«

»Sabrina Bergesio.« Cirillo notierte. »Handelt es sich um die Mitarbeiterin, mit der ich vorhin gesprochen habe?«

»Und der Sie Ihre Visitenkarte gegeben haben, richtig.« Castaldo lächelte gequält. »Niemand weiß von unserem Verhältnis, und ich möchte, dass das so bleibt.« Sein Telefon klingelte. Er schaute aufs Display und nahm das Gespräch ohne zu zögern an.

»Ja, sie sind noch da«, sagte er in den Hörer. »Richtig, alle beide.« Er streifte Rizzi und Cirillo mit einem Blick, während er der Stimme am anderen Ende lauschte. »In Ordnung, Mamma«, sagte er. »Verstanden. Jawohl. Wird gemacht.« Er beendete das Gespräch und hatte rote Flecken im Gesicht. »Haben Sie noch Fragen?« Er wischte über das Display seines Smartphones. »Ansonsten würde ich unser Gespräch jetzt gerne beenden. Wie Sie sich vorstellen können, habe ich auch noch andere Dinge zu tun.«

»Was für Dinge?«, fragte Cirillo, während sie den Kugelschreiber in ihr Notizbuch legte.

»Die Liste ist so lang, wir würden morgen noch hier sitzen, wenn ich Ihnen alles aufzähle.« Er schaute auf die Uhr. »In einer halben Stunde ist Schichtwechsel«, sagte er, schob seinen Stuhl zurück und stand auf. »Falls Sie Signora Bergesio wegen meines Alibis vernehmen wollen, wäre ich Ihnen dankbar, wenn Sie das Gespräch nicht im Betrieb, sondern an einem anderen Ort führen würden und die Kollegen nichts davon mitbekommen. Es herrscht schon genug Unruhe.«

Cirillo verkniff sich die Bemerkung, dass wahrscheinlich sowieso alle über sein Verhältnis im Bilde waren, und ließ sich stattdessen die Telefonnummer von Sabrina Bergesio geben.

Dann klappte sie ihr Notizbuch zu und sagte: »Hoffen wir, dass es uns gelingt, den Mörder Ihres Onkels zu überführen, Signore Castaldo.« Seine Hand fühlte sich immer noch eiskalt an, als sie sie drückte, und seine dichten schwarzen Haare waren sichtlich nass geschwitzt. »Entspannen Sie sich. Ich meine es genau so, wie ich es sage.«

13

Auf der anderen Straßenseite, in der Via Tarsia, etwa fünfzig Schritte entfernt, befand sich ein Lokal, eher Imbiss als Restaurant. Rizzi schlug vor, Sabrina Bergesio gleich hier zu treffen, zu vernehmen und die Sache zu erledigen. Die Wartezeit könnten sie überbrücken und rasch etwas essen.

Der Mann mit dem Geschirrhandtuch im Hosenbund empfahl Bruschetta mit Bohnen und Petersilie, die seine Frau gerade frisch zubereitet hätte. Rizzi nahm dazu Pizza und ein kleines Bier, während Cirillo sich mit stillem Wasser begnügte.

Sie setzten sich draußen auf dem Gehweg an einen der drei Tische, die durch einen Paravent aus künstlichen grünen Blättern von der Straße und den parkenden Autos abgeschirmt waren, und Cirillo schrieb Sabrina Bergesio eine Nachricht.

Rizzi war sich sicher, dass Bruno Castaldo etwas verheimlichte. Auch fand er es hochinteressant, dass Claudio Tripodi, der Mann, der Büffelmilch nach Capri lieferte, hier, in der Käserei Castaldo, gearbeitet hatte.

»Wir sollten Claudio Tripodi so bald wie möglich vernehmen«, sagte Rizzi und scrollte durch den Nachrichteneingang von seinem Telefon.

»Halt, halt«, bremste Cirillo und legte ihr Telefon beiseite. »Ein Schritt nach dem anderen.«

Fragend schaute Rizzi von seinem Telefon auf.

»Sabrina Bergesio kommt gleich.«

Cirillo stand auf und verschwand in Richtung Toilette, und Rizzi sah, dass seine Schwester Barbara versucht hatte, ihn anzurufen. Als ob sie es riechen würde, wenn er in der Stadt war.

Melde mich später, textete er, während der Inhaber des kleinen Lokals die Bruschetta brachte und Pizza mit breitem krossem Rand, wie es sich gehörte, und dazu, zum Probieren, einen Teller Arancini: frisch frittierte Reisbällchen, gefüllt mit Hackfleisch, Erbsen, Käse und fein gehackter Zwiebel – ein Rezept seiner Mamma, wie er feierlich verkündete.

Es waren tatsächlich die besten Arancini, die Rizzi je in seinem Leben gegessen hatte, und er hatte schon einige gegessen. Der Mann nickte wissend und rief seine Mutter herbei, eine Frau mit tiefen Ringen unter den Augen. Rizzi legte seine Hand aufs Herz und beteuerte, er würde auf der Stelle sterben wollen, wenn sie ihm nicht das Geheimnis ihrer wirklich fantastischen Arancini verriet.

In diesem Moment begann Cirillos Smartphone auf dem Tisch zu brummen, und Rizzi sah zwischen den künstlichen Blättern des Paravents hindurch, dass vor dem Tor der Käserei Castaldo eine Frau im Jeansrock stand, mit blassem Gesicht und strähnigen Haaren, die sich mit dem Telefon am Ohr suchend umschaute. Es konnte sich nur um Sabrina Bergesio handeln.

Er entschuldigte sich bei dem Mann und seiner Mutter,

er sei leider gerade im Dienst, und las auf dem Display von Cirillos Telefon: SABRINA BERGESIO. Gewissenhaft, wie sie war, hatte Cirillo den Namen gleich eingespeichert. Doch das Gespräch mit ihrem Apparat anzunehmen wäre ihm übergriffig vorgekommen. Er hob dic Hand, um Sabrina Bergesio zu signalisieren, dass sie herüberkommen sollte. Aber sie sah ihn nicht oder wollte ihn nicht sehen. Nein, sie war abgelenkt. Wie aus dem Nichts tauchten zwischen den parkenden Autos zwei Frauen auf und steuerten zielstrebig auf Sabrina Bergesio zu, die ihr Telefon sinken ließ. Cirillos Apparat auf dem Tisch verstummte.

Die Szene hatte etwas Eigentümliches. Einerseits schienen die Frauen sich zu kennen, andererseits sah es aus, als ob zwischen ihnen – Sabrina Bergesio auf der einen und den beiden Frauen auf der anderen Seite – eine Mauer stehen würde, ohne dass Rizzi hätte sagen können, woran genau er das festmachte. Es lag wohl an der Körpersprache, die bei Sabrina Bergesio abwehrend, bei den anderen beiden Frauen fordernd und dadurch auch feindselig war. Die größere der beiden trug eine Lederjacke, hatte kurze weißblonde Haare und war, soweit Rizzi es aus der Entfernung erkennen konnte, an Mund, Augen und Nase gepierct. Die kleinere war ein dunkler Typ, rundlich, trug Sonnenbrille und war komplett schwarz gekleidet.

Die Unterhaltung schien hitzig zu werden. Die weißblonde Gepiercte stemmte die Hände in die Hüften und rief, dass es bis zu Rizzi hinter dem Paravent zu hören war: »Und den *bullshit* sollen wir dir glauben?«

Cirillo trat neben Rizzi an den Tisch und fragte: »Was ist los?«

»Ich glaube, das ist sie«, sagte Rizzi, ohne die Frauen aus den Augen zu lassen, und rief: »Signora Bergesio!«

Sie drehte sich um. Auch die anderen beiden Frauen schauten herüber, und alle drei wirkten für eine Sekunde wie versteinert, als würde der Anblick von Polizisten in Uniform sie erschrecken. Oder als fühlten sie sich bei etwas ertappt. Dann geschah etwas Seltsames.

Die beiden Frauen, die gepiercte und die schwarz gekleidete, drehten sich ohne ein weiteres Wort um und entfernten sich schnellen Schrittes, während Sabrina Bergesio ihnen nachrief: »Wartet!« – und, statt zu Rizzi und Cirillo herüberzukommen, hinter ihnen herrannte.

Cirillo fluchte, nahm ihr Telefon und fuhr Rizzi an: »Warum bist du denn nicht gleich zu ihr hingegangen?«

Rizzi ließ einen Geldschein auf dem Tisch und folgte Cirillo im Laufschritt.

Die Frauen waren bereits um die Ecke verschwunden. Sabrina Bergesios Telefon sendete Besetztzeichen. Rizzi und Cirillo legten einen Sprint ein, vorbei an verdutzten und erschrockenen Passanten, bis zur nächsten Querstraße – und tatsächlich: Da waren sie. Sie rannten nicht, gingen aber sehr schnell und überquerten die Straße. Die Gepiercte und die Schwarzgekleidete vorweg und Sabrina Bergesio einen halben Schritt hinterher.

Cirillo befahl, statt kopflos hinterherzurennen, an der Ecke stehen zu bleiben und den Frauen einen kleinen Vorsprung zu lassen. So machten sie es, folgten ihnen in einem Abstand von hundert, vielleicht hundertfünfzig Metern, wechselten auf Cirillos ausdrücklichen Wunsch nicht die Straßenseite, sondern beobachteten im Schutz der parkenden Autos, wie die Frauen einträchtig nebeneinandergingen und sich nun ganz gut zu verstehen schienen.

Ein Lieferwagen fuhr vorbei, bremste und versperrte ihnen die Sicht. Der Fahrer stellte die Warnblinker an und stieg aus. Rizzi und Cirillo wechselten nun doch die Straßenseite, aber sie waren nicht schnell genug. Die Frauen waren wie vom Erdboden verschluckt und konnten nur im Hauseingang verschwunden sein, vor dem der Lieferwagen geparkt hatte. Doch das Tor war zu. Ein Hund hob an einem Blumenkübel sein Bein, und im kleinen *Alimentari* gleich nebenan waren nur der Ladenbesitzer und der Lieferant zu erkennen.

Cirillo versuchte wieder und wieder, Sabrina Bergesio telefonisch zu erreichen, als aus dem Hauseingang neben dem Laden ein Mann kam, die Kapuze von seinem Hoodie tief ins Gesicht gezogen, und, ohne aufzugucken, an ihnen vorbeihuschte. Cirillo schaute ihm stirnrunzelnd hinterher, während Rizzi im letzten Moment die Tür erwischte, bevor sie ins Schloss fiel.

Die Einfahrt war vollgestellt mit Paletten und Kartons, in denen sich, der Aufschrift zufolge, fabrikneue Waschmaschinen und Klimaanlagen befanden. Es schien sich um eine halbe LKW-Ladung zu handeln, die hier herumstand und deren Herkunft Rizzi bei anderer Gelegenheit gerne mal überprüft hätte. Es roch nach warmer Abluft und einer Chemikalie, wahrscheinlich Chlor. Stimmen hallten in dem großen Hof, als wäre hier irgendwo eine Versammlung, doch die Geräusche ließen sich keinem bestimmten Aufgang oder Stockwerk zuordnen.

Den Kopf im Nacken, die Hände in die Hüften gestemmt, bestätigte Cirillo, was auch Rizzi dachte und laut aussprach: Sie konnten jetzt unmöglich an allen Wohnungs- und Bürotüren nach den drei Frauen oder nach Sabrina Bergesio fragen. Dafür bräuchten sie, erstens, Verstärkung und müssten, zweitens, mit Sicherheit wissen, dass die Frauen sich überhaupt hierher geflüchtet hatten. Und dass keine Straftat vorlag, kam erschwerend hinzu.

»Wir werden hier gerade komplett verarscht«, stellte Cirillo fest.

»Also: Rückzug?«, fragte Rizzi.

Cirillo schaute unzufrieden zu den Fenstern hinauf, von denen ein paar offen standen, und antwortete nicht.

»Morgen knöpfen wir uns die Käserei Castaldo noch mal vor«, schlug Rizzi vor, »und an erster Stelle Sabrina Bergesio. Dann soll sie uns mal erklären, was die Aktion sollte.«

Cirillo schien nicht überzeugt, wirkte unentschlossen, und vielleicht ließ Rizzi nur deshalb noch einmal seinen Blick schweifen.

Zuerst dachte er, dass die glimmende Zigarette auf dem Boden vom Typ im Hoodie stammte, der sie hier im Vorbeigehen hingeworfen hatte. Aber dann sah er, dass auf den Stufen, die zum Keller hinunterführten, noch mehr Kippen lagen. Vor der Eisentür war alles voll, als ob hier unten Veranstaltungen stattfanden, illegale Konzerte oder irgendwelche nicht angemeldeten Versammlungen. Die Kellertür war nicht abgeschlossen und quietschte beim Öffnen.

Dahinter lag kein Saal und auch kein großer Raum, sondern ein langer Gang mit Bretterverschlägen. Die Backsteine waren mit Schimmelpilz überzogen, ein grauer Flaum, der sich vom Boden bis auf halbe Höhe zog, während die

Decke so niedrig war, dass Rizzi gerade noch stehen konnte, aber Cirillo schon den Kopf einziehen musste. Durch eine Reihe schmaler Fenster sickerte Tageslicht.

Rizzi spähte zwischen den Latten hindurch, sah in den Kojen Gerümpel, Regale, Einmachgläser und wollte schon umdrehen, als er Stimmen und Gemurmel hörte. Cirillo hob alarmiert den Zeigefinger. Sie hörte es auch.

Sie quetschten sich an einem Lattenrost und ausrangierten elektronischen Geräten entlang, schoben vorsichtig, um keinen Lärm zu machen, einen alten Kinderwagen beiseite, aber es war wohl die falsche Richtung. Die Stimmen wurden leiser.

Cirillo tippte Rizzi auf die Schulter und zeigte wortlos in einen Gang, den er übersehen und gar nicht als Gang wahrgenommen hatte, weil er vollgestellt war mit Paletten, die jemand wie Barrikaden übereinandergetürmt hatte, sodass ein Durchkommen auf den ersten Blick unmöglich schien. Und das war wohl auch so beabsichtigt.

Sie kletterten darüber hinweg, teilweise auf allen vieren. Die Konstruktion erwies sich als überraschend stabil, und die Richtung stimmte. Die Stimmen wurden lauter und ließen sich jetzt deutlich voneinander unterscheiden. Es waren Frauenstimmen, mindestens drei, und sie kamen aus einem Verschlag ganz hinten, bei dem die Zwischenräume zwischen den Latten weitgehend mit Zeitungen und Pappe abgedichtet waren. Hier, wo der Gang noch einmal abknickte und der Keller zu Ende war, herrschte größere Dunkelheit als im Rest.

Rizzi und Cirillo näherten sich lautlos und pirschten sich bis auf einen halben Meter heran. Hier und da gab es einen offenen Spalt in den Abdichtungen, durch den man in den Verschlag hineinschauen konnte. Rizzi konnte umgedrehte Apfelsinenkisten erkennen, Matratzen und mehrere Personen, die jemanden umringten.

»Erzähl keinen Scheiß«, befahl jemand mit vollem Mund. »Fakt ist, dass wir dir nicht mehr vertrauen können.«

Rizzi ging in die Hocke und sah, dass die Person aus einer Konservenbüchse löffelte. Der Mund war an den Lippen gepierct, ebenso die Augenbrauen, die dunkel waren und mit den weißblonden Haaren kontrastierten.

»Tut mir leid«, antwortete die Frau, die umringt wurde und kaum zu sehen war. An ihrem Jeansrock konnte er erkennen, dass es Sabrina Bergesio sein musste. »Ich kann euer Problem nicht nachvollziehen«, erklärte sie selbstbewusst, »und es ändert auch nichts an meiner Haltung.«

»Deine Haltung ist uns scheißegal.« Die Gepiercte schob sich wieder in Rizzis Blickfeld und stellte wütend die Konservenbüchse ab. »Das Problem liegt ganz woanders.« Es zischte, als eine der Frauen ein Bier öffnete. »Wer sagt uns, dass du kein Spitzel bist?«

»So ein Quatsch.«

»Dann erklär uns, was die Bullen von dir wollten«, ließ sich eine andere Stimme vernehmen. »Los, sag schon.« Zustimmendes Gemurmel.

»Leute.« Die Stimme von Sabrina Bergesio bebte. »Ihr wisst, was mit Nino passiert ist und dass die Polizei anfängt herumzuschnüffeln. Sie haben Bruno vernommen, und sie werden noch mehr von uns in die Mangel nehmen.«

In der angespannten Stille ertönte ein Rülpsen. »Was hat Bruno denen erzählt?«, wollte die Gepiercte wissen.

»Ich weiß es nicht. Aber ihr wisst, dass ich zu Bruno halte. Trotz allem. Er braucht einfach noch ein bisschen Zeit, und das verstehe ich.«

»Du lenkst schon wieder ab.« Die Frauen rückten näher an Sabrina Bergesio heran. »Warum sollten wir dir glauben?«, fragte die Gepiercte. »Du hast uns schon so oft angelogen. Mir steht's bis hier.«

Rizzi spürte Cirillos Atem im Nacken, sie kauerte direkt hinter ihm, und wie ihm langsam das Bein einschlief. Er verlagerte sein Gewicht, berührte Cirillo dabei mit dem Ellenbogen, die deshalb für einen Moment das Gleichgewicht verlor und sich am Boden abstützte.

»Habt ihr das gehört?«, fragte eine von den Frauen.

Cirillo und Rizzi rührten sich nicht und wagten kaum zu atmen.

»Ich würde das hier gerne beenden«, sagte Sabrina Bergesio in die Stille hinein. »Ich habe alles gesagt, und jetzt gehe ich.«

»Hiergeblieben! Wir sind noch nicht fertig.«

»Lass mich los.«

»Was hast du mit den Bullen zu schaffen?«

»Hör sofort auf. Das ist nicht witzig.«

»Dann mach endlich das Maul auf!«

Ein spitzer Schrei war zu hören, etwas stürzte zu Boden. Die Tür vom Bretterverschlag wurde aufgestoßen, und Sabrina Bergesio stürmte heraus.

»Verdammt!«, schrie die Gepiercte.

Rizzi sprang nach vorne und drückte die Tür des Verschlags zu, während Sabrina Bergesio den Gang hinunterrannte.

»Lauf hinterher«, rief er und stemmte sich mit dem Rücken gegen die Latten.

Cirillo rannte los, den Gang hinunter, an dessen Ende Sabrina Bergesio um die Ecke verschwand.

»Verfluchte Fotze!«, schrie die Gepiercte und rüttelte an den Latten, dass Rizzi am ganzen Körper bebte. »Ich wusste es!«

»Ganz ruhig«, sagte Rizzi über seine Schulter und wiederholte: »Ihr beruhigt euch jetzt da drin.« Er sprach laut, aber er schrie nicht. »Oder ich verhafte euch alle zusammen.«

Auf der anderen Seite kehrte Stille ein.

»Na, also«, sagte er. »Geht doch« Er rückte seine Mütze auf dem Kopf zurecht. »Ich komme jetzt rein«, erklärte er, »und dann unterhalten wir uns wie zivilisierte Menschen. Ganz in Ruhe. In Ordnung?«

Keine Reaktion.

»Okay«, sagte Rizzi. »Ich sehe, ihr habt verstanden. Warum nicht gleich so?« Er öffnete die Tür, und was er sah, waren die betretenen Gesichter von zwei Frauen. Während die rundliche, schwarz gekleidete ihn vollkommen ausdruckslos anstarrte, strahlte die andere ihn offensiv an, eine skandinavisch aussehende Blondine. Sie trug ein T-Shirt ohne BH, und ihre Nippel zeichneten sich darunter in voller Größe ab. Rizzi lächelte darüber und tat der Frau sogar den Gefallen, Umfang und Form der Brüste zu betrachten, er war schließlich kein Spielverderber. Und vielleicht war er in Gedanken eine Sekunde zu lange mit Ausmessen beschäftigt, statt sich zu fragen, wo eigentlich die Anführerin, die weißblonde gepiercte, abgeblieben war, als er aus dem Augenwinkel etwas bemerkte und im nächsten Moment ein Gegenstand auf ihn niederging. Glas splitterte. Er empfand keinen Schmerz und fragte sich, immer noch lächelnd, ob er das alles vielleicht träumte.

Dann wurde ihm schwarz vor Augen. Er taumelte, tastete nach einem Halt, fand keinen und bekam einen Stoß, nicht stark, eher einen Schubs, und fiel zu Boden, auf harte Kisten.

»Das reicht so«, hörte er wie aus weiter Ferne. »Weg hier!«

»Sollen wir ihm das Telefon abnehmen?«

»Die Eier sollten wir ihm abschneiden.«

»Meinst du, er hat welche?«

»Schluss jetzt. Abmarsch.«

»Guck ihn dir an. Hält sich wohl für ganz schlau.«

Die Kellertür fiel krachend zu, ein Schloss rastete ein, und die Frauen entfernten sich lachend.

Rizzi lag zwischen Apfelsinenkisten. Als er seinen Kopf betastete, durchfuhr ihn ein höllischer Schmerz. Aber da war nichts. Kein Blut. Er setzte sich mühsam auf. Er hatte die Weiber unterschätzt. Brutal waren sie und gewalttätig. Drei gegen einen. Er rappelte sich mühsam hoch.

Ihm war schwindelig, aber im Stehen stabilisierte sich sein Kreislauf. Er machte einen Schritt auf die Tür zu, alles okay, rüttelte an den Latten, und das Vorhängeschloss auf der anderen Seite klimperte fröhlich. Plötzlich überkam ihn eine unbändige Wut.

Er nahm Anlauf. Zwei Versuche, mit der Schulter voran, dann ein Tritt mit dem Stiefel, und die Tür sprang auf.

Er hob seine Mütze vom Boden auf, klopfte sie ab und

marschierte los, den Gang hinunter, die Treppe hoch, über den Hof, durchs Tor, auf die Straße. Aber von den Frauen war nichts mehr zu sehen.

»Die Mädchen«, wie der Typ im Laden sie nannte, seien harmlos. »Die kaufen hier ihr Bier, haben sich irgendwo im Keller einen kleinen Raum eingerichtet. Frauengesprächskreis, die Richtung. Wenn du mich fragst, Agente, brauchen die mal einen Kerl, der ihnen zeigt, wo der Hammer hängt. Du verstehst?« Das Grinsen auf seinem Gesicht erstarb. »Alles in Ordnung, Agente?«

Sein Telefon klingelte. Es war Cirillo. Er verabschiedete sich von dem Ladenbesitzer mit einem Kopfnicken, nahm das Gespräch an und fragte, als er wieder auf der Straße draußen stand, mit fester Stimme: »Wo bist du?«

14

Das Giampiero an der Via Benedetto Croce war mal ein Geheimtipp gewesen. Nur Eingeweihte hatten gewusst, dass im Hinterhof, zwischen der Piazza San Domenico Maggiore und der Via San Sebastiano, die Treppe hinter der Schneiderei zu einem riesigen Dachgarten führte und dass dieser Dachgarten mit dem dazugehörigen Café Treffpunkt war für Künstler, Start-up-Unternehmer und Studierende. Dass sich hier immer mehr Touristen tummelten und inzwischen sogar Cirillo das Giampiero kannte, war für Rizzi keine Neuigkeit. Er hatte seine Kollegin hier schon einmal gesehen, aus der Ferne, in Begleitung eines Mannes, der vom Alter auch ihr Sohn hätte sein können und aussah wie Jesus. Als er sie später einmal auf den Mann angesprochen hatte, hatte Cirillo abgeblockt – wie immer, wenn es um ihr Privatleben ging.

Sie saß nicht in dem stark frequentierten Dachgarten, sondern drinnen und dort im hintersten Raum, dem sogenannten Klavierzimmer, wo es still und ruhig genug war für ein Gespräch. So hatte Cirillo es am Telefon ausgedrückt. Wenn es nach Rizzi gegangen wäre, hätte er Sabrina Bergesio nach ihrer Flucht aus dem Keller direkt auf die Questura an der Via Medina verfrachtet und sie dort unter nicht halb so entspannten Bedingungen in die Mangel genommen, auch wenn sie sich, wie Cirillo ihn erinnerte, bisher nichts hatte zuschulden kommen lassen und sie ihr keine Straftat nachweisen konnten.

Cirillo saß am Fenster, hatte eine Tasse Tee und eine Schale Milchkaffee vor sich stehen, und es sah aus, als wäre sie öfter hier und dieser Platz ihr Stammplatz. Das Notizbuch lag aufgeschlagen vor ihr. Von Sabrina Bergesio keine Spur.

»Sie ist bloß kurz auf die Toilette«, sagte Cirillo, fegte ein paar Krümel vom Tisch und berichtete, sie habe Sabrina Bergesio gar nicht verfolgen müssen, sie habe an der nächsten Ecke gestanden, gezittert und kaum ein Wort herausgebracht und nur versichert, sie sei bereit zu reden, und zwar ganz in Ruhe. Deshalb die Idee mit dem Giampiero.

»Hoffentlich hat sie es sich inzwischen nicht anders überlegt und ist nicht schon längst durchs Toilettenfenster abgehauen«, sagte Rizzi, nahm seine Mütze ab und ließ sich auf den Sessel fallen.

Cirillo musterte ihn. »Was ist passiert?«

»Ich hatte keine Chance.«

»Die Frauen sind dir entwischt?«, fragte Cirillo mit unterdrückter Stimme. »Alle drei?«

»Ich muss mich entschuldigen«, sagte Sabrina Bergesio von hinten, ging an Rizzi vorbei und setzte sich neben Cirillo aufs Sofa. Ihre Augen waren gerötet, als hätte sie geweint. Oder sie war einfach nur übermüdet. Vorwurfsvoll fügte sie hinzu: »Aber Sie sind auch selbst schuld. Sie hätten auf der Straße nicht einfach so herüberrufen dürfen.«

»Sondern?«, fragte Rizzi.

»Ich hatte um Diskretion gebeten.« Sie verschränkte

trotzig die Arme vor der Brust. »Und jetzt ist genau das passiert, was ich vermeiden wollte, und ich sitze in der Tinte.«

»Warum sitzen Sie in der Tinte?«, fragte Rizzi. »Wer sind diese Frauen, und was haben Sie mit ihnen zu schaffen?«

»Es ist kompliziert.« Sabrina Bergesio betrachtete die lackierten Fingernägel an ihren Händen. Dann schaute sie auf. »Ist Ihnen die weiße Farbe am Haus aufgefallen? An der Straßenfassade, unterhalb des Schriftzugs *Formaggi Castaldo*? Das waren wir.«

»Was meinen Sie?«, fragte Rizzi.

»Wir sind Tierschützerinnen. Wir wollten mit der Aktion darauf aufmerksam machen, dass es Käsereien gibt – wie eben leider auch Castaldo –, die Büffelmilch von Tieren verarbeiten, die nicht artgerecht gehalten werden, um es mal vorsichtig auszudrücken.«

»Das heißt, Sie und Ihre Freundinnen haben die Mauern der Käserei mit Parolen beschmiert?«, fragte Rizzi.

»Um Aufmerksamkeit zu erregen und zu sagen: Leute, schaut her, es gibt hier ein Problem. Wenn die Käsereien, aber auch wir Kunden und Konsumenten nicht hinterfragen, woher die Büffelmilch kommt und unter welchen Bedingungen die Tiere leben, machen wir uns mitschuldig. Wir dürfen nicht länger wegschauen.«

»Moment«, unterbrach Cirillo. »Habe ich Sie richtig verstanden? Sie sabotierten den Betrieb, in dem Sie arbeiten und Ihren Lebensunterhalt verdienen? Wäre es dann nicht konsequent, den Job zu kündigen, statt auf Hauswände zu schmieren: Kauft keinen Mozzarella bei Castaldo?«

Sie seufzte und erklärte: »Es ändert nichts an den Missständen, wenn ich meinen Job hinschmeiße.«

»Sie machen mich sprachlos.« Cirillo legte den Stift in die Seiten ihres Notizbuchs. »Wir wissen, dass Sie mit dem Besitzer, Bruno Castaldo, eine Liebesbeziehung haben. Weiß er, dass Sie unter die Tierschützer gegangen sind?«

»Nein«, antwortete Sabrina Bergesio entschieden. »Er weiß es nicht, und das soll auch so bleiben. Außerdem bin ich mit der Gruppe fertig. Mein Engagement dort gehört der Vergangenheit an.«

»Was heißt das?«, fragte Rizzi.

»Ich bin ausgestiegen.«

»Warum? Sind Ihnen die Büffel plötzlich egal?«

»Ich bin überzeugt, dass wir unser Ziel, die Verbesserung der Lebensbedingungen bei den Wasserbüffeln, am ehesten erreichen, wenn wir die Büffelmilch von diesen Betrieben einfach nicht mehr kaufen, sondern dort beziehen, wo man den Tieren den Lebensraum gibt, den sie brauchen. Ich teile nach wie vor die Ziele, bin aber nicht mehr einverstanden mit der Art und Weise, wie die Gruppe sie versucht durchzusetzen.«

Rizzi und Cirillo wechselten einen Blick, und Rizzi fragte: »Was meinen Sie mit ›Art und Weise‹? Wie will die Gruppe ihre Ziele durchsetzen?«

»Darüber möchte ich nicht sprechen.« Sabrina Bergesio betrachtete wieder ihre Fingernägel. »Ich habe damit abgeschlossen. Verstehen Sie? Die Sache gehört für mich der Vergangenheit an.«

»Signora Bergesio.« Rizzi legte geduldig die Handflächen aneinander. »Wie soll ich es Ihnen sagen? Ich weiß nicht, ob Ihnen der Ernst Ihrer Lage bewusst ist, und ich rede hier nicht davon, ob wir gegen Sie ein Bußgeldverfahren wegen Sachbeschädigung am Gebäude der Käserei Castaldo anstrengen müssten. Sie haben es sicher schon mitgekriegt: Wir müssen einen Mord aufklären. Ich rate Ihnen dringend, zu kooperieren und unsere Fragen zu beantworten. Wir sind sonst möglicherweise gezwungen, ganz andere Saiten aufzuziehen.«

»Sie drohen mir?«, rief Sabrina Bergesio empört und funkelte Rizzi wütend an.

»Nennen Sie es, wie Sie wollen.« Rizzi lehnte sich wieder zurück. »Ich will von Ihnen wissen, was vorgefallen ist und warum Sie mit Ihren Tierschützer-Freundinnen gebrochen haben. Gab es einen konkreten Auslöser, eine Aktion, wo Sie gesagt haben: Jetzt ist Schluss?«

»Was mein Kollege sagen will«, schaltete sich Cirillo ein, »wir sammeln alle verfügbaren Informationen und erstellen daraus ein Gesamtbild – unabhängig davon, ob es mit dem Fall zu tun hat, den wir zu bearbeiten haben, oder nicht. Und er hat recht. Sie sollten kooperieren und in Ihrem eigenen Interesse offen und ehrlich mit uns reden.«

Sabrina Bergesio umschloss mit beiden Händen ihre Schale Caffelatte, und Rizzi glaubte zu erkennen, dass ihre Hände zitterten.

Es sei vor über einem Jahr passiert, in der Zeit, als Stella Apicella bei ihnen in der Käserei Castaldo ein Praktikum absolvierte. Stella war hoch motiviert und sich für keine Arbeit zu schade. Ihre Begeisterung für den Mozzarella war so groß, dass sie ihnen damit allen vor Augen führte, was für ein Privileg es war, in einem Betrieb mit einer so langen Tradition zu arbeiten. Wenn man hier schon seit Jahren rackerte, kam einem das Bewusstsein dafür manchmal abhanden, und das lag auch an den Streitereien zwischen den Chefs, dem alten Nino und dem jungen Bruno, den ständigen Grabenkämpfen, die anfangs verdeckt und zuletzt ganz offen ausgetragen wurden und für alle zermürbend waren.

Sabrina Bergesio hatte sich oft gefragt, woran es lag, dass erst eine junge, völlig unerfahrene Person wie Stella Apicella kommen musste, damit man seine alte Leidenschaft für den Beruf wiederentdeckte, und das ging nicht nur ihr, sondern vielen in der Belegschaft so. Dieser besondere Spirit, den Stella verbreitete, trug womöglich auch dazu bei, dass sie selbst begann, ihre Gruppe, die Tierschützerinnen, kritisch zu sehen, vor allem wie ihre Freunde sich immer weiter radikalisierten.

»Verstehe ich Sie richtig?«, unterbrach Cirillo. »Sie haben sich von Ihren Tierschützerinnen losgesagt? Aber an der Sprayaktion haben Sie sich beteiligt?«

»Richtig«, erwiderte Sabrina Bergesio. »Das Ganze war, wie gesagt, ein Prozess, der sich über einen längeren Zeitraum hingezogen hat. Ich war von Anfang an eher die Bedenkenträgerin, die gebremst hat, während die Gruppe immer weitergehen und mit jeder Aktion noch eins draufsetzen wollte.«

»Was ist passiert?«, fragte Cirillo.

Sabrina Bergesio presste ihre Lippen zusammen und schien sich zu sammeln, bevor sie fortfuhr zu erzählen. Insgeheim hatte sie immer schon befürchtet, dass es irgendwann die Käserei Castaldo treffen würde, weil sie wusste, dass es in der Gruppe Pläne gab, von deren Vorbereitung sie ausgeschlossen wurde. An jenem Abend seien sie nur zu dritt in der Käserei gewesen: sie selbst neben Stella Apicella und einem Mitarbeiter. Sie hätten mit ihrer Arbeit längst fertig sein sollen, aber statt sich zu beeilen, hätten sie beim Putzen laut Musik gehört, und es sei richtig gute Stimmung gewesen, wie fast immer, wenn man mit Stella zusammenarbeitete. Als es dann schepperte, Glas splitterte und eine Gruppe von vermummten Gestalten in die Käserei eindrang, wusste sie sofort, dass danach nichts mehr so sein würde wie vorher.

Stella und der Mitarbeiter schrien auf, zu Tode erschrocken, und versteckten sich, während sie selbst sich nicht von der Stelle rührte. Sie stand einfach nur da, mitten im Raum. Die Vermummten um sie herum sprühten ihre Parolen, schlugen mit der Axt auf die Gerätschaften ein, und zum Schluss kappten sie auch noch die Leitung vom Milchtank zum Pasteur.

Der Schaden war immens und ging in die Hunderttausende. Die Käserei musste geschlossen und die Produktion ausgesetzt werden. Nino Castaldo, der sonst immer wusste, was zu tun war, tauchte ab und verschwand tagelang von der Bildfläche. Es war Bruno Castaldo, der sich schließlich zu Wort meldete und an die Mitarbeiter appellierte, sie dürften jetzt nicht aufgeben, sich nicht von ein paar Verrückten kleinkriegen lassen und müssten zusammenhalten. Mit einer Energie, die man vorher gar nicht von ihm gekannt hatte, begann Bruno, eine grundlegende Modernisierung in die Wege zu leiten. Er schaffte neue Maschinen und Geräte an und begann, die Produktionsabläufe zu optimieren.

Als der Betrieb nach zweieinhalb Monaten wiederaufgenommen und in der Käserei Castaldo endlich wieder Mozzarella hergestellt wurde, schien nach außen hin alles in

Ordnung zu sein. Vieles war sogar besser geworden. Aber tief im Innern hatte der Überfall bei allen Spuren hinterlassen. Die Wucht und Brutalität, mit der die Tierschützerinnen gegen den Betrieb vorgegangen waren, hatte sie traumatisiert. Doch die größten Wunden hatte der Überfall bei zwei Menschen hinterlassen: bei Nino Castaldo und Stella Apicella.

Nino schien vollständig verstummt und um Jahre gealtert, während Stella ihre Fröhlichkeit und das Unbekümmerte verloren hatte. Sie war einfach nur wütend. Wütend auf die Tierschützerinnen und die Skrupellosigkeit, mit der diese Leute vorgegangen waren, um ihre großartigen Ziele durchzusetzen, und dabei in Kauf nahmen, notfalls auch ein Lebenswerk zu zerstören. Wütend auf die Lieferanten der Büffelmilch, denen das Wohl der Tiere anscheinend völlig egal war und denen es nur um den eigenen Profit ging. Und wütend auf sich selbst, ihre Unwissenheit, Ignoranz und Naivität – und dass sie gar nicht hingeschaut hatte, woher die Büffelmilch kam. Sie hatte nicht gewusst, dass die Tiere oft in der sengenden Sonne standen, von Parasiten befallen und abgemagert waren, weil sie nicht das richtige Futter bekamen und ihnen die Trockenheit Kampaniens zusetzte.

Stella erklärte damals, man könne nicht einfach da weitermachen, wo man vor dem Überfall aufgehört hatte, und forderte ein Umdenken und eine Kurskorrektur. Was man nicht vergessen durfte: Stella Apicella war zu dem Zeitpunkt immer noch Praktikantin.

Bruno Castaldo nahm ihre Meinung durchaus wohlwollend zur Kenntnis, kündigte sogar an, alte Lieferverträge auslaufen lassen zu wollen, und versprach, bei neuen Lieferanten genauer hinzusehen und mittelfristig nur noch mit denen zusammenzuarbeiten, die sich an Gesetze hielten, sich um das Tierwohl kümmerten und den Büffeln gute Lebensbedingungen boten. Dafür sei er auch bereit, höhere Preise zu zahlen. Stella war enttäuscht und machte aus ihrer Enttäuschung auch gar keinen Hehl. Sie wollte nicht warten. Sie wollte loslegen, und zwar sofort, wollte neue Kooperationen mit Leuten eingehen, die verstanden hatten, dass man so nicht weitermachen konnte, und keine faulen Kompromisse mehr machen.

Wie es kam, dass Stella Apicella sich mit Nino Castaldo zusammenschloss und es zwischen den beiden zu einer Verständigung und Annäherung und schließlich sogar zu einer Liebesbeziehung kam, konnte Sabrina Bergesio nicht sagen. Sie hatte davon lange Zeit überhaupt nichts mitbekommen. Nino hatte sich kaum noch im Betrieb blicken lassen, und als er dann wiederauftauchte, sei er wie verwandelt gewesen: Er sicherte Stella Apicella seine volle Unterstützung zu, und bald nachdem alle wussten, dass die beiden ein Paar waren, machte die sensationelle Nachricht die Runde, dass der alte Patriarch Nino Castaldo und die junge Praktikantin Stella Apicella zusammen nach Capri gehen und dort ihre eigene Käserei eröffnen würden.

»Und jetzt ist er tot«, sagte Sabrina Bergesio und schüttelte ungläubig den Kopf.

Cirillo machte Notizen, und Rizzi fragte: »Trauen Sie Ihren Tierschützer-Freundinnen zu, einen Mord zu begehen?«

»Es sind nicht meine Freundinnen«, antwortete Sabrina Bergesio knapp. »Und zu Ihrer Frage: Ich traue ihnen vieles zu, aber keinen Mord. Außerdem ergäbe es überhaupt keinen Sinn. Nino Castaldo und Stella Apicella haben ja angeblich genau hingeschaut, mit wem sie zusammenarbeiten. Damit sind sie ein Vorbild für die ganze Branche. Und selbst wenn sie inzwischen Kompromisse machen, weil auch sie festgestellt haben, dass sie wirtschaftlich arbeiten müssen, sind sie mit ihrer kleinen Klitsche auf Capri viel zu unwichtig. Sie haben sich aus dem großen Geschäft mit dem Mozzarella verabschiedet.«

»Wir brauchen die Kontaktadressen Ihrer Tierschützer-Freundinnen«, sagte Rizzi.

»Tut mir leid.« Sabrina Bergesio verschränkte die Arme vor der Brust. »Die kenne ich nicht.«

»Erzählen Sie uns keinen Unsinn. Wir müssen die Alibis dieser Leute überprüfen.«

»Sie heißen Anna, Angelina, Roberta und Laura. Das ist der harte Kern. Aber die Nachnamen und Wohnadressen sind mir nicht bekannt. Das ist die Wahrheit.«

»In Ordnung«, sagte Cirillo, ohne von ihrem Notizbuch aufzusehen. »Wir geben die Information an die Questura weiter. Ich tippe mal, der Kollege Andrea Scotto wird sich demnächst mit Ihnen in Verbindung setzen. Dann können Sie sich mit ihm auseinandersetzen.« Sie lächelte Sabrina Bergesio an und fragte: »Wo waren Sie in der Nacht von Montag auf Dienstag?«

»Bei Bruno«, antwortete Sabrina Bergesio, als wäre sie auf diese Frage schon vorbereitet. »Von ungefähr zweiundzwanzig Uhr bis sieben Uhr morgens.«

»Sagt Ihnen der Name Claudio Tripodi etwas?«, fragte Rizzi.

»Claudio Tripodi?«, wiederholte Sabrina Bergesio überrascht. »Natürlich sagt mir der Name etwas. Er hat bei uns gearbeitet, zuerst in der Käserei, später im Vertrieb.«

»Was macht er jetzt?«

»Keine Ahnung.«

»Haben Sie Kontakt mit ihm?«

»Wie kommen Sie darauf?«

»Anscheinend hat er Nino Castaldo und Stella Apicella auf Capri mit Büffelmilch beliefert.«

»Das ist interessant.«

»Warum?«

»Weil ich nicht wusste, dass er nun auch in dem Segment unterwegs ist.«

»Was halten Sie von ihm?«

»Wollen Sie meine ehrliche Meinung hören?« Sabrina Bergesio lehnte sich zurück. »Ich halte ihn für einen Schwätzer und Blender und traue ihm nicht über den Weg. Es ist ihm egal, ob er Gebrauchtwagen, Küchengeräte oder Büffelmilch verkauft. Und wenn es ihm nützt, würde er auch seine Großmutter verschachern.«

Cirillo schaute Rizzi fragend an, und Rizzi nickte. Sie standen auf, und Sabrina Bergesio hob überrascht den Kopf. »War's das?«, fragte sie – und errötete.

»Bitte halten Sie sich zu unserer Verfügung.« Cirillo steckte ihr Notizbuch ein und setzte ihre Mütze auf. »Eine Frage hätte ich allerdings noch.« Sie strich ihre Haare zurecht. »Sie sagten, Sie seien zu dritt gewesen: Sie, Stella Apicella und noch ein Mitarbeiter, als die Käserei in der Via Tarsia gestürmt und verwüstet wurde.«

»Richtig.«

»Wer war dieser dritte Mitarbeiter?«

»Sein Name ist Diego Bocci.« Sabrina Bergesio lächelte melancholisch. »Er ist gehörlos und hat sich von dem Anschlag, glaube ich, nie so ganz erholt. Er ist später mit Stella Apicella und Nino Castaldo nach Capri gegangen. Ich glaube, er war ganz froh, hier rauszukommen und alles hinter sich zu lassen.« Sie seufzte. »Er war ein toller Kollege. Einfühlsam, fleißig. Und wie er mit dem Mozzarella umgegangen ist, wie er ihn angefasst hat, das war fast zärtlich. Ich vermisse ihn sehr.«

15

Rizzi hatte eingekauft: grünen Spargel, geräucherten Mozzarella, flüssige Sahne, Wein, Obst und Biscotti. Mit den vollen Tüten war er mit der *funicolare* auf den Vomero hinaufgefahren. Wie jedes Mal, wenn er an der Piazza Vanvitelli ausstieg, war er verblüfft. Hier oben gab es farblich geschmackvoll aufeinander abgestimmte Blumenrabatten, ordentlich geschnittene Buchsbaumhecken, saubere Sitzbänke und helle Fassaden mit hohen Fenstern, hinter denen Menschen wohnten, die wahrscheinlich auch so ihre Sorgen hatten, aber das Problem, wie sie finanziell über die Runden kamen, gehörte wohl eher nicht dazu. Auch nicht bei der Dame mit den toupierten Haaren und dem Hündchen in der Handtasche, die Rizzi an der Haustür entgegenkam und ihn so respektvoll grüßte, wie man sonst wohl nirgends in Neapel einen Polizisten grüßte. Rizzi ließ eine Bemerkung übers Wetter fallen, nahm die Tür dankend an und trat ein. Der Kokosläufer auf der Treppe dämpfte seine Schritte.

Im dritten Stock klingelte er, aber nichts geschah. Er stellte seine Einkaufstüten ab, holte sein Telefon hervor, doch noch bevor die Verbindung zustande kam, waren in der Wohnung schwere Schritte zu hören.

Die Tür ging auf, und ein Typ, den Rizzi noch nie zuvor

gesehen hatte, mit breiten Schultern, breiter Brust, nassen Haaren und nur mit einem Handtuch bekleidet, schaute Rizzi verständnislos an und fragte: »Ja, bitte?«

»*Salve.*« Rizzi schaute aufs Klingelschild, ob er sich vielleicht im Stockwerk geirrt hatte, als hinten in der Wohnung Barbaras Stimme ertönte: »Lass ihn rein, Liebling. Ist mein Bruder.«

»Sorry«, sagte der Typ und grinste breit. »Ich wusste, dass Barbara einen Bruder hat, aber sie hat mir verschwiegen, dass er bei der Polizei ist.«

»Nur der Vollständigkeit halber«, erklärte Rizzi und griff nach seinen Tüten, »wir haben auch noch eine Schwester auf Ischia. Sie heißt übrigens Valentina und hat drei Kinder.«

Er war überrascht und auch ein wenig überrumpelt, dass Barbara jemand Neues an ihrer Seite hatte und es nicht für nötig hielt, darüber vorab ein Wort zu verlieren. Es waren sonst immer Frauen gewesen. An den letzten Kerl an Barbaras Seite konnte Rizzi sich schon gar nicht mehr erinnern. Dass Barbara jetzt anscheinend ihre heterosexuelle Seite wiederentdeckte, brachte Rizzi ein wenig durcheinander. Damit hätte er nie und nimmer mehr gerechnet. Dann waren die Gebete ihrer Mutter nach so langer Zeit also doch erhört worden.

»Hat Barbara dir gesagt, dass ich heute Abend koche?«, fragte Rizzi den Typ auf dem Weg in die Küche und schlug den Plauderton an. »Ich hoffe, das ist okay für dich.« Rizzi stellte seine Einkäufe auf dem Tisch ab, gab dem Mann die Hand und lächelte. »Ich bin Enrico.«

»Ben.« Der Typ hatte einen angenehm festen Händedruck und starrte Rizzi an, als hätte er noch nie einen Polizisten in Uniform gesehen, der in einer Küche Einkäufe auspackte, und so war es ja wahrscheinlich auch.

»Bist du Amerikaner?« Rizzi öffnete den Kühlschrank.

»Kanadier. Und schon eine ganze Weile in Europa.«

»Auf Urlaub?«

»Ich arbeite als Trainer im Fitnessklub. So habe ich auch Barbara kennengelernt.«

»Fantastisch. Freut mich sehr.« Rizzi schob auf dem Tisch das benutzte Geschirr beiseite. »Ich bin auf Capri stationiert«, berichtete er, »wo wir auch herkommen und wo unsere Eltern leben.«

»Ihr habt euch schon bekannt gemacht?« Barbara kam in die Küche. Sie hatte ebenfalls nasse Haare, trug einen seidenen Morgenmantel und gab Rizzi zur Begrüßung einen Kuss. »Was ist das für eine schreckliche Geschichte?«, fragte sie. »Ich war ganz erschüttert, als ich gehört habe, dass der Mozzarella-König tot ist. Wusste gar nicht, dass er Neapel den Rücken gekehrt hatte und zuletzt auf Capri war.« Sie nahm sich eine Aprikose und war schon wieder draußen.

»Sei ehrlich«, wandte Rizzi sich im halblauten Ton an Ben. »Störe ich? Wenn ich ungelegen komme, kann ich auch wieder verschwinden. Dann schaue ich einfach ein anderes Mal wieder rein.«

»Blödsinn. Wie kommst du darauf? Du störst überhaupt nicht«, versicherte Ben. »Im Gegenteil. Ich freue mich, dich kennenzulernen. Ich wusste ja gar nicht, dass du mit diesem Fall zu tun hast. Erzähl doch mal. Leitest du die Ermittlungen?«

»Das kann man so nicht sagen.« Rizzi gab Spülmittel auf den Topfschwamm. »Jedenfalls nicht offiziell. Wenn, dann eher indirekt.« Er drehte den Wasserhahn auf und begann, die Pfanne zu schrubben. »Aber erzähl du doch lieber, wie du Barbara kennengelernt hast.«

»Das war ziemlich verrückt.« Ben nahm sich ein Geschirrhandtuch. »Es war gleich bei unserem ersten Termin. Sie kam an, und ich dachte nur: Wow. Ich meine, du kennst deine Schwester. Ich habe mich also richtig ins Zeug gelegt. Und sie? Stänkert die ganze Zeit nur rum.«

»Kann ich mir vorstellen.«

»So eine verwöhnte Bitch, dachte ich. Na warte.«

Die Hände im Abwaschwasser, ließ Rizzi seinen Blick über die Regale wandern. »Habt ihr Reis?«

»Reis?« Suchend schaute Ben sich um. »So etwas darfst du mich nicht fragen.«

»Barbara!«, rief Rizzi. »Ich brauche Reis.«

Sie hatte sich inzwischen Jeans und T-Shirt übergezogen, kam herein, holte eine Packung vom Regal und stellte sie auf den Tisch. »Weiß man eigentlich schon die genaue Todesursache?«, fragte sie. »Ich habe nur gehört, dass es sich um eine Verkettung unglücklicher Umstände handelt. Das kam mir etwas merkwürdig vor.«

»Nino Castaldo lag in einem Bottich voller Wasser, in dem sonst für die Käseherstellung nie Wasser ist.« Rizzi überließ Ben den weiteren Abwasch und legte den grünen Spargel aufs Schneidebrett. »Die Frage, die man sich hier in der Questura stellt, nämlich ob er Medikamente im Blut hatte und in welcher Konzentration, finde ich, ehrlich gesagt, eher nebensächlich.« Er schaute sich nach einem Messer um und fragte: »Was erzählt man sich denn bei dir in der Staatsanwaltschaft?«

»Ich finde den Fall unglaublich spannend«, mischte Ben sich ein und stellte die saubere Pfanne auf den Herd. »Und du als Polizist bist so nah dran.«

»Schatz«, sagte Barbara und zog im Vorbeigehen an seinem Handtuch. »Willst du dir nicht mal etwas überziehen?«

»Klar.« Er lachte, gab Barbara einen Kuss und verschwand.

Sie holte Gläser aus dem Schrank, und Rizzi sagte: »Ich bin total überrascht. Ehrlich. Wohnt er denn schon hier?«

»Sprich ihn bloß nicht darauf an, sonst gibt es den ganzen Abend kein anderes Thema mehr.« Barbara verteilte den Martini auf drei Gläser. »Um es kurz zu machen: Sein Macker hat ihn vor sechs Wochen rausgeworfen, und er ist immer noch total fertig. Die Liebe seines Lebens, das Übliche. Ich konnte gar nicht anders, als ihm anzubieten, dass er hier einziehen kann. Aber nur zur Info.« Sie reichte Rizzi ein Glas. »Bald schmeiße ich ihn wieder raus.«

»Habe ich das richtig verstanden?«, fragte Rizzi überrascht. »Ben ist schwul?«

»Was dachtest du denn?«

»Nichts.« Rizzi hob abwehrend die Hände. »Ich meine, er ist total nett.« Er trank einen Schluck und versuchte, sich seine Verwirrung nicht anmerken zu lassen. Er hätte es sich denken können, aber er war einfach nicht darauf gekommen. »Kannst du mir mal eine Sache erklären?«, fragte er und zog die Besteckschublade auf. »Warum gibt es in deinem Haushalt nicht ein vernünftiges Messer?«

»Guck nicht so enttäuscht.« Barbara drückte mit zwei Fingern sein Kinn zusammen, sodass das Grübchen noch tiefer wurde, und reichte ihm ein Steakmesser. »Wie ist denn jetzt der Stand der Dinge?«, fragte sie. »Warst du bei Commissario Serra? Hast du ihn gesprochen?«

Er begann, den Spargel in kleine Stücke zu schneiden, und berichtete, dass er derzeit mit seiner Kollegin Antonia Cirillo dabei war, das nähere Umfeld von Nino Castaldo auszuleuchten und all die Menschen aufzustöbern und zu vernehmen, die mit dem Verstorbenen zu tun hatten. Sie konnten sich irren, aber ihr Eindruck war, dass Serra und seine Leute nicht so richtig in die Gänge kamen. Ob dem Commissario das Interesse fehlte oder das Personal, war schwer zu sagen. Jedenfalls hatten Rizzi und seine Kollegin Antonia Cirillo heute spontan entschieden, sich am alten Arbeitsplatz von Nino Castaldo, in der Käserei in der Via Tarsia, umzusehen.

»Habt ihr etwas herausgefunden?«, fragte Barbara, als Rizzi den Pürierstab aus der Hand legte, mit dem er die Hälfte des kleingeschnittenen Spargels zu Mus verarbeitet hatte. »Gibt es eine Spur? Irgendetwas, womit ihr nicht gerechnet habt?«

Er gab die Spargelstücke mit einer gehackten Zwiebel zum Dünsten in die Pfanne und berichtete, wie sie heute bei ihren Ermittlungen auf eine Gruppe von Frauen gestoßen waren, die sich als aggressive und gewaltbereite Tierschützerinnen entpuppt hatten. »Vielleicht kennst du sie«, sagte er. »Sie heißen Anna, Angelina, Sabrina, Roberta und Laura, wenn ich mich recht erinnere. Ich kenne aber nur ihre Vornamen.«

»Warum sollte ich sie kennen?«, fragte Barbara und schaltete ihre E-Zigarette ein. Sie lehnte am Fenster und schaute zu, wie Rizzi begann, vom geräucherten Mozzarella die Haut abzuziehen.

»Aus der Lesbenszene.« Er halbierte die geschälten Mozzarellakugeln und viertelte sie. »Damit kein falscher Eindruck entsteht«, fuhr er fort. »Ich habe nichts gegen diese Frauen, und dass sie sich für den Tierschutz engagieren, finde ich auch gut. Aber es berechtigt sie nicht, Gesetze zu übertreten.«

Barbara schien die Sache komisch zu finden. Sie grinste jedenfalls belustigt. »Sag es doch gleich, sie sind dir entwischt. Du warst ihnen nicht gewachsen, stimmt's?«

»Es ist total dumm von diesen Frauen abzuhauen, statt sich der Situation zu stellen und unsere Fragen zu beantworten. Es zeigt aus meiner Sicht nur, dass sie etwas zu verbergen haben.« Rizzi gab den Mozzarella in eine Schüssel mit flüssiger Sahne und stellte die Schüssel in die Mikrowelle. »Wir haben Commissario Serra jedenfalls über die Sache unterrichtet. Es ist jetzt seine Aufgabe, oder die Aufgabe seines Teams, die Frauen ausfindig zu machen und ihre Alibis zu überprüfen. Für mich ist der Fall erst mal erledigt.«

»Ich höre mich in der Szene mal um«, versprach Barbara. »Dir zuliebe. Aber versprich dir nicht zu viel davon.«

Er nahm die gedünsteten Spargelstückchen aus der Pfanne, gab neues Öl hinein und schüttete zwei Tassen Reis dazu, während Barbara Teller rausholte und Ben sich auf die Suche nach Kerzen machte.

Der Reis briet in der Pfanne, und Rizzi kontrollierte den Nachrichteneingang auf seinem Telefon. *Morgen früh, 8.50 Uhr, Stazione Centrale, Regionalbahn nach Paestum,* schrieb Cirillo. *Direkt am Gleis.*

Abgemacht, antwortete er, löschte den Reis mit etwas Spargelwasser, gab noch einen Schuss Weißwein dazu, hob das Spargelmus unter und übergoss alles mit der Sahne und dem geschmolzenen Mozzarella. Zum Schluss drapierte er obendrauf die gedünsteten Spargelstückchen.

»Du bist der Beste«, seufzte Barbara, als er auf die Terrasse kam und die Pfanne auf den Tisch stellte. »Wenn ich Gina wäre, würde ich spätestens jetzt sagen: Lass uns endlich heiraten.«

»Gina?« Ben schenkte Weißwein in die Gläser. »Wer ist das? Und warum will sie dich nicht heiraten? Ist sie noch zu retten?«

»Das ist eine lange Geschichte«, behauptete Rizzi.

»Ich liebe lange Geschichten!«

Rizzi rang sich ein Lächeln ab, aber er hatte keine Lust, hier seine Beziehung auszubreiten und Probleme herbeizureden, wo es seiner Ansicht nach gar keine gab. Jedenfalls keine, die er nicht würde lösen können.

Barbara dagegen liebte Beziehungsprobleme und behauptete, Gina sei eine der wenigen Frauen, die sich von ihm nicht so einfach vor den Karren spannen ließen, sondern ihren eigenen Kopf hatten. Und wahrscheinlich würde sie einer Heirat in dem Moment zustimmen, wenn er mal aufhören würde zu insistieren und seinen Kinderwunsch vielleicht einfach mal hintenanstellte, statt ständig Druck aufzubauen. Barbara redete und redete, und Rizzi schaute in den Abendhimmel, der am Horizont violett schimmerte. Der Lärm der Großstadt war zu hören, das Rauschen des Verkehrs und, ganz weit weg, das Gehupe in den Gassen, und Rizzi überkam eine seltsame Stimmung.

Vielleicht lag es daran, dass seine Zukunft mit Gina nicht so klar vor ihm lag, wie er es sich wünschte. Oder dass er für einen Moment geglaubt hatte, Barbara wäre nun doch mit einem Mann zusammen und nicht lesbisch. Und dass er bei dem Thema vielleicht gar nicht so entspannt war, wie er bis jetzt immer gedacht hatte. Warum war eigentlich immer alles so kompliziert? Wenn er hier auf dieser Terrasse in Neapel saß, entpuppten sich sogar die Sternschnuppen als Flugzeuge.

»Hormone?«, fragte Barbara und starrte überrascht auf den Risotto auf ihrem Teller. »Im Mozzarella? Wie kommst du darauf?«

Rizzi horchte auf.

»Ich weiß«, sagte Ben, »ich bin, was das Thema betrifft, vielleicht etwas hysterisch und hypersensibilisiert, weil ich jeden Tag sehe, was bestimmte Leute bei uns im Sportstudio tun. Ich traue mittlerweile niemandem mehr über den Weg.«

Er schenkte Wein nach, lehnte sich zurück und berichtete, wie bestimmte Hormone das Wachstum von Muskeln beschleunigten. Das Zeug komme aus Osteuropa, aus Südkorea, und der Handel damit sei ein riesiger Markt. Und genauso würden auch Büffeln Anabolika zugeführt werden, damit sie mehr Milch produzierten. Ben hob die Hände. »Aber ich will euch wirklich nicht den Appetit verderben.«

Rizzi schob das Risotto auf seinem Teller zusammen. »Die Qualität des Mozzarellas wird ständig kontrolliert«, sagte er. »Du darfst nicht vergessen: Büffelmozzarella ist in unserer Region ein riesiger Wirtschaftsfaktor, da hängen unzählige Betriebe mit Tausenden Beschäftigten dran. Die Branche hat einen Ruf zu verlieren. Nicht umsonst gibt es ein Gütesiegel, das genau diese Qualität garantiert.«

»Hoffentlich«, sagte Barbara.

Ben verschränkte die Arme vor der Brust. »Ich habe mal gehört: Zehn Liter Büffelmilch ist der durchschnittliche Ertrag an einem Tag, während eine Milchkuh dreißig Liter gibt. Ich vertraue euch Italienern da einfach nicht. Wenn es Hormone im Mozzarella gibt und sie über das Essen in den menschlichen Organismus gelangen, ist das nicht gesund.«

Als Rizzi später im Wohnzimmer auf der Couch lag, fand er keinen Schlaf. Seine Gedanken rotierten. Gerade mal achtundvierzig Stunden lag der Mord an Nino Castaldo zurück, und je weiter sie mit ihren Ermittlungen vordrangen, desto mehr Aspekte tauchten auf, von denen er keine Ahnung gehabt hatte. Gewaltbereite Tierschützerinnen, die sich für die artgerechte Haltung von Büffeln einsetzen. Hormone, die den Tieren gespritzt werden, um die Milchproduktion zu erhöhen. All das musste überprüft und bei den Ermittlungen in Betracht gezogen werden.

Kühle Luft zog herein. Rizzi fröstelte unter seiner dünnen Decke, stand auf, um die Terrassentür zu schließen. Es war fast Vollmond und keine Wolke am Himmel.

Er trat hinaus und sah den erleuchteten Corso Umberto I, entdeckte die Spaccanapoli, die schmale, noch von den alten Römern erbaute, schnurgerade Straße durchs *centro storico,* und dachte: Wenn Capri die schönste Insel der Welt ist, ist Neapel vielleicht die schönste Stadt der Welt.

Er setzte sich zurück aufs Sofa, klopfte sein Kopfkissen

zurecht, als sein Telefon den Eingang einer Nachricht meldete.

Ich vermisse dich, schrieb Gina.

Ich vermisse dich auch, schrieb Rizzi zurück. *Du glaubst gar nicht, wie sehr.*

16

Cirillo wusste nie, was am Ende der schnellere Weg zum Bahnhof war: zu Fuß durch die Gassen und im Laufschritt die Spaccanapoli hinunter bis zur Piazza Giuseppe Garibaldi, wo Busse und PKW ineinander verkeilt am Denkmal des Freiheitskämpfers im morgendlichen Stau standen und sich im Schritttempo an der Stazione Centrale vorbeischoben. Oder ob sie besser zur Piazza Dante oder nach Museo lief und von dort die Metro nahm, mit der sie in vier beziehungsweise fünf Stationen an Garibaldi war.

Weil sie später losgegangen war als gedacht, hatte sie sich gegen den Fußmarsch und für die Metro entschieden – mit dem Ergebnis, dass sie zuerst über zehn Minuten auf die überfüllte Bahn gewartet hatte und sich nun, umzingelt von Menschen, im Schneckentempo durch das Drehkreuz schob und weiter zur Rolltreppe. Touristen versperrten mit Koffern und Rucksäcken den Weg und demonstrierten in aller Gemütlichkeit, dass sie es überhaupt nicht eilig hatten.

»Permesso«, rief Cirillo immer wieder und wiederholte alle paar Meter: »Bitte lassen Sie mich durch.«

Stufe für Stufe kämpfte sie sich auf der langen Rolltreppe an den Leuten vorbei, gefolgt von Männern und Frauen im Businessoutfit mit Aktenkoffern und Laptoptaschen, die über ihre Bluetooth-Stöpsel im Ohr die ersten Meetings des

Tages zu absolvieren schienen. Cirillo hatte den Takt der Großstadt immer geliebt, und die Tatsache, dass das Tempo und die vielen Menschen sie nun stressten, zeigte ihr, dass sie wohl doch schon zu lange auf der Insel lebte und sie dabei war, sich in eine Provinzlerin zu verwandeln.

Ihr Telefon begann zu klingeln. Rizzi.

»Bin gleich da«, rief sie in den Hörer und eilte durch die Einkaufspassage, ein futuristisches Gebilde aus Glas und Stahl. »Zwei Minuten.«

»Beeil dich«, antwortete Rizzi am anderen Ende. »Ich kann den Zug nicht ewig aufhalten. Und der nächste geht erst in über einer Stunde.«

Cirillo rannte an den Fahrkartenautomaten vorbei auf die große Anzeigetafel zu und stieß die Tür zu den Gleisen auf. Der Regionalzug nach Paestum stand rechter Hand an Gleis 19. Die Türen waren bereits geschlossen, der Bahnsteig menschenleer, nur zwei Gestalten in Uniform waren zu sehen: Rizzi und ein Mann, vermutlich der Schaffner.

»Entschuldigung!«, rief Cirillo schon von Weitem.

»Rein mit dir!«, sagte Rizzi mit der entsprechenden Handbewegung, während der Schaffner hinter ihnen einstieg und per Knopfdruck die Tür verriegelte. »Vier Minuten«, sagte er mit einem Blick auf die Uhr und fügte in beruhigendem Ton hinzu: »Bis Salerno haben wir das wiedergutgemacht.«

»Danke«, stieß Cirillo hervor. Sie war noch immer außer Atem.

»Bedanken Sie sich bei Ihrem Kollegen.« Der Schaffner streifte sie mit einem Seitenblick, in dem gar nicht unbedingt etwas Abwertendes lag, eher etwas Distanziertes. Als hätte sie etwas an sich, das diesem Mann und allen anderen Menschen hier im Süden auf den ersten Blick sagen würde: Die ist nicht von hier. Der Schaffner wandte sich ab, verzog sein Gesicht zu einem gutmütigen Grinsen und sagte zu Rizzi: »War nett, mit Ihnen geplaudert zu haben, Agente.« Er tippte sich an die Mütze und begann mit der Fahrkartenkontrolle.

Rizzi ließ sich auf einem freien Viererplatz am Fenster nieder. »Setz dich«, sagte er zu Cirillo, ohne seine Sonnenbrille abzunehmen.

Es war stickig hier drinnen, und das Klappfenster ließ kaum Luft durch den schmalen Spalt.

»Wie gehen wir vor?«, fragte Cirillo und fächelte sich mit ihrer Mütze Luft zu. In den blau verspiegelten Gläsern von Rizzis Brille sah sie ihr unschön erhitztes Gesicht und zerzauste Haare, und beides trug nicht dazu bei, dass sich ihre Laune hob. »Hast du dir etwas überlegt?« Der Ton, in dem sie fragte, hörte sich schärfer an als beabsichtigt.

»Ich habe nachgedacht«, sagte Rizzi, ohne die Frau schräg gegenüber zu beachten, die ihr Smartphone hob, ein Foto von Rizzi machte und es dann ihrer Freundin zeigte. Vielleicht bemerkte er es gar nicht. Die Frau betrachtete zufrieden die Aufnahme auf ihrem Display, und Rizzi sagte: »Und zwar über Claudio Tripodi und darüber, welche Rolle er in unserem Fall spielen könnte.«

Cirillo hatte sich das natürlich auch schon gefragt, und Rizzis Tonfall ging ihr auf den Geist. Es war doch klar, dass sie der Sache nachgehen mussten. Sie schwieg, und Rizzi fuhr fort: »Wenn man es genau nimmt, laufen bei Claudio Tripodi alle Fäden zusammen.«

Hochhäuser zogen vorbei, Balkone, von denen die Farbe blätterte und von denen viele nachträglich mit Fenstern verkleidet waren. Kästen von Klimaanlagen klebten ohne System und Ordnung an bröckelnden Fassaden. Wäscheleinen und Kabel hingen lose herum, und aus einem Fenster zielte ein Kind mit der Wasserpistole auf den Zug.

»Es ist doch interessant«, erklärte Rizzi. »Claudio Tripodi hat nicht nur für Nino Castaldo in Neapel in der Via Tarsia gearbeitet – zuerst in der Käserei, dann im Vertrieb. Jetzt macht er, wie wir wissen, in Paestum in Büffelmilch und beliefert Nino Castaldo und Stella Apicella auf Capri. Das heißt, er kennt die Betriebe, die Abläufe und alle Menschen, die dort arbeiten, und das seit vielen Jahren.«

Der Zug fuhr in den Bahnhof von Salerno ein. Die Frau, die das Foto von Rizzi geschossen hatte, und ihre Freundin waren aufgestanden, suchten ihre Taschen zusammen und taten das so umständlich, als hofften sie auf eine Möglichkeit, mit Rizzi ins Gespräch zu kommen. Aber er beachtete sie nicht.

»Ich frage dich«, sagte er zu Cirillo, »wieso beliefert Claudio Tripodi eine kleine Klitsche in Anacapri mit Büffelmilch? Wieso lohnt es sich für ihn, jeden Morgen vom Festland nach Capri überzusetzen? Rein wirtschaftlich gesehen, scheint es für mich keinen Sinn zu ergeben. Aber ich kann mich natürlich irren.« Er lehnte sich zurück und verschränkte die Arme vor der Brust. »Das sind jedenfalls so die Fragen, die mich im Moment am meisten umtreiben.«

»Vielleicht gibt es bei dem ganzen Konstrukt einen Mehrwert, von dem wir keine Ahnung haben«, sagte Cirillo.

Rizzi schwieg und schien über ihren Satz und einen möglichen Mehrwert nachzudenken.

Tomatenplantagen zogen vorbei, Felder mit Artischocken, und Cirillo wunderte sich mal wieder darüber, von wie vielen Menschen das Land hier am Fuße des Vesuvs bewohnt und bewirtschaftet wurde, ohne dass sich anscheinend irgendjemand groß bedroht fühlte. Der Vulkan war aktiv, es war allgemein bekannt, dass er früher oder später ausbrechen würde. Für den Ernstfall gab es angeblich einen Evakuierungsplan, aber ob er am Ende auch funktionieren würde, durfte wohl bezweifelt werden. Es war ein Irrsinn, über den niemand sprach.

Der Zug verlangsamte sein Tempo und kam mit quietschenden Bremsen und einem Zischen zum Stehen. Auf dem Schild am Bahnsteig stand: Montecorvino.

Niemand stieg aus, und niemand stieg ein. In der Stille war zu hören, wie jemand schnarchte. Rizzi hatte seine Sonnenbrille abgenommen und checkte die Nachrichten auf seinem Telefon, und Cirillo fiel auf, dass – außer ihr, Rizzi und dem Schnarcher – niemand mehr im Wagen zu sein schien. Als wären die Leute alle in Salerno ausgestiegen. Rizzi fluchte leise.

»Ist hier Endstation?«, fragte Cirillo und drückte ihre Wange an die Fensterscheibe, um besser den Bahnsteig zu überblicken. »Oder hat der Zug eine Panne?«

Rizzi antwortete nicht, und Cirillo entdeckte den Schaffner und eine zweite uniformierte Person, die am Abfalleimer standen und zusammen einen Espresso tranken.

»Hallo«, rief Rizzi. Er hatte sein Telefon am Ohr. »Ich habe gerade deine Nachricht gelesen. Ist das dein Ernst?

Was ist passiert?« Er lauschte, schaute Cirillo dabei an und formte mit den Lippen den Namen: »Te-re-sa«.

Cirillo holte nun ebenfalls ihr Telefon hervor, schaute aufs Display, aber sie hatte keine Nachricht vom Polizeiposten bekommen.

»Keine Sorge«, sagte Rizzi. »Sie sitzt mir wohlbehalten gegenüber. Nein, wir sind auf dem Weg nach Paestum. Hat sich so ergeben. Wie bitte?« Er schaute Cirillo mit gerunzelter Stirn an. »In Ordnung«, sagt er. »Ist angekommen. Ja, Teresa. Wird gemacht.« Er beendete das Gespräch, steckte sein Telefon ein und erhob sich. »Wir müssen zurück«, erklärte er.

»Warum?«, fragte Cirillo.

»Ispettore Lombardi will uns sehen.« Er klappte die Bügel seiner Sonnenbrille auseinander. »Und zwar unverzüglich. Teresa sagt, sie kann ihn unmöglich hinhalten.« Er drehte sich zu Cirillo herum und schaute sie fragend an. »Auf geht's«, sagte er.

»Was gibt es denn so Dringendes?« Cirillo erhob sich widerwillig von ihrem Platz. »Gibt es neue Erkenntnisse, oder will er nur, dass wir auf der Piazzetta patrouillieren?«

»Ich fürchte, es geht ihm ums Prinzip.« Rizzi ging voran, den Gang hinunter. Cirillo folgte. »Er ist der Boss«, sagte er, »und Teresa meint, wir haben eine rote Linie überschritten. So hat er es angeblich ausgedrückt.«

Rizzi stieg aus dem Waggon und trat auf den Bahnsteig. »Teresa sagt, wir sollten das ernst nehmen, und ich fürchte, sie hat recht.« Auf dem gegenüberliegenden Gleis fuhr der Zug nach Neapel ein.

»Ich fahre weiter nach Paestum«, sagte Cirillo. Sie war in

der offenen Zugtür stehen geblieben. »Erklär Lombardi einfach, dass ich so schnell wie möglich nachkomme.«

»Tut mir leid, aber ich glaube, du hast mich nicht richtig verstanden«, sagte Rizzi. »Es geht nicht darum, ob ich dem Ispettore etwas erkläre. Er will uns sehen, alle beide, und zwar sofort. Und wenn wir seiner Aufforderung nicht nachkommen, wird es Konsequenzen haben. Und was das bedeutet, kann ja wohl niemand besser beurteilen als du. Habe ich recht?« Rizzi ging zum gegenüberliegenden Gleis, blieb nach ein paar Metern wieder stehen und drehte sich noch einmal zu ihr um. »Worauf wartest du?«, rief er. »Wenn wir das 13-Uhr-*aliscafo* kriegen, haben wir schon mal bewiesen, dass wir ihn ernst nehmen. Und das ist die halbe Miete. Den Rest regle ich mit ihm. Vertrau mir.«

Cirillo zögerte. »Ist mir egal«, sagte sie. »Wir sind kurz vor dem Ziel. Ich will mir ein Bild von Claudio Tripodi machen. Und du hast selbst gesagt –«

»Das ist es nicht wert«, unterbrach Rizzi. »Komm, sei vernünftig.«

»Ich nehme das *aliscafo* um 14.30 Uhr, spätestens das um 16 Uhr«, erklärte Cirillo. »Lombardi wird es am Ende gar nicht auffallen, und er wird es nicht so genau rekonstruieren. Und falls doch, wird dir schon etwas einfallen. Wir müssen jetzt mit den Ermittlungen vorankommen.«

Ein Pfiff ertönte. Rizzi stieg am gegenüberliegenden Gleis in den Zug. »Du bist verrückt«, sagte er.

»Keine Sorge«, rief Cirillo ihm nach.

Die Türen des Zugs gegenüber schlossen sich, und Cirillo glaubte zu erkennen, wie Rizzi hinter der Scheibe den Kopf schüttelte.

17

Sie war die Einzige, die in Paestum ausstieg, und als der Zug weg war und sie vor das kleine Bahnhofsgebäude trat und sich umschaute, gab es nichts: kein Motorengeräusch, kein Taxi, keinen Bus. Es gab nur den Wind, der über die Wiesen strich, eine leichte Brise, das Zwitschern eines Vogels und eine schmale asphaltierte Straße, die Via Porta Sirena, die in eine Richtung führte, vom Bahnhof weg, immer geradeaus, an Artischocken- und Weizenfeldern entlang. Die Vormittagssonne knallte herab, Cirillo wurde es beim Gehen warm, und sie öffnete die Knöpfe ihrer Uniformjacke.

Der Weg endete an einer Querstraße und einem grün gestrichenen Eisenzaun. Dahinter waren Steinblöcke zu entdecken, Grundrisse von Häusern und die Säulen eines Tempels. Es war das antike Paestum. Touristen in kurzen Hosen, mit Hüten, Sonnenbrillen und Plänen in der Hand liefen kreuz und quer zwischen Quadern herum. Cirillo las auf der Infotafel, dass die Fundamente des 2500 Jahre alten Tempels vor ihren Augen in einer Wanne mit feinstem Sand stand, der bei Erdbeben die Erschütterungen abfangen konnte.

Cirillo hielt sich rechts, ging an kleinen Geschäften vorbei, die bunte Souvenirs aus Plastik verkauften, und lief weiter an der uralten Stadtmauer entlang, bis die Straße in einer weiten Kurve zwischen Wiesen und Feldern hindurchführte. Ein Traktor mit Anhänger kroch über einen Acker. Cirillo legte ihre Hände wie einen Trichter an den Mund und rief: »Geht es hier zur Büffelfarm von Claudio Tripodi?«

Der Mann mit dem Strohhut signalisierte mit der Hand am Ohr, dass er sie nicht verstand, und Cirillo wiederholte ihre Frage, so laut sie konnte. Jetzt zeigte er in Gehrichtung auf ein Haus in der Ferne, ein cremefarbener Würfel mit rotem Ziegeldach und mehreren Schornsteinen. Schräg dahinter, leicht versetzt, glänzten Wellblechdächer in der Sonne und die silbrig-grünen Blätter von Olivenbäumen, und noch viel weiter hinten erstreckte sich das Cilento-Gebirge.

Cirillo zog ihre Jacke aus, marschierte weiter, bis sie an eine Einfahrt und einen Holzpfosten kam, an dem ein Schild angebracht war: *Azienda Tripodi.* Sie trat durch das offene Tor, zog auf dem Weg über die befestigte Auffahrt ihre Uniformjacke wieder an, knöpfte sie zu und setzte ihre Mütze auf.

Je näher sie dem Haupthaus kam, desto mehr verlor das Gebäude sein herrschaftliches Aussehen. Die Stuckverzierungen waren von Wind und Wetter ausgewaschen, und der hellgelbe Putz war fleckig, hier und da ausgebessert und nur teilweise überstrichen worden. Die Nebengebäude waren niedrig und klein, mit Fenstern und Türen, die schief in den Angeln hingen. Dahinter verlief ein weiß angestrichener Holzzaun, der eine Koppel abgrenzte, auf der riesige Behälter aus Chromstahl standen und schwarze Tiere weideten –

Büffel, wie an den majestätisch geschwungenen Hörnern unschwer zu erkennen war. Eine seltsame Musik war zu hören, metallische Klänge ohne Rhythmus und Melodie. Als ob jemand immer wieder mit einem Gegenstand gegen Eisenstangen klopfen würde.

Cirillo stieg über eine breite Treppe zum Haus hinauf. Auf den Stufen standen Töpfe mit Geranien und Eimer mit grauen Putzlappen. An der Holztür war kein Namensschild, und es gab auch keine Klingel, nur einen eisernen Büffelkopf mit einem Nasenring als Türklopfer. Cirillo betätigte ihn, erst vorsichtig, dann energisch, aber nichts geschah.

»Hallo!«, rief sie und trat einen Schritt zurück. »Ist jemand zu Hause?«

Die Fensterläden zu beiden Seiten waren geschlossen, und vom Holz blätterte die graublaue Farbe ab. Eine Katze huschte über das steinerne Sims und verschwand um die Ecke.

Cirillo stieg die Treppe wieder hinunter, wandte sich nach links und ging über einen Sandplatz zum Nebengebäude. Der Geruch von Kuhmist, süßlich und stechend, den sie vorher nur undeutlich wahrgenommen hatte, wurde immer stärker und war, als sie um die Ecke bog, so intensiv, dass sie kurz davor war, sich die Nase zuzuhalten.

Hinter dem Zaun standen Büffel in der Sonne. Sie wurden umschwirrt von Fliegen und schlugen mit dem Schwanz nach den Insekten. Manche Büffel lagen im Matsch, dösten oder suhlten sich. Eine Büffelkuh löste sich aus der Herde und kam langsam näher.

Die Augen mit den langen Wimpern waren groß, glänzend und schwarz. Die breite Nase schimmerte feucht, und das Maul war von feinen Härchen übersät. Neugierig streckte das Tier seinen Hals nach vorne, bewegte dabei die großen Ohren, die waagerecht vom Kopf abstanden, während sich darüber zwei Hörner wölbten. Das Fell war zottelig und hing über den Augen wie ein gekämmter Pony mit Mittelscheitel, was der Büffelkuh ein fast menschliches Antlitz verlieh.

Cirillo streckte ihre Hand aus und spürte, wie aus der kalten Nase feuchter, warmer Atem kam. Mit den Fingern strich sie über das warme, borstige Fell an Kopf und Hals und über den weißen Fleck zwischen den Augen. Eine Ruhe ging von diesem Tier aus, eine Sanftmut, aber auch eine Kraft, die Cirillo daran erinnerte, wie nahe das Friedliche und Gewalttätige beieinanderlagen. Vielleicht war es der fragende Ausdruck in den Augen, der bewirkte, dass Cirillo eine tiefe Verbundenheit zu diesem Büffel empfand.

»Melissa ist von allen die Neugierigste«, sagte eine Stimme hinter Cirillo. »Man könnte auch sagen: Sie steckt überall ihre Nase rein. Sie ist eine richtige Klatschtante.«

Der Mann war klein, stämmig und reichte Cirillo nur knapp bis zum Kinn. Mit dem schütteren Haar schätzte sie ihn auf Mitte vierzig, und obwohl er mit den schmalen Schultern und der knubbeligen Nase wirklich keine Schönheit war, sah er auf eigenwillige Weise hübsch aus. Vielleicht lag es an seinen vollen Lippen, den geschwungenen Augenbrauen und seinem Blick, der zärtlich auf den Tieren ruhte.

»Jedes dieser Mädchen hat seinen eigenen Charakter«, sagte er. »Manche sind vorsichtig, andere ganz unerschrocken und furchtlos oder, wie Carla da hinten, das reinste Trampeltier. Manche sind sehr intelligent, andere eher schlicht oder auch wahnsinnig egoistisch – genau wie wir Menschen.« Er tätschelte einer Büffelkuh den Hals, die sich neben Melissa geschoben hatte, und sagte: »Sie hier, Rosa, ist eine wahre Feinschmeckerin und findet garantiert immer das Heu, das am frischesten ist. Und bei Matilda« – er deutete auf eine Büffelkuh, die etwas abseits stand – »weiß ich nie: Ist sie bescheiden oder einfach nur ein bisschen vertrottelt?«

»Warum?«, fragte Cirillo.

»Weil sie beim Fressen immer zu kurz kommt. Sie traut sich nicht, sich gegen die anderen durchzusetzen und klarzumachen: Jetzt bin ich mal dran. Und dann muss ich jedes Mal dafür sorgen, dass sie ihre Extraportion kriegt.«

»Ich finde das schlau«, erklärte Cirillo.

Der Mann schaute Cirillo überrascht an. »Stimmt.« Er grinste und nickte anerkennend. »Da haben Sie eigentlich recht.«

»Wie viel wiegt so ein Tier?«, fragte Cirillo.

»Zwischen fünf- und sechshundert Kilo.«

»Sind die Damen gefährlich, wenn man ihnen zu nahe kommt?«, fragte Cirillo. »Können sie mich mit den Hörnern aufspießen und durch die Luft schleudern?«

»Ich kann Sie beruhigen«, antwortete der Mann lächelnd. »Büffel sind die friedliebendsten Zeitgenossen, die man sich vorstellen kann.«

»Und was machen sie, wenn sie sich bedroht fühlen?«

»Im allerschlimmsten Fall würden sie angreifen. Aber wenn es irgendwie geht, suchen sie das Weite. Sie können sehr gut hören und riechen. Nur Sehen ist nicht so ihre Stärke. Nicht wahr, meine Schöne?«

Die Büffelkuh mit dem weißen Fleck, Melissa, schnaubte und wollte weiter gekrault werden.

»Kommen Sie. Ich zeige Ihnen etwas.« Der Mann setzte einen Strohhut auf, und Cirillo erkannte erst jetzt, dass es sich um den Mann auf dem Traktor handelte, der ihr vorhin den Weg gewiesen hatte.

Ohne eine Antwort abzuwarten, ging er voran, den Weg am Zaun entlang, und Cirillo folgte, während er erklärte: »Büffel sind gesellig und gern in der Herde – abgesehen von den Bullen, die im Alter zu Einzelgängern werden. Aber das ist bei uns Menschen ja oft genauso. Und wenn es ans Melken geht, was zweimal am Tag der Fall ist, lassen die jungen den alten Tieren höflich den Vortritt.«

Sie bogen um die Ecke, wo die Büffel, beschattet von einem Dach aus Strohmatten, in einer langen Reihe an einer Futterrinne standen, beim Fressen und Wiederkäuen umherschauten und dabei untereinander mit ihren Hörnern kollidierten, die sich verhakten und wieder voneinander lösten, wie bei einem über Jahre einstudierten Ballett. Jetzt erklärte sich, woher diese seltsamen Töne kamen, die die ganze Zeit zu hören waren: Die Büffel stießen beim Fressen mit ihren Hörnern an den Eisenzaun, der ihr Refugium, die Weide, gegen den Weg abgrenzte.

Das Heu, erklärte der Mann, komme von den umliegenden Feldern, sei also rein biologisch und enthalte keine industriellen Beimischungen, was sich im Geschmack und in der Qualität der Büffelmilch niederschlage.

Er stellte die Heugabel beiseite, mit der er frisches Stroh

nachgelegt hatte. »Es ist schon erstaunlich, dass niemand mit Sicherheit sagen kann, wie die Wasserbüffel eigentlich zu uns nach Italien gekommen sind – und dann auch noch ausgerechnet nach Paestum.« Er schob seinen Strohhut in den Nacken und schaute zu, wie Büffel sich von einer Sprinkleranlage mit Wasser berieseln ließen. »Man weiß nur, dass die rund 400 000 Wasserbüffel, die es hierzulande gibt, ihre Urahnen bei uns in Paestum haben. Als die Gegend versumpft ist und Malaria sich ausgebreitet hat, haben die Leute das Weite gesucht, aber die Büffel sind geblieben, konnten sich ungestört vermehren und in den Schlammlöchern baden.«

Cirillo folgte seinem Blick in die Ferne, wo die Säulen der antiken griechischen Tempel sich gegen den Himmel abzeichneten. Es war ein erhabenes Bild und gleichzeitig so unwirklich wie eine Kulisse. Cirillo stellte sich vor, wie die Büffel vor zweieinhalbtausend Jahren vor hölzerne Karren gespannt worden waren, mit denen tonnenschwere Steine transportiert wurden, und Flaschenzüge bewegten, sodass die Steine hochgehievt und zu Säulen übereinandergesetzt werden konnten. Büffelmilch war damals kein Thema und wahrscheinlich nur ein Nebenprodukt gewesen.

»Ich habe ein paar Fragen.« Cirillo holte ihr Notizbuch hervor, zückte ihren Stift und blätterte zur nächsten freien Seite. »Zunächst zu Ihrer Person. Wie heißen Sie?«

Der Mann schien überrascht. »Tomaso«, antwortete er.

»Nachname?«

»Giuliani. Ich bin hier der Vorarbeiter.«

»Haben Sie die Nachricht schon gehört?«

»Die Nachricht?«, wiederholte er. »Dass Nino Castaldo

tot ist? Selbstverständlich. Hat sich ja herumgesprochen wie ein Lauffeuer.« Tomaso Giuliani schaute auf seine Schuhspitzen. »Ich kann es immer noch nicht glauben«, murmelte er. »Sein Tod kam für uns alle völlig überraschend.«

»Kannten Sie ihn?«

»Kennen ist zu viel gesagt.« Tomaso Giuliani wischte sich mit der Faust über die Augen. »Er war eine Institution. Mit ihm verliert die ganze Branche ihren wichtigsten Vertreter, ihr Aushängeschild und vielleicht auch ihren guten Ruf. Einen wie Nino wird es nie mehr geben.«

»Wenn ich richtig informiert bin, gehört die Käserei Castaldo in Anacapri zu den Abnehmern Ihrer Büffelmilch. Hatten Sie da auch mit Nino Castaldo persönlich zu tun?«

»Nein.« Er schüttelte den Kopf. »Irgendwann habe ich ihm mal die Hand geschüttelt, aber das ist Monate her. Mein Chef, Claudio, kann Ihnen da besser Auskunft geben. Er ist unterwegs. Ich habe ihn aber bereits informiert, dass die Polizei da ist. Er müsste eigentlich jede Minute eintreffen.«

Cirillo stützte sich mit ihrem Block auf das Gatter. »Wann haben Sie das letzte Mal Büffelmilch nach Capri geliefert, und wie hat sich die Sache abgespielt?«

»Ich persönlich war am vergangenen Dienstagmorgen vor Ort, also in Marina Grande.«

»Bitte schildern Sie die Situation.«

»Da gibt es nichts zu schildern. Es war alles wie immer. Hören Sie, ich kann Ihnen wirklich nicht weiterhelfen. Halten Sie sich an meinen Chef.«

»Antworten Sie bitte auf meine Frage.«

Tomaso Giuliani seufzte. »Ich kam mit dem Motorboot an, Diego Bocci war schon da, nahm die Lieferung im Hafen entgegen, und ich bin wieder abgefahren. Das war's. Dass Nino zu dem Zeitpunkt oben in der Käserei vielleicht schon tot war, konnten wir ja nicht wissen.«

»Wann haben Sie sich hier auf den Weg gemacht?«

»Wie immer, um kurz nach vier Uhr morgens. Ab Paestum. Mit unserem eigenen Boot. Es liegt unten am Strand. Die Lieferung nach Capri erfolgt exklusiv.«

»Ankunft auf Capri?«

»Gegen fünf Uhr. Diego stand, wie gesagt, schon da.«

»Ist Ihnen an Diego Bocci irgendetwas aufgefallen? War er irgendwie verändert?«

Tomaso Giuliani überlegte – und schüttelte den Kopf. »Am Dienstagmorgen, als ich ihn zuletzt gesehen habe, war er völlig normal. Aber ich muss dazu sagen: Wir reden ja praktisch nie miteinander. Wegen seiner Gehörlosigkeit. Aber ich mag ihn und hoffe, dass es für ihn da drüben irgendwie weitergeht.«

»Seither hatten Sie keinen Kontakt mehr mit ihm?«

»Die Fahrt am Mittwochmorgen, am Tag nach Ninos Tod, hat der Chef persönlich übernommen, und jetzt sind die Lieferungen bis auf Weiteres ausgesetzt. Ich nehme an, bis die Witwe, Stella Apicella, sich sortiert hat und weiß, wie es weitergeht.«

Er schob seine Hände in die Hosentaschen, während Cirillo seine Aussage notierte.

»Stimmt es«, fragte er, »dass es nicht einfach nur ein Herzinfarkt war? Sondern dass man ihn ertränkt hat? Ich meine: Wer tut so etwas?«

»Wo war Ihr Chef, Claudio Tripodi, am Dienstagmorgen, zum Zeitpunkt der Lieferung?«

»Hier, zu Hause. Das weiß ich zufällig genau. Die Mädchen waren hier.«

»Welche Mädchen?«

»Seine beiden Töchter. Normalerweise sind sie unter der Woche bei seiner Ex. Aber die war verhindert. Deshalb ist er eingesprungen und hat die Mädchen hergeholt. Aber fragen Sie ihn am besten selbst.«

Zwischen den Feldern waren ein Auto und eine Staubfahne zu sehen. Das Cabriolet näherte sich mit hoher Geschwindigkeit. Heavy-Metal-Musik war zu hören, als das Auto die Auffahrt heraufgefahren kam. Der Wagen stoppte, der Motor ging aus, und die Musik verstummte.

»Buongiorno«, rief der Mann und nahm beim Aussteigen seine Sonnenbrille ab. Er trug Jeans, ein weißes Hemd, ein hellbraunes Jackett und Lederschuhe. Zwischen seinen Lippen steckte eine Zigarre.

Cirillo klappte ihr Notizbuch zu und sagte zu Tomaso: »Ich danke Ihnen.« Dann ging sie zu dem Mann hinüber. »Signor Tripodi?«, rief sie. »Ich bin Agente Cirillo vom Polizeiposten Capri.« Sie gab dem Mann die Hand. »Können wir uns irgendwo in Ruhe unterhalten?«

Claudio Tripodi schob sich eine dunkle Strähne aus der gebräunten Stirn. Seine Augen waren blau, und wie er Cirillo anschaute, mit den kleinen Lachfältchen, schien ihn irgendetwas zu belustigen.

»Klar können wir uns unterhalten«, sagte er. »Kein Problem.« Er ging die Stufen hinauf, holte ein Schlüsselbund aus der Hosentasche und erklärte: »Allzu viel Zeit habe ich allerdings nicht. Ich wünschte, Sie hätten vorher angerufen. Dann hätten Sie auch nicht so lange warten brauchen.«

»Machen Sie sich keine Sorgen«, sagte Cirillo. »Ich habe in der Zwischenzeit viele interessante Sachen erfahren.«

»Was denn zum Beispiel?« Er öffnete die Haustür.

Nach dem gleißenden Licht und der warmen Luft draußen war es hier drinnen fast kühl und so finster, dass Cirillo ein paar Sekunden brauchte, bis ihre Augen sich an das Halbdunkel gewöhnt hatten. »Zum Beispiel, dass Melissa eine neugierige Klatschtante ist«, sagte sie.

»Verstehe.« Claudio Tripodi öffnete die Tür zu einem Wohnraum, in dem ein breites Sofa stand und zwischen den Fenstern ein Flachbildschirm. Auf dem niedrigen Glastisch war ein mehrstöckiges Puppenhaus aufgebaut, und auf dem Fußboden lagen überall Tierfiguren, ein ganzer Bauernhof. Die Fensterläden waren geschlossen.

»Entschuldigen Sie die Unordnung.« Tripodi öffnete die Flügeltür zu einem zweiten Raum, verschwand im Dunkeln, und es war zu hören, wie er das Fenster öffnete und die Läden aufstieß. Licht und Luft strömten herein.

Cirillo folgte ihm und betrat einen Raum mit einer altmodischen Holzvertäfelung.

»Kann ich Ihnen etwas anbieten«, fragte er. »Kaffee? Ein Glas Wasser?« Er nahm eine Decke vom Sessel, warf sie über den Stuhl und knipste, obwohl es gar nicht nötig war, am Schreibtisch die Lampe an.

»Achtung«, sagte er. »Nicht erschrecken.«

Über der Flügeltür hing ein ausgestopfter Büffelkopf, der mit seinen Augen direkt auf Cirillo hinunterstarrte. »Ein Faible von meinem Großonkel«, erklärte Tripodi. »Ich traue mich nicht, das Monstrum abzunehmen. Denke immer, das kann ich doch nicht machen. Mein Großonkel würde es nicht verstehen. Bescheuert, oder?« Er betrachtete den präparierten Büffelkopf mit den imposanten Hörnern. »Ich hoffe immer, dass vielleicht mal die Motten reingehen, aber irgendwie tun sie das nicht.«

»Ist er das?«, fragte Cirillo mit Blick auf ein Gemälde zwischen den Fenstern, auf dem ein Mann im Gehrock mit einem Kneifer auf der Nase zu sehen war.

»Richtig, das ist er. Gut erkannt«, antwortete Claudio Tripodi, ohne hinzuschauen. »Er hat die Büffelfarm aufgebaut, und ich habe den Betrieb von meinem Vater übernommen, der leider viel zu früh verstorben ist.«

»Das tut mir leid.«

Draußen war Vogelgezwitscher zu hören, und in den Gesang mischte sich – schon ganz vertraut – der Klang von Büffelhorn, das an Eisenstangen stieß. Vor den Fenstern erstreckte sich ein gepflegter Rasen bis zu einem runden Pavillon und einer Hecke. Dahinter war Ackerland, das sich scheinbar endlos bis zu den Ausläufern des Cilento-Gebirges hinzog.

»Was genau ist Nino eigentlich zugestoßen?«, fragte Tripodi und deutete mit der Zigarre in der Hand auf den Sessel vor dem schweren Schreibtisch und ließ sich selbst auf einem ledergepolsterten Drehstuhl nieder, dem einzigen modernen Gegenstand in diesem Raum.

»Genau das versuchen wir herauszufinden«, antwortete Cirillo.

»Und wie kann ich Ihnen dabei helfen?« Er lehnte sich zurück und paffte.

»Bitte nehmen Sie es nicht persönlich.« Cirillo legte ihr Notizbuch auf dem Schreibtisch ab. »Aber ich stelle hier die

Fragen.« Sie setzte sich und sah das gerahmte Foto neben seinem Laptop, zwei Mädchen, die sich an den Händen hielten und in die Kamera lachten.

»Bevor ich auf Nino Castaldo zu sprechen komme«, begann sie, »möchte ich Sie etwas Grundsätzliches fragen, das ich nicht verstehe.« Sie ließ ihren Blick durch den Raum wandern. »Wieso beliefern Sie ein so kleines Unternehmen wie die Käserei Castaldo in Anacapri und setzen Tag für Tag mit dem Boot von Paestum nach Capri über, um ein paar Liter Büffelmilch zu verkaufen? Der Zeitaufwand und die Benzinkosten sind doch immens. Rechnet sich das überhaupt?«

»Es rechnet sich selbstverständlich nicht.« Tripodi legte die Zigarre in den versilberten Aschenbecher und verschränkte die Hände hinterm Kopf.

»Aber?«

»Es geht nicht nur um Zahlen. Wissen Sie, wir sind die Hoflieferanten. Wir beliefern den berühmten Nino Castaldo mit unserer Büffelmilch. Das allein ist eine große Auszeichnung für unseren Betrieb und ein klarer Beweis für die Qualität unseres Produkts. Es ist die beste Werbung, die ich mir wünschen kann. So gesehen, ist es unter kaufmännischen Gesichtspunkten völlig in Ordnung, wenn ich aus der Sache mit einer schwarzen Null rausgehe. Und glücklicherweise habe ich keinen Aufsichtsrat, der mich kritisiert oder dem ich Rechenschaft ablegen muss.« Er folgte Cirillos Blick zur Anrichte, auf der eine Karaffe und Gläser standen, ein Kerzenständer ohne Kerzen und eine Vase aus blauem Glas. Daneben lag ein flaches Päckchen mit Schleife.

»Möchten Sie einen Espresso?«, fragte Tripodi.

»Nein, danke.« Cirillo schlug ein Bein über das andere. »Wann haben Sie zuletzt mit Nino Castaldo gesprochen oder ihn gesehen?«

Tripodi überlegte. »Das ist sicherlich schon einige Monate her.«

»Wir haben Sie bei unseren Ermittlungen in der Käserei Castaldo in Neapel auf dem Mitarbeiterfoto entdeckt.«

»Das Mitarbeiterfoto.« Claudio Tripodi nickte und lächelte.

»Wie kam es dazu?«

»Mein Gott.« Tripodi schaute versonnen an Cirillo vorbei. »Das war vor ziemlich genau vier Jahren. Ich hatte den Betrieb hier gerade erst übernommen, nachdem mein Papà, wie gesagt, völlig überraschend gestorben war. Ich wollte einfach wissen, wie die Verarbeitung der Büffelmilch funktioniert, auch wirtschaftlich, und ob es sich möglicherweise lohnt, selbst eine Käserei zu eröffnen. Ich dachte, wenn ich etwas lerne, dann dort, beim Meister persönlich.«

»Und?«

»Ich kam zu dem Schluss, dass ich mich nicht verzetteln sollte. Aber so kam es dazu, dass ich es auf das Mitarbeiterfoto der Käserei Castaldo geschafft habe.«

»Und dort, nehme ich an, haben Sie auch die Bekanntschaft mit Diego Bocci, Sabrina Bergesio und Stella Apicella gemacht?«

»Das Team war super.« Tripodi beugte sich vor und nahm seine Zigarre wieder vom Aschenbecher. »Die Leute waren fantastisch, haben mir alles gezeigt und mich von Anfang an mitarbeiten lassen. Und sogar zu Nino habe ich, nach einer gewissen Anlaufzeit, Zugang gefunden – was gar nicht so einfach war. Er konnte, unter uns gesagt, ein ziemlicher Stinkstiefel sein. Eigentlich war er ein Misanthrop. Aber irgendwie hat es zwischen uns dann doch gefunkt. Wir haben über den Mozzarella eine Ebene gefunden. Ich bin dann immer mal wieder dort gewesen, in der Via Tarsia, wollte den Kontakt nicht abreißen lassen, habe ausgeholfen und jedes Mal wieder etwas Neues gelernt.«

»Und Ihr Betrieb hier? Der läuft von alleine?«

»Wenn Sie gute Mitarbeiter haben, denen Sie Verantwortung übertragen können und die Sie auch anständig bezahlen, dann ist es durchaus möglich, sich aus dem Alltagsgeschäft auch mal rauszuziehen.« Tripodi zog an seiner Zigarre. »Sie haben Tomaso doch kennengelernt. Wenn jemand weiß, was er tut, dann er.« Tripodi blies den Rauch aus, und sein Gesicht verschwand im Qualm. »Ich habe keine Ahnung, ob man Ihnen drüben davon erzählt hat. Dass Tierschützerinnen die Käserei Castaldo gestürmt und verwüstet haben. Es war für uns alle ein Schock und ein echter Einschnitt, besonders für Nino. Was mich betrifft, hat es eigentlich nur bestätigt, was ich schon lange dachte und hier ja auch versuchte umzusetzen: wegzugehen von der Massentierhaltung und der Massenproduktion.«

»Erzählen Sie weiter.« Cirillo machte Notizen.

»Nino war von der Idee angefixt, alles eine Nummer kleiner und nachhaltiger zu machen. Und als die Idee mit Anacapri im Raum stand, habe ich gesagt: Leute, ich unterstütze euch – und habe feste Lieferzusagen gegeben und einen guten Preis gemacht.«

»Ein Neuanfang.«

»Richtig.«

»Und wer gehörte alles dazu?«

»Nino, Stella Apicella und Diego Bocci. Die drei waren ein Dream-Team. Nino hatte die Erfahrung, Stella die Begeisterung, und Diego war der Ausführende, die Zuverlässigkeit in Person.«

»Wo waren Sie in der Nacht von Montag auf Dienstag?«, fragte Cirillo.

»Ich?« Tripodi schaute überrascht auf. »Hier, bei mir.«

»Die ganze Nacht?« Cirillo klopfte mit dem Kugelschreiber auf die Seiten ihres Notizbuchs. »Kann das jemand bezeugen?«

»Bezeugen?« Sein Telefon auf dem Tisch begann zu klingeln. »Meine Kinder haben natürlich geschlafen. Aber Sie können mir glauben –« Er schaute auf das Display. »Tut mir leid«, sagte er, »aber das ist wichtig. Wenn Sie mich einen Moment entschuldigen?« Er stand auf und rief, während er den Raum verließ: »Mein Bester, wie geht's Ihnen? Danke, dass Sie mich zurückrufen. Wie bitte? Nein, keine Ursache.«

Er zog die Tür hinter sich zu, ohne dass sie ins Schloss fiel, und seine Stimme entfernte sich. Das alles wirkte auf Cirillo, als käme der Anruf Tripodi gerade sehr gelegen.

Sie hörte draußen seine Stimme, erhob sich und trat ans Fenster. Claudio Tripodi stand wie ein Gutsherr vor dem Haus. Auf dem Feld, hinter dem Pavillon und der Hecke, kroch der Traktor entlang. Es roch nach frisch gemähtem Gras und Kuhdung. Zwischen den Feldern näherte sich ein Fahrzeug. Der SUV kam die Auffahrt herauf und stoppte neben dem Cabriolet.

Der Typ, der ausstieg, war wie sein Auto: groß, muskulös, breite Schultern, und seine Glatze glänzte wie lackiert. Er begrüßte Tripodi mit Handschlag und zeigte mit dem ausgestreckten Arm in der Gegend herum, als wäre er hier der Besitzer, der Tripodi seine Ländereien zeigt. Cirillo wusste nicht, was es war, aber sie hatte das Gefühl, dass hier irgendetwas nicht stimmte.

Sie trat zur Seite, damit der Mann sie nicht am Fenster entdeckte. Ihr Blick schweifte durch den hohen Raum und blieb an der Anrichte hängen, an der Karaffe und den Gläsern.

Das Päckchen daneben mit der Schleife war bei näherem Hinsehen mit einer gleichmäßigen Staubschicht überzogen. Es sah aus, als würde die Schachtel, so hübsch verpackt, hier schon seit einiger Zeit unangetastet herumliegen.

Bevor sie weiter darüber nachdachte, hatte sie das Geschenk schon in die Hand genommen. Die Schleife schimmerte teuer, und der Karton wog schwerer, als sie gedacht hätte. Als sie das Paket wieder zurücklegen wollte, bemerkte sie, dass ihre Finger auf der Staubschicht verräterische Abdrücke hinterlassen hatten.

Sie wollte die Spuren beseitigen und mit dem Ärmel über die Pappe wischen, als sie feststellte, dass Geschenkband und Schleife sich ohne Probleme herunterziehen ließen. Sie streifte das Band ab und hob den Deckel vom Karton.

Obenauf befanden sich mehrere Lagen Seidenpapier. Sie entfaltete es, und zum Vorschein kam eine Fliese, die mit einem Büffelkopf bemalt war – so gekonnt, dass man den Eindruck hatte, der Kopf würde aus der Fliese herausschauen. Drumherum, romantisch verspielt, rankten sich Blumen, und obendrüber stand in einem Bogen, in altertümlicher Schrift und tintenblauer Farbe: *Mozzarella-Spezialitäten*. Unter dem Büffelkopf waren zwei Namen geschrieben, deren Initialen künstlerisch miteinander vereint waren.

»Was tun Sie da?«, fragte hinter Cirillo eine Stimme.

Sie fuhr herum – und schaute in das Gesicht von Tomaso Giuliani. Er sah wütend und gleichzeitig erschrocken aus, roch nach Schweiß und rief: »Schnüffeln Sie in den Sachen vom Chef? Dazu haben Sie kein Recht!«

»Was hat Ihr Chef mit Stella Apicella zu tun?«, fragte Cirillo.

Verdutzt schaute er auf die Bemalung der Kachel, die verschnörkelte Schrift und die beiden Namen mit den ineinander verschlungenen Initialen: Claudio und Stella.

»Wurde hier schon die Zukunft geplant, die Zeit nach dem Ableben von Nino Castaldo?«, fragte Cirillo.

»Ich sehe diese Fliese zum ersten Mal«, erklärte Tomaso Giuliani, »und ich kann mir keinen Reim darauf machen.« Er hatte Schweißperlen auf der Stirn. »Bitte gehen Sie«, sagte er mit einem Flehen in den Augen. »Claudio hat ein paar Dinge zu erledigen. Wenn Sie noch Fragen haben, sagt er, sollen Sie nächste Woche wiederkommen und vorher einen Termin vereinbaren. Und ich habe jetzt Feierabend. Ich habe seit vier Uhr früh geschuftet, habe versucht, all Ihre Fragen korrekt zu beantworten, und weiß inzwischen schon nicht mehr, wo mir der Kopf steht.«

Cirillo nahm die Fliese aus dem Karton heraus und streifte das Seidenpapier ab, das raschelnd zu Boden fiel.

»Wo wollen Sie hin?«, rief Tomaso entsetzt. »Was machen Sie mit der Fliese? Haben Sie gehört?«

Sie hatte schon das Wohnzimmer durchquert, trat in den Flur und kurz darauf aus dem Haus – und blieb stehen. Auf dem Kies vor der Treppe standen der SUV und das Cabriolet von Claudio Tripodi, aber weit und breit war niemand zu sehen.

Sie wandte sich nach links, zum Zaun, wo die Büffel ihr neugierig die Hälse und Mäuler entgegenstreckten. Dahinter entdeckte sie das weiße Hemd von Claudio Tripodi und neben ihm die bullige Silhouette des Besuchers.

»Signor Tripodi!«, rief Cirillo, hob die Hand und winkte.

Statt zu antworten oder zu reagieren, verschwanden die Männer in einem niedrigen Gebäude mit einem Dach aus Wellblech.

»Signor Tripodi«, rief Cirillo noch einmal. Sie ging schneller, schob die Fliese unter ihre Jacke und tastete nach ihrer Pistole. »Bleiben Sie stehen!«

18

Der Hafenarbeiter löste das Schiffstau vom Poller und warf das Seil im hohen Bogen an Bord, wo es jemand auffing und über die Reling zog.

»Stopp!«, schrie Rizzi. Er rannte die Mole entlang.

»Immer auf den letzten Drücker«, empfing ihn der Hafenarbeiter grinsend. »Eine Minute später, Agente, und ich hätte den Dampfer nicht mehr für Sie anhalten können.«

Rizzi klopfte dem Mann auf die Schulter und eilte über die Gangway. Kaum war er an Bord, zog ein Mitarbeiter der Crew die Tür ran und verriegelte.

»Ich sage es gleich, Agente«, informierte der Steward und schob ein paar Gepäckstücke aus dem Fluchtweg. »Die Espressomaschine ist kaputt. Aber wie wäre es mit einem Bier?«

»Danke«, erwiderte Rizzi, nahm seine Mütze ab und wischte sich mit dem Ärmel über die Stirn. Es war Mittag, und ihm stand der Termin mit Ispettore Lombardi bevor. »Bin im Dienst.«

Der Steward nickte verständnisvoll und rief einer Blondine in knappen Shorts zu, die ungeschickt versuchte, ihre Basttasche im oberen Gepäckfach zu verstauen: »Kann ich Ihnen helfen?«

Die Motoren begannen zu dröhnen, und Rizzi ging zwischen den Sitzreihen hindurch Richtung Snackbar und Treppe. Das *aliscafo* entfernte sich vom Ufer, machte im Hafenbecken eine Drehung, und an den Fenstern zogen Ticketschalter, Souvenirshops und die Festung, das Castel dell'Ovo, vorbei. Touristen in Bermudas und bunten Kleidern, die die vorderen Sitzreihen und Fensterplätze besetzten, zückten ihre Smartphones und Kameras und fotografierten und filmten, während die Einheimischen und die Saisonkräfte sich anschickten, die Überfahrt in den hinteren Sitzreihen zu verdösen.

Rizzi, auf der Treppe zum Oberdeck, war mit seinen Gedanken bei Ispettore Lombardi. Er würde nicht lange drumherum reden können: Cirillo und er hatten ihre Kompetenzen überschritten und ihren Zuständigkeitsbereich massiv ausgedehnt, ohne dass jemand darum gebeten oder gar den Befehl dazu erteilt hatte. Sie hatten sich nicht an die Spielregeln gehalten, und Ispettore Lombardi würde darauf reagieren müssen.

Er öffnete die Tür zum Oberdeck, es roch nach Diesel und Meerwasser, der Fahrtwind zerrte an Rizzis Uniformjacke, und die Statue von San Gennaro, dem Schutzheiligen der Seefahrer, zog vorbei. Er hatte keine Bange vor irgendwelchen Konsequenzen, auch wenn ein Eintrag in der Personalakte sich irgendwann negativ auswirken könnte – sollte es, zum Beispiel, einmal darum gehen, ob er befördert werden und den Ispettore beerben sollte. Aber erstens wusste er gar nicht, ob er in die Fußstapfen des Ispettore treten wollte, und zweitens würde bis dahin sowieso noch so einiges passieren. Größere Sorgen bereitete ihm im Moment eher die berufliche Zukunft von Cirillo.

Die Wellen brachen sich am Bug, spritzten in die Höhe, und ein Film aus winzigen, feinen Tropfen legte sich über Rizzis Sonnenbrille. Er konnte es nicht anders sagen: Er bewunderte Cirillo insgeheim, dass sie sich dem Befehl des Ispettore widersetzte und sich nicht von den Ermittlungen abbringen ließ. Und gleichzeitig fragte er sich, ob das so schlau war. Sie war schließlich nach Capri strafversetzt worden, war gewissermaßen auf Bewährung, und schon der kleinste Regelverstoß konnte für sie persönlich und für ihre Karriere weitreichende Folgen haben.

Das Fischerboot mit Kurs auf Ischia wurde von den auslaufenden Bugwellen des *aliscafo* erfasst, geriet ins Trudeln, hüpfte auf und nieder, und Rizzi gestand sich ein, dass er sich für seine Kollegin mittlerweile ein wenig verantwortlich fühlte. Anfangs hatte er sie vor allem für eine sperrige, sehr einsame, manchmal ziemlich arrogante und verspannte Person gehalten. Doch inzwischen schätzte er sie, trotz all ihrer Defizite, vor allem auch als zuverlässige, scharfsinnige und vollkommen unerschrockene Kollegin.

Trotzdem war da immer noch das Geheimnis, das Cirillo wie eine dunkle Wolke umgab. Bis heute wusste niemand, was genau sie sich in der Vergangenheit eigentlich hatte zuschulden kommen lassen. Cirillo selbst hüllte sich hartnäckig in Schweigen, was die Gerüchteküche nur noch mehr anheizte. Savios Theorie war, dass Cirillo vielleicht ohne Not von ihrer Schusswaffe Gebrauch gemacht und jemanden umgelegt hatte und ihr das Schlimmste passiert war, was einem Polizisten passieren konnte: dass ihr in einer brenzligen Situation die Nerven durchgegangen waren und es deshalb Opfer zu beklagen gab. Tiziano Gatti hielt das für ausgemachten Blödsinn und glaubte dagegen, dass sie – klassisch-romantisch – mit jemandem geschlafen hatte, mit dem sie besser nicht hätte schlafen sollen, und dabei vielleicht über Dinge geplaudert hatte, über die sie besser nicht hätte plaudern sollen, und dass auf diese Weise sensible Informationen aus dem Polizeiapparat in falsche Hände geraten waren. Teresa glaubte weder das eine noch das andere, hatte aber auch keine dritte Theorie parat. Bei ihren diesbezüglichen Recherchen stieß sie immer wieder gegen unsichtbare Mauern – was wiederum die Fantasie der Kollegen umso stärker beflügelte.

Rizzi hielt sich aus dem Klatsch und Tratsch heraus und glaubte, dass Cirillos Stärke gleichzeitig ihre Schwäche war: dass sie zum Tunnelblick neigte und dann Gefahren, aber auch Grenzen und Abgründe nicht erkannte. Andererseits war sie erwachsen und eine erfahrene Polizistin. Sie sollte also wissen, was sie tat.

Im weißen Dunst begannen sich die Umrisse von Capri abzuzeichnen – eine Silhouette, die Rizzi so vertraut war, als wäre es ein Körperteil von ihm: der steil abfallende Tiberiofelsen, im Zentrum der Monte Solaro und die lange Ebene jenseits des Monte Cappello. Die Leute zückten ihre Smartphones und fotografierten, und Rizzi musste sich eine Strategie überlegen, wie er es anstellen sollte, nicht nur seinen eigenen, sondern auch Cirillos Arsch zu retten – und Strategien waren noch nie seine Stärke gewesen.

Bei der Einfahrt in den Hafen zog die dorische Säule vorbei, und während das Anlegemanöver begann, wurde scheppernd die Gangway herangerollt. Rizzi sah, wie die ersten Passagiere das *aliscafo* verließen, allen voran ein Typ mit einem sperrigen Paket unterm Arm. Der Mann hatte lange Haare, trug ein bunt besticktes Hemd und Pluderhose. War das Massimo Apicella, der Maler und Vater von Stella Apicella? Rizzi war sich nicht sicher. Er hatte Massimo Apicella lange nicht gesehen, bestimmt mehrere Jahre, und hatte ihn nicht so füllig in Erinnerung. Auch die Glatze am Hinterkopf, die von hier oben besonders gut zu erkennen war, erschien ihm neu oder wenigstens stärker ausgeprägt.

Unten an der Mole löste sich eine Person aus dem Pulk der Leute, die mit ihren Koffern ungeduldig darauf warteten, aufs Schiff zu kommen. Die Frau trug ein weißes Sommerkleid, flache Schuhe und einen Pferdeschwanz. Es war Stella Apicella.

Vielleicht überinterpretierte Rizzi die Szene, aber Stella kam ihm schüchtern vor, fast unterwürfig, wie sie sich ihrem Vater näherte, als wollte sie sich für etwas entschuldigen, das sie verbrochen hatte. Es war sehr seltsam, schließlich war sie doch diejenige, die nach allem, was passiert war, Trost und Zuwendung brauchte. Sie hatte gerade ihren Mann und Partner verloren und war völlig unerwartet Witwe geworden. Sie musste am Boden zerstört sein und wusste wahrscheinlich noch gar nicht, wie es in ihrem Leben weitergehen sollte.

Doch Massimo Apicella ging, statt seine Tochter zu umarmen oder sie auch nur zu bemerken, hochmütig an ihr vorbei, als würde er sie gar nicht kennen. Oder lag hier am Ende doch eine Verwechslung vor?

Nein. Stella Apicella folgte ihrem Vater wie ein Hündchen, wollte das Paket tragen, das er unter dem Arm hatte, bekam aber stattdessen seine Tasche, an der sie ganz schön zu schleppen hatte. Massimo Apicella war immer schon exzentrisch gewesen, auch früher, als er noch nicht berühmt war und man ihn in Marina Piccola am Strand traf, in bunten Badehosen, mit Korallenkette und langem Zopf. Damals hatten sie ihn bewundert und sich als Teenager aufgewertet gefühlt, wenn er mit ihnen redete, ihnen einen Joint anbot oder irgendeinen Quatsch mitmachte, und waren enttäuscht gewesen, wenn er sie beim nächsten Mal links liegen ließ. Vielleicht war ihm sein Erfolg zu Kopf gestiegen, und er fand es inzwischen normal, hofiert zu werden – nicht nur von seinen Galeristen, Sammlern und Bewunderern, sondern auch von seiner eigenen Familie. Dabei war er hier auf Capri doch zu Hause und musste niemandem etwas beweisen oder vormachen.

»Permesso«, sagte Rizzi, schob sich zwischen den aussteigenden Passagieren hindurch und beeilte sich, um Massimo Apicella und Stella vielleicht noch zu erwischen, kurz ein Wort mit ihnen zu reden und Massimo Apicella gegebenenfalls zur Vernehmung auf die Wache zu bestellen. Aber mit den Menschentrauben an den Fahrkartenschaltern, den an- und abfahrenden Taxis und der Schlange vor der *funicolare* war es hoffnungslos, den beiden auf den Fersen zu bleiben. Stella und Massimo Apicella waren wahrscheinlich längst hinter der Sperre in der *funicolare* verschwunden oder mit dem Bus oder dem Taxi weggefahren.

Ein Motorroller hupte und stoppte neben Rizzi. »Steig auf!« Es war Savio. Der Kollege drückte Rizzi den zweiten Helm in die Hand und sagte: »Beeil dich!«

»Stell dir vor«, sagte Rizzi, während er unter dem Kinn den Riemen schloss. »Massimo Apicella war die ganze Zeit mit mir auf dem Schiff, und ich habe es nicht bemerkt. Es wäre die perfekte Gelegenheit gewesen, mit ihm mal ein paar Takte zu reden. So ärgerlich.«

»Glaub mir«, sagte der Kollege. »Du hast im Moment ganz andere Sorgen.«

An der Rampe zum Polizeiposten bremste Savio, und Rizzi stieg ab. Während der Kollege die Vespa aufbockte, sah Rizzi zur Roxy Bar hinüber. Sein bester Freund Alberto, in der langen Schürze des Barista, war flankiert von Edoardo Caruso und Salvatore, dem Straßenkehrer, und stand vor der Bar. Alle drei starrten herüber und zogen besorgte Gesichter.

»Ragazzi«, rief Rizzi. »Was ist los mit euch? Alles in Ordnung?«

»Lass dich nicht einschüchtern«, rief Alberto und streckte die geballte Faust in die Höhe. »Denk dran, Erri: Dir kann keiner was!«

»Du bist der Beste!«, fügte Salvatore mit seiner krächzenden Stimme hinzu.

Rizzi wollte zu ihnen rübergehen, fragen, was los war, aber Savio drehte ihn mit sanfter Gewalt herum und schob ihn die Rampe hinunter. »Du solltest jetzt wirklich keine Zeit mehr verlieren«, sagte er, die Hand auf Rizzis Schulter, als fürchtete er, Rizzi würde abhauen. »Der Ispettore wartet, und seine Laune wird nicht besser, wenn du seine Geduld überstrapazierst.«

»Wo ist Cirillo?«, waren Teresas erste Worte. Ihre Armreife klirrten geschäftig, während sie aus der Karaffe ein Glas Zitronenwasser einschenkte und Rizzi die Erfrischung überreichte. Vorwurfsvoll schaute sie ihn über den Rand ihrer Brille an. »Ich hatte doch ausdrücklich gesagt: Er will euch alle beide sprechen.«

»Wir fanden es besser, dass sie die Ermittlungen in Paestum erst noch zu Ende führt«, erklärte Rizzi und trank das Glas in einem Zug aus. »Statt ergebnislos abzubrechen und Hals über Kopf zurückzukommen. Und dann womöglich festzustellen: So wichtig war es gar nicht.« Er gab Teresa das Glas zurück. »Worum geht es denn?«

Teresa erklärte mit gedämpfter Stimme: »Erst hat er stundenlang mit Neapel telefoniert, und jetzt verschanzt er sich da oben in seinem Büro. Schon seit fast zwei Stunden. Nicht mal einen Kaffee wollte er.«

Ispettore Luigi Lombardi saß an seinem Schreibtisch, die Hände flach auf dem Tisch, und starrte auf ein Blatt Papier, das vor ihm lag. Sein Schnauzbart war frisch gefärbt und so dunkel, dass er aussah wie angeklebt, während eine Lage seiner dünnen Haare, die normalerweise quer über die Schädeldecke gekämmt waren und eine Brücke von Ohr zu Ohr bildeten, zu einer Seite herunterklappte, wie es manchmal vorkam, wenn er im Zustand größerer Erregung eine unbedachte oder zu schnelle Kopfbewegung machte.

»Setzen Sie sich, Agente«, sagte Lombardi.

Rizzi gehorchte, nahm Platz und drehte unschlüssig seine Mütze in der Hand. Lombardi machte keine Anstalten, etwas zu sagen, sondern fuhr fort zu lesen oder so zu tun, als würde er lesen, während eine Fliege über seinem Kopf kreiste und sich schließlich völlig überraschend auf seinem Siegelring niederließ.

»Es gibt gute Neuigkeiten, Ispettore«, sagte Rizzi.

Als hätte Lombardi nur auf ein Wort von ihm gewartet, fuhr er mit der Hand einmal durch die Luft, wie ein Dirigent, der sein Orchester zum Schweigen bringt. »Ich lasse mich nicht für dumm verkaufen«, rief er. »Von niemandem. Haben Sie mich verstanden?«

»Jawohl, Ispettore!«, antwortete Rizzi – und fügte hinzu: »Das würde doch auch niemand wagen.«

»Was haben Sie sich eigentlich dabei gedacht?«, rief Lombardi. »Hinter meinem Rücken eigene Ermittlungen anzustellen. Ist Ihnen gar nicht klar, in was für eine Lage Sie mich bringen?«

»Lassen Sie mich die Sache erklären«, begann Rizzi.

»Nein!«, schrie Lombardi.

»Warum nicht?«, fragte Rizzi.

»Weil ich jetzt rede!« Lombardi schlug mit der Faust auf den Tisch. Vom Porzellandöschen sprang der Deckel hoch, und kleine weiße Pillen hüpften heraus, kullerten über die Schreibunterlage und blieben verstreut liegen.

Während Lombardi sie nach und nach wieder einsammelte und zurück ins Döschen tat, berichtete er, wie er am Morgen, in aller Frühe, einen Anruf von Commissario Serra erhalten hatte, der wissen wollte, wie es dazu kam, dass zwei Agenti aus Capri ihnen in Neapel Arbeitsaufträge erteilten. Ihm seien drei weibliche Vornamen durchgegeben worden, dazu die Adresse von einem Kellerraum und der Hinweis, dort würden sich gewaltbereite Tierschützerinnen versammeln, deren Identität und Alibi im Hinblick auf die Tatnacht überprüft werden müssten.

Ispettore Lombardi war vollkommen überrumpelt gewesen und hatte zugeben müssen, keine Ahnung zu haben, wovon die Rede war. Ihm war ja nicht einmal bekannt gewesen, dass seine Leute sich auf dem Festland aufhielten – woraus der Commissario in Neapel schloss, dass er, Ispettore Lombardi, seine Dienststelle nicht im Griff hatte und ihm wenige Jahre vor seiner Pensionierung alles zu entgleiten schien. Noch nie, schloss Lombardi mit bebender Stimme, habe er sich so gedemütigt gefühlt.

»Das Ganze ist ein Missverständnis«, erklärte Rizzi, »und ich entschuldige mich bei Ihnen in aller Form. Lassen Sie es mich bitte erklären, Ispettore. Die Sache ist folgende.«

Lombardi lehnte sich zurück, verschränkte die Hände wie zum Gebet und schloss halb die Augen, während Rizzi berichtete, was sie alles am Vortag erlebt hatten, von der Besichtigung der Käserei Castaldo bis zur Verfolgung der Tierschützerinnen – und dass sie jetzt einem gewissen Claudio Tripodi auf der Spur waren, der in Paestum eine Büffelfarm betrieb und im Fall Nino Castaldo eine Schlüsselfigur sein könnte.

»Und weiter?«, fragte Lombardi. »Was haben Sie herausgefunden? Welche Verdachtsmomente gibt es?«

»Verdachtsmomente«, wiederholte Rizzi und überlegte. »Ich würde sagen: jede Menge.«

»Dann schießen Sie mal los.«

Rizzi kratzte sich am Kopf. »Ispettore, ich bin ganz ehrlich. Es handelt sich um eine solche Fülle von Indizien, dass ich auf die Schnelle gar nicht weiß, wo ich anfangen soll.«

»Sie haben nichts Konkretes in der Hand«, unterbrach Lombardi, »und das wissen Sie.« Er hob die Hand. »Nein, ich will nichts hören. Nur noch eine Frage: Wo ist Agente Cirillo?«

»Auf dem Weg«, behauptete Rizzi und schaute auf seine Uhr: »Sie sollte eigentlich jeden Moment hier sein.« Er wünschte, sie würde jetzt, in diesem Augenblick, zur Tür hereinkommen, am besten gleich mit ein paar handfesten Ermittlungsergebnissen.

»Ich fasse zusammen.« Lombardi zählte an seinen Fingern ab. »Sie haben nichts herausgefunden. Es gibt keinen Fahndungserfolg zu vermelden noch sonst was, womit ich bei Commissario Serra Ihren Einsatz in Neapel rechtfertigen könnte. Und als ob das nicht schon genug wäre, stelle ich fest, dass Agente Cirillo nicht anwesend ist, sondern vermutlich ihre Ermittlungen fortsetzt, als hätte es von mir, ihrem Vorgesetzten, keinen Rückruf gegeben.«

»Wir dachten«, erklärte Rizzi, »dass unsere Vorgehensweise auch in Ihrem Sinne ist. Und ich bin fest davon überzeugt, dass Cirillo einige interessante Dinge herausgefunden hat, die vielleicht sogar den Durchbruch bringen.«

Lombardi schien gar nicht zuzuhören. Alle Farbe war aus seinem Gesicht gewichen, und seine Wangen hingen schlaff herunter. »Sie macht die gleichen Fehler wie früher. Sie lernt nicht dazu«, sagte er, als würde er zu sich selbst sprechen. »Ich kann das nicht durchgehen lassen.« Er seufzte. »Was Sie betrifft, Agente Rizzi, weiß ich: Sie sind ein hoffnungsloser Fall. Aber was Agente Cirillo angeht, dachte ich – nein, ich war sogar davon überzeugt –, sie hätte den Ernst ihrer Lage begriffen und würde vielleicht sogar einen disziplinierenden Einfluss auf Sie haben.«

»Ispettore, wir kriegen das hin«, erklärte Rizzi und rutschte beunruhigt auf seinem Stuhl hin und her. »Es wird sich alles wieder einrenken.«

»Nichts wird sich einrenken«, antwortete Lombardi düster. »Es tut mir leid, aber mir sind die Hände gebunden. Ich muss reagieren. Und glauben Sie mir, es macht mir keinen Spaß. Ich habe immer zu denen gezählt, die schützend ihre Hand über Agente Cirillo gehalten haben. Aber damit ist jetzt Schluss.«

»Was soll das heißen?«, fragte Rizzi alarmiert.

»Sie wird vom Dienst suspendiert und entlassen.«

»Nicht so eilig«, sagte Rizzi. »Es ist nicht so, wie es vielleicht aussieht.«

»Sondern?« Lombardi schaute Rizzi müde an.

Rizzi stand auf und ging zum Fenster. »Ich habe Agente Cirillo befohlen, in Paestum zu bleiben und die Ermittlungen fortzusetzen«, sagte er und drehte sich zu Lombardi herum. »Sie kennen mich, Ispettore. Ich kann sehr autoritär sein.«

»Das kann ich allerdings bestätigen«, sagte Lombardi – und verstummte, als würde er langsam die Tragweite von Rizzis Worten begreifen. »Heißt das: Sie geben Ihrer Kollegin Befehle? Und sie hat Ihnen nicht widersprochen?«

»Doch«, antwortete Rizzi. »Aber ich habe ihren Widerspruch nicht gelten lassen. Sie musste tun, was ich sage. Sie hatte keine Wahl.«

»Verstehe.« Lombardi nickte nachdenklich. »Sie haben sich als ihr Vorgesetzter aufgespielt.«

»So ist es.«

»Und vermutlich nicht zum ersten Mal.«

»Genau.«

Lombardi fixierte Rizzi mit zusammengekniffenen Augen. »Sie haben Ihre Kollegin in einer ohnehin sehr stressigen Situation massiv unter Druck gesetzt. Haben Ihre Autorität rücksichtslos ausgenutzt, die Ihnen durch die Dienstjahre hier am Polizeiposten ja fast automatisch zuwächst. Habe ich recht? Sie haben ihr keine Möglichkeit gegeben, sich Ihnen zu widersetzen.«

»Exakt.«

»Dann sieht die Sache tatsächlich anders aus.« Lombardi lehnte sich zurück. »Zwar ist es keine Entschuldigung für das Verhalten von Agente Cirillo, aber zumindest eine Erklärung.« Lombardis Blick ruhte auf Rizzi, ohne dass zu erkennen war, ob er Rizzi glaubte oder das Ganze für eine frei erfundene oder zumindest maßlos übertriebene Geschichte hielt. »Ich frage Sie noch einmal, Agente«, sagte er. »Sind Sie sicher, dass es stimmt, was Sie da erzählen?«

»Jawohl, Ispettore.« Rizzi nickte. »Ganz sicher.«

»Und Sie wissen, was das für Sie bedeutet? Sie sind nicht berechtigt, sich als ihr Vorgesetzter aufzuspielen. Was Sie getan haben, ist Amtsanmaßung, und ich wäre dann leider gezwungen, die Sache zu melden. Ich darf hier nichts unter den Teppich kehren, sondern muss zeigen, dass an dieser Dienststelle alles seine Ordnung hat.«

»Der Fehler liegt bei mir«, sagte Rizzi, »nicht bei Agente Cirillo, und ich trage die Konsequenzen.«

»Also gut.« Lombardi nickte grimmig, holte ein gelbes Blatt Papier aus der Schreibtischschublade, kritzelte etwas ins Formular, setzte wie ein römischer Kaiser seine Unterschrift darunter, drehte den Bogen zu Rizzi herum und legte ihm den Füller bereit. »Dann muss ich Sie bitten, mir Ihre Dienstwaffe auszuhändigen und zu unterschreiben«, sagte er. »Agente – Sie sind bis auf Weiteres beurlaubt.«

Rizzi schaute überrascht auf. Er zögerte, wollte etwas sagen und spürte, wie seine Handflächen feucht wurden.

Während er seine Pistole aus dem Halfter holte, auf den Tisch legte und seine Unterschrift leistete, drehte Lombardi den Kopf zur Seite, schaute auf die italienische Fahne an der Wand und sagte: »Und jetzt verschwinden Sie. Die Sache geht ihren Gang. Ich will Sie hier bis auf Weiteres nicht mehr sehen.«

19

Rizzi fuhr mit überhöhter Geschwindigkeit auf der Via Marina Grande, legte sich in die Kurve, hupte Fußgänger aus dem Weg und drehte auf der Via Marucella noch einmal richtig auf.

Es tat gut, den Fahrtwind auf dem erhitzten Gesicht zu spüren. Wie ein geprügelter Hund hatte er den Polizeiposten verlassen. Es kam ihm vor, als hätte er tatsächlich etwas Schlimmes verbrochen. Dabei hatte er Cirillo den Rücken freigehalten. Er hatte ihr sogar den Arsch gerettet.

Er raste über den Feldweg, dass die Steine nur so spritzten. Er beschleunigte noch mal, bevor er mit einer scharfen Rechtskurve durchs offene Tor fuhr und den Hang hinunter in die Gärten rollte.

Romeo sprang kläffend um ihn herum, als er den Roller neben der Ape seines Vaters zum Stehen brachte, den Motor ausstellte und seinen Helm abnahm. Amseln und Schwalben zwitscherten. Die Luft roch würzig nach Thymian und Meer.

Rizzi zog seine Uniformjacke aus und hängte sie im Vorbeigehen an den Walnussbaum. Er war auf unbestimmte Zeit beurlaubt, und niemand nahm Notiz davon. Francesca spielte mit ihrem besten Freund Stefano auf der Wiese hinterm Schuppen Fußball, und Vito stand auf der Leiter, war am Bohnenspalier mit Zange und Draht zugange und sagte, ohne aufzuschauen: »Heute Nacht soll es regnen.«

Rizzi zog die Axt hervor, die beim Feigenbaum unter der Bank lag, schaute in den Himmel, die federleichten Wolken – und sagte nichts. Er schulterte die Axt und ging hinüber zum Schuppen, neben dem die Baumstämme lagen, die Fichten, die er im März gefällt und mit der Motorsäge zurechtgeschnitten hatte. Er legte ein Stück Holz auf dem Baumstumpf zurecht, packte die Axt mit beiden Händen, hob sie über den Kopf und ließ das Beil senkrecht heruntersausen.

Er arbeitete präzise, spaltete Holzstück für Holzstück und musste dabei nicht nachdenken, nicht grübeln, ob es richtig gewesen war oder falsch, was er gemacht hatte, ob er Cirillo damit einen Gefallen tat und ihr behilflich war oder ob er vielleicht alles nur noch schlimmer gemacht und sich am Ende nur selbst ein Bein gestellt hatte.

Der Schweiß rann ihm an der Stirn, den Schläfen und am Rücken hinunter. Er zog sein Polizeihemd aus, warf es über die Bank und arbeitete weiter, spürte den Wind auf seiner Haut und einen Hauch von Freiheit, wirklicher Freiheit, wie es sie vielleicht nur hier, in seinen Gärten, gab, wo alles einen Sinn hatte und in Einklang mit der Natur und im Rhythmus der Jahreszeiten geschah. Hier hatte schon sein Großvater gepflanzt und gearbeitet und Holz gehackt, und eines Tages, so Gott wollte und Gina ihm einen Nachkommen schenkte, würde auch sein Sohn hier den Garten bestellen, Holz hacken und seine Spuren hinterlassen.

Er musste ewig lange so vor sich hin geschuftet haben, als er plötzlich realisierte, dass es Abend wurde. Die Sonne verschwand schon hinter dem Monte Cappello, während er die Scheite unter dem Vordach beim Pizzaofen stapelte und sich fragte, warum er überhaupt in diesen Konflikt hineingeraten war – oder anders ausgedrückt: worin der Konflikt eigentlich bestand. Wieso bündelten sie am Polizeiposten nicht einfach ihre Kräfte mit Neapel? Es ging schließlich darum, einen Täter zu finden, der nicht nur die Menschen auf Capri, sondern auch in Neapel in Angst und Schrecken versetzte. Wieso gingen sie nicht gemeinsam vor, sondern rangelten um Kompetenzen und Zuständigkeiten? Statt den Fall voranzutreiben und aufzuklären, pochten auf beiden Seiten die Vorgesetzten auf die Einhaltung von Regeln, die keinen Sinn ergaben. Immer ging es um die leidige Bürokratie, um persönliche Befindlichkeiten und die Macht einzelner Amtsinhaber und Würdenträger, die ihren verdammten Ehrgeiz und ihre Eitelkeit über die Sache stellten. Und deshalb, glaubte Rizzi, ging in diesem Fall, wie überhaupt im ganzen Land, nichts voran.

»Wir müssen die Wiese mähen«, rief Vito quer durch den Garten.

»Wie oft soll ich es noch sagen, Papà?«, antwortete Rizzi. »Das Gras soll wachsen. Die Bienen brauchen die Blumen.«

»Und was ist mit den Zucchini und Auberginen? Die brauchen Luft! Von allen Seiten werden sie von Unkraut bedrängt!«

»Unkraut«, murmelte Rizzi, während er sich an der Pumpe die Hände wusch. »Es gibt kein Unkraut.« Er spritzte sich Wasser ins Gesicht und nahm seine Uniformjacke vom Walnussbaum. »Francesca!«, rief er. »Komm. Ab nach Hause. Los, hopp!«

»Ich darf bei Stefano übernachten«, rief das Mädchen und kickte den Ball quer über den Kompost zu ihrem Freund, der sich vor den Brombeerbüschen zur Seite warf und nur knapp danebengriff.

»Irrtum«, antwortete Rizzi. »Heute ist Donnerstag.«

»Mamma hat es aber erlaubt«, beharrte Francesca mit erhitzten Wangen.

Rizzi schaute seinen Vater fragend an, während er sich die Polizeijacke über den nackten Oberkörper zog und das verschwitzte Hemd in die Tüte zum Salatkopf stopfte.

»Wenn Francesca sagt, dass sie bei Stefano übernachten darf, wird es schon stimmen«, meinte Vito, zündete sich einen Zigarillo an und erklärte, indem er den Rauch ausatmete, er wolle noch bleiben, das restliche Tageslicht ausnutzen und in den Gemüsebeeten die gefräßigen Schnecken absammeln, die anderweitig zu bekämpfen Rizzi ihm ja verboten hatte.

Er sog an seinem Zigarillo, musterte seinen Sohn dabei mit zusammengekniffenen Augen und fragte: »Hast du Ärger mit deiner Kollegin? Oder mit dem Ispettore?«

»Eine Mischung aus allem«, antwortete Rizzi – nicht zum ersten Mal verblüfft über die Intuition seines Vaters. »Lass uns nicht jetzt darüber reden«, sagte er und steckte den Schlüssel ins Zündschloss seiner Vespa.

»Lass die Kinder die Schnecken absammeln«, riet Rizzi, setzte seinen Helm auf und startete den Motor. »Die können sich ruhig mal nützlich machen. Und du schonst deinen Rücken.«

Auf der Heimfahrt versuchte er – das Telefon zwischen Helm und Wange geklemmt – Cirillo zu erreichen, um zu besprechen, was sie herausgefunden hatte und wie es nun weiterging, aber er erreichte sie nicht. Er fühlte sich von ihr im Stich gelassen, wollte nur noch nach Hause, duschen, sich an Ginas Schulter ausheulen darüber, dass er sich ohne Not in eine so vertrackte Situation gebracht hatte. Er fuhr die Strecke blind, fast im Schlaf, bog mit Schwung von der Gasse in den Hof, machte eine Vollbremsung und blieb mit laufendem Motor stehen.

Mitten in der Einfahrt, vor Ginas Motorroller, stand ein Kleinwagen, den Rizzi hier noch nie gesehen hatte. Er hupte aufs Geratewohl, bevor er sich in Millimeterarbeit daran vorbeischob und den Motor abstellte.

Mit dem Salatkopf unterm Arm, dem Hemd in der Tüte und offener Jacke stieg er die Außentreppe hinauf und schaute im ersten Stock durchs Küchenfenster seiner Eltern. Auf dem Tisch stand eine Schüssel, abgedeckt mit einem Tuch, und auf dem Stuhl der Wäschekorb.

»Mamma!«, rief er, aber seine Mutter war um diese Zeit wahrscheinlich bei Nicoletta Silvestri, der alten Nachbarin, um ihr frisches Gemüse zu bringen und mit ihr Telenovela zu gucken.

Vor seiner Wohnungstür im zweiten Stock zog er die Stiefel aus, stieß die Tür auf und rief: »Ich habe Salat mitgebracht!«

Keine Antwort. Die Küche war aufgeräumt, der Laptop zugeklappt. Frische Blumen standen in der Vase, und der Mixer lag in der Spüle. Gina hatte Sahne geschlagen. Ihre Stimme kam von der Terrasse: »Du verstehst hoffentlich, was ich meine.« Sie klang erregt. »Die Arschlöcher im Rathaus können uns sonst was erzählen. Wir können das nicht überprüfen, und Akteneinsicht gewähren sie uns natürlich auch nicht. Da wären sie ja auch schön blöd.«

Rizzi trat auf die Terrasse. Mit Gina saß eine fremde Frau am Tisch, die er im Halbdunkel und durch die Blätter des Oleanders nur von hinten sah.

»Du hast vollkommen recht«, ereiferte sich die unbekannte Person, während Rizzi näher kam. »Die stecken alle unter einer Decke und haben wahrscheinlich schon längst alles unter sich aufgeteilt.« Die Frau trug weiße Jeans, eine geblümte Bluse mit Puffärmeln und hatte kurz geschnittene, graue Haare.

»Buonasera, Signora Rubini«, sagte Rizzi überrascht.

Linda Rubini stand abrupt von ihrem Stuhl auf, und Rizzi kam es vor, als wäre sie plötzlich verlegen oder fühlte sich bei etwas ertappt.

»Ihr kennt euch?«, fragte Gina und lächelte erfreut.

»Kennen wäre zu viel gesagt«, erwiderte Linda Rubini. »Aber wir sind uns tatsächlich schon begegnet. Wann war das? Vorgestern?«

»Als Nino Castaldo gestorben ist, richtig«, bestätigte Rizzi. »Bei unseren Ermittlungen in der Via Castiglione.«

»Gibt es schon etwas Neues?«, erkundigte sich Linda Rubini. Als wäre der Tod von Nino Castaldo ein Thema, über das er hier plaudern würde. Irgendetwas an ihrem Verhalten brachte Rizzi auf die Palme. Vielleicht war es auch einfach nur die Selbstverständlichkeit, mit der sie sich hier auf seiner Terrasse aufhielt, oder dass sie so vertraut war mit Gina und sie in einer Angelegenheit aufstachelte, bei der es sich wohl wieder mal um die leidige Musikschule handelte.

Er ignorierte Ginas Blick, mit dem sie ihn ermahnen

wollte, und sagte nicht besonders freundlich: »Kommen Sie. Ich begleite Sie raus.« Am liebsten hätte er den Polizeigriff angewendet, streckte aber stattdessen nur den Arm aus, um ihr die Richtung anzuzeigen.

»Machen Sie sich keine Umstände«, wehrte Linda Rubini höflich ab. »Ich finde den Weg allein.«

»Warte, Linda«, schaltete sich Gina ein. »Enrico gibt dir noch ein Glas Pfirsiche mit. Keine Widerrede. Du hast selbst gesagt, wie köstlich sie sind, und im Keller sind genug.« Gina lächelte, und ihr Lächeln galt mindestens zur Hälfte Rizzi und bedeutete nichts anderes, als dass er sich zurückhalten solle. »Das machen wir gerne.«

Auf dem Weg die Außentreppe hinunter in den Hof ging Rizzi voran. »Ich habe Stella Apicella heute Mittag am Hafen gesehen«, berichtete er, »zusammen mit ihrem Vater, Massimo Apicella. Sie hat ihn anscheinend abgeholt.«

»Gut möglich«, erwiderte Linda Rubini knapp.

»Ich muss sagen: Dafür, dass Stella gerade ihren Mann verloren hat und ihr Vater frisch aus Rom kommt, fand ich ihre Begegnung reichlich unterkühlt.« Er nahm im Hof den Schlüssel vom Balken.

Linda Rubini sagte keinen Ton, und Rizzi fragte versöhnlich: »Woher kennen Sie Gina?«

»Wir unterrichten dieselben Kinder und singen zusammen im Chor.« Die Blinklichter von ihrem Wagen leuchteten auf, und Linda Rubini sagte, mit dem Autoschlüssel in der Hand: »Ich wusste, dass Gina mit einem Polizisten zusammen ist, aber ich hatte keine Ahnung, dass Sie es sind. Es war überhaupt kein Thema, und wir haben weder über Sie noch über den Fall gesprochen. Sind Sie jetzt beruhigt?«

»Schon gut«, sagte er und ging die Kellertreppe hinunter. »Kommen Sie. Hier lang. Und passen Sie auf Ihren Kopf auf.« Er schloss die Tür auf und schaltete das Licht ein.

Die Regale hatten sich über den Winter ziemlich gelichtet, aber noch gab es von fast allem etwas. »Die Pfirsiche stehen genau vor Ihnen«, sagte Rizzi. »Bedienen Sie sich. Und nehmen Sie auch von der Feigenmarmelade, weiter links.« Er holte eine leere Flasche vom Regal, setzte den Trichter auf den Flaschenhals und schraubte einen Weinkanister auf.

»Massimo ist speziell – als Mann und als Vater«, erklärte Linda Rubini und versuchte, im Licht der staubigen Glühbirne das Gekrakel auf den Etiketten zu entziffern.

»Was meinen Sie mit ›speziell‹?« Der Wein rann durch den Trichter in die Flasche hinein.

»Ganz einfach«, sagte Linda Rubini. »Massimo ist das Oberhaupt der Familie Apicella. Ein Patriarch. Zentrum des Universums. Seine Frau Adriana und Stella, seine Tochter, sind zwei von vielen Trabanten, die um ihn herumkreisen. Und obendrein ist er ja auch noch Künstler.«

»Sind Sie auch einer von diesen Trabanten?«, fragte Rizzi.

»Ist das ein Verhör?«, fragte sie.

»Nennen Sie es, wie Sie wollen.«

»Wissen Sie was? Ich möchte jetzt gehen. Und ich will von Ihnen auch keine Marmelade.«

»Jetzt seien Sie doch nicht so empfindlich.« Rizzi stellte den Kanister ab und schraubte ihn wieder zu. »Ich weiß, dass Sie etwas auf dem Herzen haben und mir etwas erzählen wollen.«

»Wie kommen Sie darauf?« Linda Rubini war schon auf der ersten Treppenstufe, als sie sich noch einmal umdrehte.

»Weil Sie sonst nicht mit mir in den Keller hinuntergekommen wären.« Rizzi drückte einen Korken auf die Weinflasche.

»Sie sind ganz schön von sich überzeugt«, stellte Linda Rubini fest. »Hat Ihnen das schon mal jemand gesagt?« Sie nahm widerwillig die Flasche, die er ihr überreichte.

»Warum sind Sie hier?«, fragte er.

»Wegen Gina und der Musikschule. Das habe ich doch schon gesagt.«

»Haben Sie nicht.«

»Was dachten Sie denn? Es geht um unser Konzept. Wir wollen aus der Musikschule eine Schule für Künste machen, wo Kinder zeichnen, malen, töpfern und musizieren können. Ginas Plan ist genial, die Möglichkeiten sind vorhanden, aber wie Sie wahrscheinlich wissen, geht am neuen Standort, auf der Baustelle an der Via Madre Serafina, seit Monaten nichts mehr voran.«

»Sie lenken ab«, sagte Rizzi. »Ich ermittle in einem Mordfall. Hier gehört alles auf den Tisch, und Sie kennen die Familie Apicella wie niemand sonst. Also sagen Sie mir jetzt, was bei den Apicellas los ist.«

Sie betrachtete die Flasche in ihrem Arm, die goldgelbe Farbe des Weißweins, und sagte: »Massimo Apicella ist ein Arschloch. Keiner sagt es laut. Aber es ist die Wahrheit.«

»Und was heißt das?«

Linda Rubini seufzte und stellte die Flasche auf der Treppe ab. »Es ist mir heute wirklich peinlich, aber ich muss gestehen: Ich habe Massimo einmal geliebt. Nein, halten Sie bitte Ihre Klappe. Ich weiß selbst nicht, warum.« Sie starrte an Rizzi vorbei auf die Spinnweben, die in grauen Fäden von der gewölbten Decke hingen. »Manchmal gehe ich morgens in aller Frühe zum Meer, nach Marina Piccola, weil ich weiß, dass er dort badet. Können Sie sich das vorstellen? Nur um zu sehen, wie er dort prustet und schnauft wie ein Walross. Und dann denke ich: Gut, dass es vorbei ist. Es ist ewig her, es ging auch nicht lange, und trotzdem war die Zeit mit ihm für mich ein Einschnitt. Es gibt ein Davor und ein Danach. Ich weiß, es klingt bescheuert. Und das ist es ja auch.«

»Reden Sie mit ihm?«

»Nein.«

»Weiß er, dass Sie da sind und ihn beobachten?«

»Ich denke schon. Und wahrscheinlich genießt er es sogar. Oder es ist ihm egal. Keine Ahnung. Es spielt auch gar keine Rolle mehr. Verstehen Sie?« Sie lachte auf. »Nein, ich sehe, Sie verstehen gar nichts«, spottete sie. »Aber machen Sie sich nichts daraus. Für Ihre Ermittlungen ist es nicht von Belang, glauben Sie mir. Wissen Sie was? Vergessen Sie es einfach.«

»Weiß Adriana von Ihrer Beziehung zu ihrem Mann?«

»Jetzt geht das los. Ich hätte es wissen müssen.« Sie hob die Flasche vom Boden auf, und Rizzi dachte, sie würde jetzt gehen. »Also gut«, sagte sie. »Für Sie zur Einordnung: Ich war damals nicht mehr so jung, wie Sie vielleicht denken. Ich war ungefähr so alt wie Massimo heute. Eine reife Schönheit, könnte man sagen, und er wollte mich malen. Ich fühlte mich geschmeichelt, kam in sein Atelier wie all die jungen Dinger, die ihn bis heute dort aufsuchen. Nur war ich natürlich nicht so naiv wie die. Ich wusste, was ich tat, und ich habe mit Adriana nie darüber gesprochen. Sie erträgt es irgendwie, weil sie sich entschieden hat, alles in ihrer Ehe mit Massimo zu ertragen. Sie schaut darüber hinweg, dass Massimo, um es mal klar zu sagen, ein alter Lüstling ist und wahrscheinlich alles bumst, was in sein Atelier kommt und nicht bei drei auf den Bäumen ist. Entschuldigung, es klingt ordinär, und das ist es auch.«

»Was für ein Verhältnis hatte Massimo zu seinem Schwiegersohn Nino Castaldo?«, fragte Rizzi.

»Die beiden haben sich gehasst.«

»Warum?«, fragte Rizzi, überrascht von der Deutlichkeit ihrer Worte.

»Warum, warum«, wiederholte Linda Rubini. »Keine Ahnung. Sie sind der Polizist. Wahrscheinlich waren Massimo und Nino sich ähnlicher, als man denkt: zwei Egomanen, zwei besitzergreifende Männer. Stella sollte, wie überhaupt alle Frauen, nur für sie allein da sein. Solche Männer nehmen sich jede Freiheit, aber wenn jemand ihr Universum stört, können sie gnadenlos sein.«

»Was heißt das?«

»Mein Gott«, murmelte Linda Rubini und lockerte ihr Halstuch. »Muss ich Ihnen denn alles erklären? Ich rede mich hier gerade um Kopf und Kragen. Massimo hat Nino nicht umgebracht, er hat ihn ignoriert. Nino hätte sein Vater sein können, und ich glaube, das hat Massimo sogar Respekt eingeflößt.«

»Gab es Streit zwischen Massimo und Nino?«

Sie hob die Schultern. »Die beiden haben praktisch nicht miteinander geredet, und seit die Sache mit dem Deckengemälde passiert ist, herrschte komplette Funkstille. Der frühe Apicella – verschwunden unter weißer Dispersionsfarbe. Ist das nicht komisch?« Linda Rubini seufzte, und dieses Seufzen klang geradezu glücklich. »Irgendwie habe ich es Massimo gegönnt«, sagte sie. »Dass mit Nino endlich mal jemand gekommen ist, der vor dem Künstler nicht automatisch in den Staub fällt oder vor Ehrfurcht erstarrt, sondern einfach das großartige Kunstwerk überpinselt, weil es ihm nicht gefällt.«

»Hallo?«, rief Gina die Kellertreppe hinunter und klapperte mit der Klinke. »Alles in Ordnung bei euch?«

»Alles in Ordnung«, antwortete Rizzi und nahm ein Glas mit eingelegten Pfirsichen aus dem Regal. »Letzte Frage«, sagte er zu Linda Rubini. »Am Dienstagabend, an Massimos Geburtstag, als alle zusammen waren – ist Ihnen da irgendetwas aufgefallen? Irgendeine Veränderung oder eine Besonderheit?«

»Es hört sich vielleicht seltsam an«, erklärte Linda Rubini. »Aber Nino schien zum ersten Mal, jedenfalls in dieser Runde, mit sich im Reinen zu sein. Als ob er mit etwas abgeschlossen hätte. Verstehen Sie, was ich meine?«

»Ehrlich gesagt: nein.«

Linda Rubini zwinkerte, als würde sie ein Bild, das sie vor Augen hatte, vertreiben. »Wie soll ich es Ihnen bloß erklären?«, fragte sie. »Nino war Massimo zum ersten Mal zugewandt, nicht mehr so spöttisch und nicht immer in Opposition. Und Massimo, war mein Eindruck, hat den Ball aufgenommen. Doch, ich finde, das kann man so sagen. Sodass ich noch dachte: Schau an. So langsam schmilzt das Eis zwischen den beiden Gockeln.«

Rizzi löschte das Licht, schloss die Kellertür und folgte Linda Rubini die Treppe hinauf. Oben angekommen, legte er den Schlüssel zurück auf den Balken.

Linda Rubini war mit der Weinflasche und dem Pfirsichglas in ihr Auto gestiegen. Sie startete den Motor und ließ ihr Seitenfenster herunter.

»Ich weiß nicht, ob es wichtig ist«, sagte sie, während Rizzi herantrat und eine Hand aufs Autodach legte. »Am Dienstag, am frühen Morgen, nach der Party, bin ich nicht nach Hause gegangen, sondern nach Marina Piccola.« Sie senkte ihre Stimme und redete schnell, als hätte sie Angst, jemand könnte hören, wie sie geheime oder intime Informationen preisgab. »Massimo hatte das Haus kurz zuvor verlassen. Ich war mir sicher, dass er nach Marina Piccola zum Schwimmen geht. Um das *aliscafo* zu nehmen und nach Rom aufzubrechen, war es viel zu früh. Er geht manchmal auch nachts schwimmen. Und es war so eine herrliche Mondnacht.«

»Was ist passiert?«, fragte Rizzi. »Haben Sie Massimo beim Schwimmen angetroffen?«

Linda Rubini schaute starr geradeaus. »Nein«, antwortete sie tonlos. »Massimo war nicht dort. Da war niemand.«

20

Mit klopfendem Herzen war Cirillo auf der anderen Seite des Gatters angelangt und stand vor dem Gebäude mit dem provisorischen Dach, in dem Claudio Tripodi und der Muskelprotz aus dem SUV vor ein paar Minuten verschwunden waren. Auch wenn Rizzi ihr oft auf die Nerven ging – Cirillo hätte nichts dagegen gehabt, wenn er jetzt, in diesem Moment, mit seiner bescheuerten Sonnenbrille an ihrer Seite gewesen wäre. Sie hätte sich mit ihm vermutlich über das weitere Vorgehen gestritten, sich wahnsinnig über seine Inkompetenz aufgeregt, sich insgesamt aber sicherer gefühlt.

Wenn er jetzt wenigstens an sein Telefon gehen würde! Höchstwahrscheinlich war er nach seinem Plausch mit dem Ispettore gleich in seinen Gärten verschwunden und hatte alles andere vergessen. Obst und Gemüse gingen im Zweifel vor. Willkommen auf Capri. Und deshalb musste sie in Paestum die Sache jetzt alleine durchziehen.

Das Haus war niedrig, die Mauer unverputzt und das rostige Wellblech mit Steinen beschwert. Claudio Tripodi war mit dem Muskelmann vor wenigen Minuten hinter der schwarzen Holztür verschwunden, ohne auf ihr Rufen und Winken zu reagieren. Sie zog ihre Pistole, entsicherte sie und stieß, ohne weiter zu zögern, die Tür auf.

Was von außen so baufällig aussah, war innen eine Halle mit gekacheltem Fußboden und gefliesten Wänden. Unter der Decke verliefen Rohre und Leitungen. Behälter aus Edelstahl standen an einer Rampe, und dahinter waren einzelne Bereiche von einem Geländer eingefasst, wie Parkplätze nebeneinander. Es handelte sich wohl um die Melkstation. Aber zu sehen war hier niemand, weder Tiere noch Menschen.

Mit all den Schläuchen, Kabeln, Schaltern, Sicherungs- und Verteilerkästen hatte der Ort etwas von einer verlassenen Fabrik und gleichzeitig etwas Steriles – wie überall, wo mit Lebensmitteln gearbeitet wurde. Es gab keine Fenster, nur hoch oben unter dem Dach schmale Öffnungen, vergitterte Schlitze ohne Scheiben, sodass die Luft zirkulieren konnte. Und trotzdem (oder gerade deswegen) roch es hier drinnen nach Kuhmist – und noch nach etwas anderem. Es war nur eine Nuance, und es dauerte ein paar Sekunden, bis Cirillo wusste, was es war: Zigarre.

»Signor Tripodi?«, rief sie – und lauschte.

Ein elektronisches Summen war zu hören – und eine Stimme. Nein, zwei. Es war kein Flüstern, sondern ein Gespräch. Die Unterhaltung in unterdrückter Lautstärke fand irgendwo in der Nähe statt.

Cirillo steckte ihre Waffe ein, ging langsam unter den Fensterschlitzen an der Wand entlang eine Rampe hinauf und versuchte zu verstehen, worüber auf der anderen Seite der Mauer gesprochen wurde. Zwei Stimmen konnte sie unterscheiden: Die eine gehörte Claudio Tripodi, und die andere war wohl die seines Besuchers.

Sie verstand »Kostenpunkt«, »Klartext« und »Vorkasse«,

ohne dass die Wörter einen Sinnzusammenhang ergaben, bis der SUV-Fahrer plötzlich ungeduldig, in überraschend klaren Worten erklärte: »Komm endlich zu einer Entscheidung. Auf die Polizei kannst du dich in deiner Situation nicht verlassen. Ich schlage vor –«

In diesem Moment war ein Quietschen zu hören, ein lang gezogener, schwer zu ertragender Ton, während ein Luftzug durch die Halle fegte. Die Tür, durch die Cirillo gekommen war, schlug mit einem lauten Knall zu.

Es rasselte und knirschte, der Boden vibrierte, und unweit von Cirillo, an der Stirnwand, öffnete sich mechanisch ein Tor. Sonnenstrahlen fielen herein, ein heller Streifen, der sich über den Boden legte und immer breiter wurde. Jetzt erst fiel Cirillo auf, dass sie beim Lauschen den Stimmen gefolgt und in einen Vorraum der Melkhalle geraten war.

Im Gegenlicht zeichneten sich die dunklen Silhouetten von Büffeln ab, massige Körper mit großen Köpfen und Hörnern, die sich auf und ab bewegten. Schnaubend trat die erste Büffelkuh ein, wie die Anführerin der Herde, und hinter ihr drängten ihre Artgenossen herein.

Cirillo stand stocksteif und starr vor Angst da. Der starke Geruch der Tiere stieg ihr in die Nase, und sie fühlte sich in die Enge gedrängt. Würden die Büffel sie mit ihren spitzen Hörnern angreifen? Oder sie an die Wand drücken? Sie wollte um Hilfe rufen, aber sie brachte keinen Ton heraus. Es hätte sie wohl sowieso niemand gehört. Denn plötzlich ertönte klassische Musik in voller Lautstärke, von allen Seiten.

Die Büffelkuh blieb mit einem Abstand von etwa eineinhalb Metern vor Cirillo stehen und wandte, als würde die

Musik es ihr vorschreiben, den Kopf zur Seite, wo es über die Rampe zum Melkplatz ging, und drehte ab. Schon kam der nächste Büffel, hielt auf Cirillo zu, dampfend und sabbernd, wandte sich dann jedoch ebenfalls ab, um wie sein Vorgänger zur Melkstation weiterzugehen. Büffel für Büffel drängte in den Raum, und der Platz wurde immer knapper. Die Musik hallte von den gekachelten Wänden wider. Um Cirillo herum waren nur noch schwere Leiber, riesige Köpfe, geschwungene Hörner und eine immense Kraft und Energie, die mit Händen zu greifen war. Immer mehr Büffel mit prallvollen Eutern schoben sich an ihr vorbei, schauten sie an, schnaubten ungeduldig und warteten darauf, gemolken zu werden.

Cirillo presste sich an die Wand. Der Geruch der Tiere war überall. Halbschritt für Halbschritt, mit dem Rücken zur Wand, bewegte sie sich zum Tor, das gerade so weit offen stand, dass ein Büffel einzeln hindurchkam. Vielleicht schaffte sie es ja, im richtigen Moment zwischen zwei Büffeln nach draußen zu schlüpfen.

Sie folgte ihrer Intuition, löste sich von der Wand und stellte sich so hin, dass die Büffelkuh im Durchgang sie gut sehen konnte und ihre Anwesenheit zur Kenntnis nehmen musste, ohne deshalb in Panik zu geraten oder sich angegriffen zu fühlen – wenn Cirillo nur Ruhe ausstrahlte, was ihr allerdings schwerfiel.

Die Büffelkuh, die ihr entgegenkam, schien von ihrem Anblick irritiert, aber nicht verängstigt zu sein. Cirillo nahm ihren ganzen Mut zusammen, streckte ihre Hand aus und spürte im nächsten Moment die nasse, warme Zunge, etwas zwischen Reibeisen und großem Waschlappen, streichelte dem Tier über den Kopf, den Pony und den weißen Fleck, der darunter zum Vorschein kam. Sie nutzte den Moment und drückte sich an dem mächtigen Leib vorbei, durch das Tor nach draußen.

Dort kam sie nicht weiter und prallte zurück: Die Büffel standen dicht gedrängt und eng beieinander und in viel größerer Zahl, als sie erwartet hatte. Eine Welle der Nervosität ging durch die Herde. Die Tiere warfen unruhig den Kopf hoch, tänzelten, gaben tiefe, kehlige Laute von sich, während zwei Büffel, die ihr am nächsten standen, ihre Hörner senkten.

Wie erstarrt stand Cirillo da. Sie konnte nicht einmal mehr schlucken.

»Sind Sie wahnsinnig geworden?«, fragte eine Stimme hinter Cirillo, offensichtlich um einen ruhigen Tonfall bemüht.

Sie sah das weiße Hemd und einen Arm, der sich von hinten um sie legte, sie umfasste und langsam zurückzog, von der Herde weg.

»Alles in Ordnung, meine Hübschen«, sagte Claudio Tripodi, während die Büffel unruhig schnaubten und mit den Hufen scharrten. Tripodi breitete die Arme aus und gab Cirillo Raum, sodass sie in seinem Schutz zum Zaun gehen und über das Gatter klettern konnte.

»Danke«, sagte sie, als Tripodi zu ihr kam. Er trug Gummistiefel, seine Haare waren verschwitzt und klebten ihm an der Stirn, während die Büffel wieder hintereinander, in ihrem Rhythmus und ihrer Rangordnung, in die Melkhalle vorrückten.

»Sind Sie von allen guten Geistern verlassen?« Seine

Miene war eisig. »Was tun Sie hier überhaupt? Warum schleichen Sie in der Melkhalle herum?«

»Ich habe ein paar Fragen«, stammelte Cirillo, während einerseits Angst und Anspannung von ihr abfielen, sie sich aber andererseits für das Gespräch mit Tripodi wappnen musste, der sich nun womöglich von ihr in die Ecke gedrängt fühlen würde. Die wütend geschwollene Ader an seinem Hals verhieß nichts Gutes. Auch wenn er ihr womöglich eben noch das Leben gerettet hatte und seine kräftigen Hände und die eisblauen Augen aus dem Mann noch längst keinen Mörder machten, traute sie ihm zu, Nino Castaldo ertränkt und ermordet zu haben.

Er schlug mit der Faust in seine flache Hand und sagte: »Ich will mir gar nicht ausmalen, was los wäre, wenn Ihnen ausgerechnet hier bei mir etwas zugestoßen wäre.« Vielleicht wurde ihm eine gewisse Doppeldeutigkeit seiner Worte bewusst. Jedenfalls schob er seine Hände tief in die Hosentaschen, setzte, fast entschuldigend, ein jungenhaftes Grinsen auf und sagte: »Eine Büffelfarm ist nun mal kein Streichelzoo.«

»Ich habe Ihr Gespräch hinter der Melkhalle mitgehört«, sagte Cirillo. »Warum können Sie sich nicht auf die Polizei verlassen?«

»Wie bitte?«

»Erklären Sie es mir. Und wo ist der Mann, der Typ mit dem SUV, der Sie besucht hat?«

»Jetzt mal langsam.« Tripodi hob die Hand. »Wenn Sie Signor Volta meinen: Er ist von der Sicherheitsfirma, die ich wohl oder übel beauftragen muss. Weil ich Schutz brauche, den Sie mir von der Polizei nicht geben können.«

»Ich verstehe nicht, wovon Sie sprechen.« Cirillo bemerkte, dass sie mit einem Fuß in der Kuhscheiße stand. »Warum sollten Sie Schutz beantragen?« Sie machte einen Schritt zur Seite.

»Sie haben es vielleicht noch nicht mitbekommen«, antwortete Tripodi, »aber bei uns in der Gegend werden Büffel gestohlen – nachts und inzwischen sogar am helllichten Tag. Ich bin bisher verschont geblieben, aber es ist nur eine Frage der Zeit, bis es auch mich trifft. Es geht reihum. Die Tiere werden in Anhänger verladen und einfach von der Weide abtransportiert. Wissen Sie, wie viel eine Büffelkuh wert ist?«

Cirillo schüttelte den Kopf. »Keine Ahnung.«

»Ein Vermögen. Und was tun Ihre Kollegen?« Wieder schwoll die Ader an seinem Hals an. »Nehmen brav Anzeige auf und verschwinden wieder. Auf Wiedersehen, alles Gute, bis zum nächsten Mal.« Er wandte sich ab und betrachtete grimmig seine Herde. »Ich will nicht abwarten und tatenlos zusehen. Deshalb habe ich zwei Möglichkeiten. Entweder lasse ich das gesamte Gelände von Videokameras überwachen, oder ich stelle rund um die Uhr einen Sicherheitsdienst an. Haben Sie eine Vorstellung, was das kostet?« Er rang verzweifelt die Hände. »Ich sage Ihnen jetzt etwas.« Seine blauen Augen wirkten plötzlich gerötet. »Auch wenn es mir das Genick bricht und ich am Ende alles verkaufen muss – ich lass mich von denen nicht kleinkriegen.«

»Ich muss Sie etwas fragen.« Cirillo knöpfte ihre Jacke auf und holte die Kachel mit den Initialen hervor. »Was hat das zu bedeuten?«

Claudio Tripodi starrte auf den Gegenstand, und die Gedanken in seinem Kopf schienen sich zu überschlagen. »Verstehe«, murmelte er. »Sie haben die Zeit genutzt und sich nicht nur in der Melkhalle umgeschaut. Alle Achtung.«

»Antworten Sie auf meine Frage.«

»Was gibt es da zu antworten?« Er schaute sie herausfordernd an. »Sie sehen es doch. Es steht da ganz deutlich: *Claudio und Stella.*« Er zuckte die Achseln. »Aber das Ganze war ein Missverständnis. Es ist anders gekommen. Zufrieden?«

»Und weiter?«

»Nichts.« Er trat nervös einen Schritt zurück. »Ich weiß, was Sie jetzt denken. Der eifersüchtige, verschmähte Geliebte. Aber das ist alles lange her. Es war eine Affäre, kurz und schmerzvoll. Ich dachte, es könnte der Beginn einer Beziehung und einer gemeinsamen Zukunft sein. Ich habe mich getäuscht. Ich wusste nicht, dass sie in Wahrheit auf alte Männer steht und einen Vaterkomplex hat. Aber ich bin darüber hinweg.«

»Wie lange liegt Ihre Affäre zurück?«

Er legte den Kopf in den Nacken. »Eineinhalb Jahre«, sagte er. »Mindestens.«

»Sie haben kein Alibi für die Tatnacht«, stellte Cirillo fest, »jedenfalls keines, das hieb- und stichfest ist. Es sei denn, Ihnen fällt noch jemand ein, der bezeugen kann, dass Sie in der fraglichen Zeit zu Hause waren und sich nicht wegbewegt haben.«

»Sie glauben doch nicht ernsthaft, dass ich Nino umgebracht habe?« Ungläubigkeit und Spott standen Tripodi ins Gesicht geschrieben. »Das ist lächerlich.«

»Lächerlich?«, fragte Cirillo.

»Ich habe zwei Töchter, für die ich da sein will und die ich über alles liebe. Warum sollte ich das aufs Spiel setzen? Das würde ich niemals tun.«

»Wusste Nino von Ihrer Affäre?«

»Selbst wenn – wen interessierte das noch?« Tripodi hatte Tränen in den Augen. »Es war vorbei, ein Strohfeuer, ein Irrtum. Stella, Nino und ich – wir waren ein Team. Wir waren Freunde. Fragen Sie die Leute. Es wird Ihnen jeder bestätigen.«

»Wann haben Sie Nino Castaldo zuletzt gesehen?«

»Einmal im Monat haben wir einen Videocall gemacht und alles besprochen, was so anlag.« Er überlegte. »Das letzte Mal, schätze ich – vor sechs Wochen?«

»Und Stella?«

»Sie war vergangene Woche persönlich hier. Hatte in Neapel zu tun und hat bei der Gelegenheit mal vorbeigeschaut. Aber Sie können mir glauben: Weniger wegen mir als wegen der Büffel. Sie liebt die Tiere.«

»War Nino dabei?«

»Nein.«

»Hat Stella Ihnen erzählt, dass sie und Nino ein Kind erwarten?«

Er schaute sie überrascht an. »Nein.«

Cirillo fuhr mit dem Ärmel über den Büffelkopf und sagte, während sie Tripodi die Kachel überreichte: »Warum bewahren Sie dieses Relikt immer noch auf, wenn es mit Ihnen und Stella abgeblich längst vorbei ist?«

Er nahm die Kachel und drehte sie in den Händen, als wisse er nicht, was er damit tun sollte. »Ob Sie es glauben oder nicht«, sagte er. »Ich hatte das verdammte Ding überhaupt nicht mehr auf dem Schirm. Ich hatte es einfach vergessen. Aber wissen Sie was?« Er presste die Lippen zusammen und warf die Kachel plötzlich mit aller Kraft auf den Boden, wo sie, in mehrere Teile zerbrochen, liegen blieb.

»Das hätte ich längst tun sollen«, sagte er. »Sind Sie jetzt zufrieden? Kann ich gehen?«

Cirillo betrachtete die Scherben, die Namen von Claudio und Stella entzweigebrochen, die Initialen jedoch noch immer ineinander verhakt. »Ich möchte Sie bitten, morgen nach Capri auf die Wache zu kommen«, sagte sie.

»Muss das sein?«

»Ja«, antwortete Cirillo. »Mein Kollege und ich nehmen dann Ihre Aussage zu Protokoll.«

»Und ich habe keine andere Wahl?«

»Richtig.«

Ohne ein Wort und ohne sich zu verabschieden, drehte Claudio Tripodi sich um und ging zum Haus. Auf der Treppe kamen ihm zwei Mädchen entgegengesprungen und berichteten aufgeregt, sie hätten am Strand einen alten Mann gesehen, der ihnen gezeigt hätte, wie man mit dem Eimer Fische fängt.

»Morgen Vormittag, neun Uhr, Signor Tripodi«, rief Cirillo. »Haben Sie gehört?«

Er strich seinen Kindern über den Kopf. »Keine Sorge«, sagte er und schob die beiden Mädchen ins Haus. »Ich werde da sein.« Dann verschwand er, ohne die Tür hinter sich zuzumachen.

Cirillo holte auf dem Weg zum Bahnhof ihr Telefon hervor. Rizzi hatte tatsächlich versucht, sie anzurufen.

Sie drückte auf den Rückrufbutton und sagte, als er sich am anderen Ende meldete: »Na endlich! Ich dachte schon, es sei etwas passiert. Pass auf. Folgendes: Ich habe für morgen Claudio Tripodi einbestellt. Wir müssen den Mann in die Zange nehmen. Er hat uns was zu erzählen.«

»Hallo?«, fragte sie in den Hörer. »Kollege, bist du noch dran?«

Nach einer kurzen Pause erzählte Rizzi in dürren Worten, was passiert war: dass Ispettore Lombardi ihn von seinen Aufgaben am Polizeiposten entbunden und bis auf Weiteres beurlaubt hatte. Weil er die alleinige Verantwortung für ihre gemeinsamen, eigenmächtig durchgeführten Ermittlungen in Neapel und Paestum übernommen hatte, um Cirillo aus der Schusslinie zu bringen und vor möglichen Schwierigkeiten zu bewahren. Darum hätte er nun ein Problem.

Cirillo schwieg. Sie schaute zur Tempelanlage hinüber, wo die antiken Säulen in den Himmel ragten und die alten Steine im Licht der Sonne von innen zu leuchten schienen. Es war ein schönes, ein erhabenes Bild, ohne einen Bezug zur Wirklichkeit.

Dann erklärte sie kühl: »Ich habe dich nicht gebeten, mich zu decken. Ich kann meine Entscheidungen sehr gut selbst rechtfertigen und dafür geradestehen. Bitte merk dir das.«

21

Rizzi war nach dem Telefonat wie vor den Kopf gestoßen. Von Cirillo kein Wort des Dankes, des Bedauerns für seine Situation oder irgendeine sonstige Form von Mitgefühl. Ihm hatten Worte auf der Zunge gelegen, von denen er wusste, dass sie die Sache nur noch schlimmer gemacht hätten. Bevor er sich vergaß und sie ihm doch noch rausrutschten, hatte er lieber aufgelegt.

Das Gespräch lag inzwischen mehrere Stunden zurück. Seitdem herrschte Funkstille.

Wenn Rizzi glaubte, dass wenigstens Gina Verständnis für seine beschissene Lage hatte und ihn trösten oder ihm gar den Rücken stärken würde, hatte er sich getäuscht.

»Das renkt sich schon wieder ein«, murmelte sie bloß, während sie am Computer saß und sich um ihr Herzensprojekt, die Musikschule, kümmerte. Die Haare zum Pinsel hochgebunden (ihrem »Arbeitspinsel«, wie sie es nannte), Brille auf der Nase, schrieb sie schon den ganzen Abend E-Mails, verschwor sich anscheinend mit ihren Mitstreiterinnen und war kaum ansprechbar.

Sie hatte natürlich recht: Bereits seit mehr als einem Jahr litt die Musikschule unter den Umbauarbeiten, die viel zu schleppend und inzwischen gar nicht mehr vorangingen. Gina hatte sich vorgenommen, jetzt endlich aus der Defensive zu kommen und den Verantwortlichen, wie sie sagte, auf die Füße zu treten, und zwar kräftig. Die Zuständigen in der Gemeinde, allen voran der Bürgermeister Alessio Forcella, behandelten die Sache mit der Musikschule ja tatsächlich ziemlich stiefmütterlich. Aber zu behaupten, man würde den Umbau und Umzug an den neuen Standort, die Via Madre Serafina, sabotieren und sich das Geld, das dafür zur Verfügung stand, in die eigenen Taschen stopfen, war nicht nur gewagt, sondern auch durch nichts zu beweisen. Wenn Gina jetzt wirklich, wie sie es vorhatte, an die überregionale Presse ging, würde sich in der Sache gar nichts bewegen, außer dass sie mit ihrem Vorstoß die Insel mit halbwahren und halbgaren Geschichten in der ganzen Welt in Verruf brachte – davon war Rizzi überzeugt. Denn eins musste man bedenken: Für Journalisten auf dem Festland war jeder sogenannte Missstand auf Capri ein gefundenes Fressen, und die Aasgeier neigten dazu, jede Bagatelle zu einem Riesenskandal aufzublasen.

Gina hörte gar nicht richtig hin, als Rizzi ihr anbot, dass er sich einmal persönlich mit dem Bürgermeister zusammensetzte. Alessio war ein Schlitzohr, keine Frage, aber er war kein Unmensch, und vor vielen Jahren war sein Schwager sogar für kurze Zeit mit Rizzis Schwester Valentina liiert gewesen, bevor sie merkten, dass sie nicht zusammenpassten. Was er sagen wolle: Bei einer Flasche Wein würde man sich an viele Situationen und Geschichten erinnern, die man gemeinsam erlebt und gemeistert hatte, und im Zuge dessen würde man auch ganz in Ruhe besprechen können, woran es eigentlich haperte bei der Musikschule, und für die Inbetriebnahme des neuen Standorts und die Verwendung der Gelder eine Lösung finden, mit der alle gut leben konnten.

Aber Gina, störrisch wie immer, lehnte seinen Vorschlag rundweg ab.

»Das ist eine dieser typischen Mauscheleien, mit denen auf Capri jede Sauerei unter den Teppich gekehrt wird«, sagte sie.

Sie wollte einfach nicht einsehen, dass man auf der Insel besser daran tat, erst einmal Lösungen untereinander zu suchen, statt Wildfremde einzubeziehen oder gar die überregionale Presse einzuschalten.

Rizzi schüttelte den Kopf über so viel Unverständnis, Starrsinn und Dummheit.

»Auf Capri, wo man sich ständig über den Weg läuft und immer wieder miteinander zu tun hat, müssen sich alle hinterher in die Augen schauen können«, sagte er, »und das hat nichts mit Mauscheleien zu tun.« Er rang die Hände. »Aber vielleicht kann jemand wie du das gar nicht verstehen. Da merkt man halt, dass du nicht von hier bist.«

Jetzt reichte es ihr. »So wird sich hier nie etwas ändern!«, rief sie.

Der Streit wurde immer heftiger und ziemlich lautstark. Ein Wort gab das andere, irgendwann schrien sie nur noch und begannen auf dem Höhepunkt der Auseinandersetzung miteinander zu rangeln. Gina packte Rizzi bei den Armen, er hielt ihre Handgelenke fest, und erhitzt und ungläubig über so viel Ärger und Wut schauten sie sich in die Augen. So standen sie da, keuchten, waren völlig außer sich – und begannen plötzlich zu lachen. Wieder ergab eins das andere. Die Beschimpfungen, die sie sich an den Kopf warfen, klangen plötzlich wie Koseworte, die geballten Fäuste öffneten sich und strichen zärtlich über die Wangen, den Hals, den Arm, den Bauch, und schon lagen sie zwischen den Laken und liebten sich.

Danach blieben sie ineinander verschlungen liegen, halb zugedeckt, küssten einander immer wieder, versöhnt mit sich und der Welt – jedenfalls vorerst.

Rizzi lauschte Ginas gleichmäßigem Atem und hörte in der Ferne das Meer und den Wind, der heute Nacht von Süden kam. Beides – Ginas Atem und das Meer – griff perfekt ineinander. Normalerweise hätte dieser Gleichklang ihn glücklich, auf seltsame Weise sogar stolz gemacht, und eine beruhigende Wirkung wäre eingetreten. Aber im Moment war nichts normal. Ispettore Lombardi, Cirillo, die fehlende Rückendeckung – es kam alles wieder hoch. Und der Mörder lief draußen immer noch frei herum.

»Gina?«, fragte er leise.

Sie atmete tief und antwortete nicht.

Vorsichtig nahm er ihren Arm von seiner Brust, hob ihn hoch, rutschte darunter hinweg und legte ihn wieder auf dem Laken ab. Sammelte seine Klamotten vom Boden auf, ging damit leise aus dem Zimmer, streifte auf dem Flur seine Boxershorts über, Jogginghose, T-Shirt, Kapuzenjacke, und zog draußen auf der Treppe seine Sneaker an. Er lief die Stufen hinunter, an der dunklen Wohnung seiner Eltern vorbei, und gab Romeo zu verstehen, dass er auf seinen Platz zurück in die Waschküche gehen sollte. Der Hund trollte sich, und Rizzi schob seinen Motorroller auf die Gasse hinaus und startete den Motor.

Um diese Zeit war niemand unterwegs, kein Mensch,

keine Autos, keine Busse, keine Taxen. Der Mond verbarg sich hinter den Wolken wie hinter einem halb durchsichtigen Stoff, der auch die Sterne verhüllte. Rizzi fuhr zügig, ohne zu rasen, bog vom Kreisverkehr in die Via Marina Piccola, nahm auf der abschüssigen Straße im gemessenen Tempo die Serpentinen und parkte, unten angekommen, an der Mauer, die den Wendekreis gegen die Privatgrundstücke abgrenzte.

Motorräder und Autos standen um diese Zeit kaum herum. Die wenigen Fahrzeuge gehörten wahrscheinlich den Anwohnern, von denen sich manche beinahe täglich über die Falschparker beschwerten. Aber die Polizei konnte nun mal nicht überall gleichzeitig sein und am laufenden Band Strafzettel verteilen.

Kiosk, Restaurant, Imbiss und Bootsverleih waren geschlossen und lagen verlassen da. Die Sonnensegel über den verwaisten Terrassen flatterten im Wind und sahen im Mondlicht ganz grau aus. Hunde schnüffelten zwischen den Umkleidekabinen, irgendwo schrie eine Katze, und das Meer schlug in kurzen, wütenden Wellen ans betonierte Ufer. Rizzi fröstelte und zog sich die Kapuze über den Kopf.

Er hatte insgeheim gehofft, hier vielleicht Massimo Apicella anzutreffen. Wenn Linda Rubini recht hatte, kam er immer hierher zum Schwimmen, auch nachts. Es war Rizzi sonderbar vorgekommen, dass Massimo Apicella am Nachmittag seine – immerhin frisch verwitwete – Tochter am Hafen so eigenartig frostig begrüßt hatte. Auffällig war auch, dass der Mann offensichtlich nicht sofort alles stehen und liegen gelassen hatte, als die Nachricht vom Tod seines Schwiegersohns bei ihm eingetroffen war, sondern sich Zeit mit seiner Rückkehr ließ und erst drei Tage nach dem schrecklichen Ereignis geruhte einzutrudeln.

Hätte ja sein können, dass der Mann in seiner ersten Nacht nach all den Ereignissen, die ihn hier eingeholt hatten, ein Mondscheinbad nahm. Es wäre eine gute Gelegenheit gewesen, mit ihm zu reden, halb dienstlich, halb privat. Aber es sollte wohl nicht sein.

Rizzi wollte schon umdrehen, konnte sich aber noch nicht losreißen. Wie die Faraglioni-Felsen steil in den Nachthimmel ragten und silbern schimmerten, war grandios und einzigartig, und Rizzi konnte sich nicht erinnern, dieses Wahrzeichen so, in diesem verwunschenen Licht, schon einmal gesehen zu haben. Wo die Mondsichel auf die Wasseroberfläche traf, schien eine metallische Fläche zu entstehen, die sich langsam hob und senkte, als würde das Meer atmen. Fast sah es aus, als wäre das Wasser eine stabile Fläche, über die man gehen konnte. Eine kleine Erhebung sah man da, die eigentlich nicht dorthin gehörte. Tauchte auf und verschwand wieder. Aber es war wohl nur eine optische Täuschung oder das Meer, das sich kräuselte.

Er ließ ein letztes Mal seinen Blick übers Ufer, die Terrassen, Mauervorsprünge und Buden wandern. Nichts regte sich. Alles lag verlassen da. Nur unweit der Umkleidekabinen, wo die Hunde vorher gestöbert hatten, entdeckte Rizzi nun ein kleines Bündel zwischen den Steinen, das er vorher wohl übersehen hatte. Rizzi nahm den kürzesten Weg, um sich das genauer anzuschauen.

Es handelte sich um Kleidungsstücke: ein riesiges T-Shirt und eine Tuchhose mit Gummizug. In der Felsspalte daneben steckte ein Beutel, in dem sich ein Badetuch und, ganz unten, ein Schlüsselbund befanden.

»He, du Arschloch!«, rief von irgendwo eine Stimme, vielleicht vom Meer. »Was soll das? Was machst du da? Pfoten weg!«

Auf dem Wasser bewegten sich zwei Punkte in regelmäßigem Rhythmus und kamen langsam näher. Jemand kraulte. Ein Prusten war zu hören, ein Schnaufen, und schließlich kam ein Mann aus dem Wasser. Er strauchelte ein paarmal, während das Wasser von seinem nackten, behaarten Körper rieselte.

»Buongiorno«, grüßte Rizzi. »Sind Sie Massimo Apicella?«

Der Mann kam ohne Scham näher, riss Rizzi das Badetuch aus der Hand, trocknete sich das Gesicht ab und fragte: »Kennen wir uns?«

»Ich bin Enrico Rizzi.«

»Der Polizist?« Massimo Apicella fuhr fort, sich abzurubbeln, und musterte Rizzi misstrauisch. »Was wollen Sie? Warum lauern Sie mir auf?«

»Wir ermitteln im Mordfall an Ihrem Schwiegersohn Nino Castaldo«, erklärte Rizzi. »Von Linda Rubini weiß ich, dass Sie manchmal hier in den frühen Morgenstunden baden gehen.«

Der Mann stieg umständlich in seine Hose und antwortete nicht.

Rizzi lehnte sich an den Felsen. »Jetzt sagen Sie mal: Wo waren Sie in der Nacht von Montag auf Dienstag, nach Ihrer Geburtstagsfeier, als Sie Ihre Gäste allein gelassen und sich verdünnisiert haben?«

»Wie Linda es Ihnen freundlicherweise bereits gesagt hat«, erwiderte Massimo Apicella hölzern. »Ich war hier, schwimmen, den Kopf freikriegen nach dem Palaver den ganzen Tag und all den Feierlichkeiten.«

»Haben Sie Zeugen?«

Er zog sich das T-Shirt über den Kopf. »Was soll die Frage? Sie wissen es doch: Linda Rubini. Sie ist die beste Freundin meiner Frau und gehört bei uns fast schon zum Inventar. Wir sind so etwas wie eine Familie.«

»Heißt das, Sie haben hier zusammen gebadet?«

»Sie ist meistens irgendwo da oben und schaut zu.« Er nickte zu den Klippen hinauf.

»Sie hat tatsächlich ausgesagt, dass sie selbst in der fraglichen Zeit hier in Marina Piccola war. Aber Sie wären nicht da gewesen.«

»Das hat sie gesagt?« Massimo Apicella schüttelte überrascht den Kopf, wandte sich ab, schaute über das Meer und kniff die Augen zusammen. »Dieses kleine Aas.« Er lächelte beinahe anerkennend. »Sie müssen wissen: Linda führt seit Jahren einen persönlichen Rachefeldzug gegen mich – verdeckt natürlich, wie alle Frauen, die sich nicht abfinden können, wenn sie nicht kriegen, was sie wollen. Linda ist gekränkt und frustriert, und das schon seit Jahren, und jetzt sieht sie anscheinend die Gelegenheit gekommen, mir eins auszuwischen. – Sie glauben mir nicht?« Er schlug sein Badetuch aus. »Wissen Sie, es gibt Weiber, die geben einfach keine Ruhe. Ich habe nun mal diese Aura, das wird Ihnen jeder bestätigen, ich kann nichts dafür. Aber das heißt nicht, dass ich über jedes Stöckchen springe, das mir hingehalten wird.« Er überlegte. »Von ein paar Ausnahmen vielleicht abgesehen, und das ist auch in Ordnung. Sie werden es mir nachsehen, Agente. Aber was Linda Rubini angeht, tut es mir leid: Ich will nichts von dieser Frau.« Er faltete das Badetuch und steckte es in den Beutel. »Im Gegenteil. Sie widert mich an.«

»So viel zu: ›Wir sind eine Familie.‹«

»Wie bitte?«

»Wenn niemand Ihr Alibi bestätigt, haben Sie ein Problem, Signor Apicella.«

»Entschuldigung, Sie glauben doch nicht, ich hätte Nino umgebracht?« Massimo Apicella zog das T-Shirt über seinem großen Bauch zurecht. »Das ist lächerlich.«

»Ihr Verhältnis zu Nino, sagt man, war angespannt.«

»Sagt wer?« Massimo Apicella legte den Kopf in den Nacken. »Bullshit«, rief er. »Wir sind bestens miteinander klargekommen.«

»Fakt ist: Sie haben Ihr Haus irgendwann nach Mitternacht verlassen und können nicht nachweisen, wo Sie in der Zeit bis zirka fünf Uhr morgens gewesen sind.«

Massimo Apicella ließ jetzt seinen Beutel fallen, trat einen Schritt näher und blickte Rizzi direkt in die Augen. »Passen Sie mal auf, Meister. Wir vereinfachen die Sache ein bisschen. Meine Frau wird Ihnen bestätigen, dass ich die ganze Nacht zu Hause war und selig an ihrem Busen geschlafen habe. Zufrieden?«

»Aber Sie sagten doch gerade, dass Sie in der Nacht nach Ihrer Party hier in Marina Piccola gewesen sind.« Rizzi wich keinen Millimeter vor dem Mann und seinem massigen Körper zurück. »Linda Rubini kann Ihre Aussage nicht bestätigen. Also: Wo waren Sie wirklich?«

»Habe ich gesagt, ich wäre in Marina Piccola gewesen?« Massimo Apicella zog angestrengt seine Augenbrauen zusammen. »Da müssen Sie sich verhört haben, Agente. Wie gesagt: Ich war die ganze Nacht daheim. Ende der Diskussion.«

Rizzis Telefon klingelte in seiner Hosentasche. Er holte den Apparat hervor, sah Cirillos Namen auf dem Display leuchten – und nahm das Gespräch an.

»Savio hat mich vor einer Minute angerufen«, berichtete Cirillo und klang ein wenig atemlos. »Wir haben einen Einsatz. Du glaubst nicht, wo: an der Piazza La Torre.«

Rizzi wandte sich von Massimo Apicella ab und entfernte sich ein paar Schritte. »Was ist passiert?«, fragte er gedämpft. »Geht es wieder um die Käserei Castaldo?«

»Kein Witz. Jemand scheint dort eingebrochen zu sein. Sagt jedenfalls der Nachbar Gianfranco Riva. Du erinnerst dich? Der Ex- und Jugendfreund von Stella Apicella, dieser gestörte Typ, den sie am Dienstag mit dem Tomatenmesser verletzt hat und der ins Krankenhaus musste. Ich muss jedenfalls sofort hin und in der Käserei nach dem Rechten sehen.«

»Worauf wartest du?«

»Dreimal darfst du raten.«

»Was willst du von mir hören?«, fragte Rizzi.

»Dass du rüberkommst, verdammt noch mal. Los, beweg deinen Arsch, und zwar sofort.«

Rizzi schaute zu Massimo Apicella hinüber, der, mit dem Beutel in der Hand, übers Meer zu den Faraglioni-Felsen schaute und dabei ganz abwesend und irgendwie melancholisch wirkte.

»Bin unterwegs«, sagte Rizzi und legte auf.

»Sind sie nicht wunderschön?«, sagte Massimo Apicella und breitete deklamatorisch seine Arme aus. »So sind sie nur jetzt, in der Stunde vor Tagesanbruch. Wussten Sie das? Und das Beste ist: Niemand außer uns bekommt es mit.«

Rizzi betrachtete die beiden Riesen im Wasser und den Mann am Ufer, drei massige Silhouetten im bleichen Mondlicht, und sagte: »Bitte halten Sie sich zur Verfügung. Wir sprechen uns noch.«

22

Die Jalousien am Gebäude der Käserei an der Piazza La Torre waren vor dem Schaufenster und an der Ladentür heruntergelassen und die Fensterläden, soweit zu erkennen, allesamt geschlossen. Aber durch die Ritzen schimmerte hier und da tatsächlich Licht. Das betraf vor allem die Fenster an der Via Timpone.

Während Rizzi seinen Motorroller abstellte, berichtete Cirillo, dass zwar nirgends Einbruchspuren zu entdecken seien. Aber das Siegel, das die Kollegen aus Neapel vor drei Tagen an der Seitentür angebracht hatten, sei beschädigt.

»Wann kam der Anruf aus dem Polizeiposten?«, fragte Rizzi.

»Ich würde sagen« – Cirillo schaute auf die Uhr –, »ziemlich genau vor einer halben Stunde.« Sie stemmte die Hände in die Hüften. »Seit ich hier stehe, also in den vergangenen zwanzig Minuten, hat niemand das Objekt verlassen – weder durch die Laden- noch durch die Seitentür.«

»Vielleicht hat Diego Bocci die Mozzarella-Produktion wiederaufgenommen.« Rizzi klappte den Sattel herunter. »Zuzutrauen wäre es ihm.« Er schaute hinauf zum Dachgeschoss, wo sich die Wohnung von Stella Apicella und dem verstorbenen Nino befand, aber dort oben lag alles im Dunkeln.

Cirillo strich ihre Haare unter der Polizeimütze zurecht. »Der Nachbar schwört, es sei seit dem Polizeieinsatz, also seit drei Tagen, immer alles stockfinster gewesen in der Käserei. Und vorhin, als er schlafen gehen wollte und aus dem Fenster schaute, sah er plötzlich, dass Licht brennt.«

»Wo ist er?« Rizzi fotografierte das kaputte Siegel.

»Ich habe ihn nach Hause geschickt.« Cirillo zog ihre Pistole und schaute Rizzi fragend an.

»Ich musste meine Dienstwaffe abgeben«, sagte er, und obwohl er es nicht beabsichtigt hatte, klang es vorwurfsvoll.

»Du bleibst schön hinter mir«, befahl Cirillo. »Keine Alleingänge.« Sie öffnete die Tür zur Käserei, ging mit der Pistole am ausgestreckten Arm voran und betrat den kleinen Flur.

»Polizei!«, rief sie. »Ist hier jemand?«

Die Tür rechts, zum Laden, war verschlossen, die Tür zum Büro direkt vor ihnen nur angelehnt. Der Blick links, in die Käserei, war frei. Der geflieste Raum mit den Wannen, Tischen und Apparaturen aus Edelstahl war hell erleuchtet, lag aber verlassen da. Die Leute von der Spurensicherung hatten ganze Arbeit geleistet, jeden Topf und jeden Behälter umgedreht, alles durch die Gegend geschmissen und so liegen lassen.

Cirillo bewegte sich mit der Pistole am ausgestreckten Arm Schritt für Schritt durch den großen Raum, weiter in den Bereich mit dem Glasdach, wo der große Bottich stand, in dem sie vor drei Tagen den Leichnam von Nino Castaldo gefunden hatten. Rizzi blieb auf seiner Position im Flur und dachte im ersten Moment, er würde sich verhören.

Es war ein Rascheln, ganz in der Nähe, ein leises Knistern, wie es entstand, wenn jemand einen Gegenstand auswickelte oder einen Zettel zerknüllte. Bevor Rizzi das Geräusch weiter einordnen oder herausfinden konnte, woher es kam, war es wieder still.

Cirillo war um die Ecke verschwunden, nahm wahrscheinlich den Garten hinter dem Haus unter die Lupe, und Rizzi, vor der Bürotür, rührte sich nicht von der Stelle. Er horchte.

»Signor Bocci?«, fragte er aufs Geratewohl. »Diego? Sind Sie da drin? Kommen Sie bitte heraus.«

Keine Reaktion, und Rizzi fiel ein, dass Diego Bocci ja gehörlos war. Aber warum war es dann da drinnen so still?

Ohne länger zu überlegen, stieß Rizzi mit dem Fuß die Tür auf. Ein Knall. Die Tür prallte gegen die Wand und federte wieder zurück.

Der Raum war menschenleer und kleiner, als Rizzi ihn in Erinnerung hatte, als er sich hier vor drei Tagen umgesehen hatte. Vielleicht lag es auch an dem ganzen Zeug, das hier über dem Boden verteilt herumlag und aus den Schubladen quoll, dass ihm die Dimension des Zimmers so anders vorkam. Auch dieses Chaos ging vermutlich auf die Kollegen zurück.

Das Licht der Schreibtischlampe mit grünem Schirm stand im Kontrast zu der Unordnung und passte in seiner Behaglichkeit zur Strickjacke über dem Stuhl. Als wäre Nino Castaldo nur mal kurz um die Ecke verschwunden – ein Eindruck, der durch den Duft im Raum noch verstärkt wurde. Ein Aftershave, war Rizzis erster Gedanke, aber dafür war der Duft eigentlich zu blumig. Ohne sich umzudrehen, wusste er plötzlich, dass er nicht alleine im Raum war.

Die Gestalt saß im toten Winkel hinter der Tür. Die Frau war klein, in sich zusammengesunken, sah aber gleichzeitig aufgeplustert aus und hatte etwas von einer Eule. Die Brille war riesig im Vergleich zur Hakennase, die an einen Schnabel erinnerte. Die Frisur aus grauen und schwarzen Haaren, mit etwas Gelb darin, war altmodisch hochtoupiert und voluminös aufgeplustert wie ein Federkleid.

»Verschwinden Sie«, krächzte die Eule. »Auf der Stelle. Haben Sie verstanden? Oder ich rufe die Polizei.«

»Ich bin von der Polizei«, antwortete Rizzi. »Bitte stehen Sie auf. Na los. Wird's bald?« Rizzi ging auf sie zu und wollte sie am Arm packen.

Die Frau rührte sich nicht. »Fassen Sie mich nicht an«, zischte sie.

Rizzi wich zurück. Die Frau erhob sich von ihrem Stuhl, war im Stehen kaum größer als im Sitzen und reichte Rizzi gerade mal bis zur Schulter. Sie trug einen orangefarbenen Rock mit passendem Jäckchen, das von einer glitzernden Bordüre eingefasst war. Mit der Rüschenbluse und den goldenen Halsketten sah sie aus, als käme sie gerade aus einer Opernvorführung im Teatro San Carlo. Etwas Würdevolles umgab die Frau, eine Aura, die so groß war, dass Rizzi Skrupel hatte, das zu tun, was als Polizist seine Aufgabe gewesen wäre: sie auf Waffen abzutasten.

»Wer sind Sie?«, fragte er. »Und was tun Sie hier?«

»Ich bin hier, um mir zu holen, was mir zusteht.« Die Frau rückte sich die große Brille auf der kleinen Nase zurecht, und Rizzi sah, dass die Frau geweint hatte. »Mein Name ist Donatella Castaldo. Ich bin die Mutter von Bruno, dem Chef unseres Familienbetriebs, der Käserei Castaldo.

Das sagt Ihnen doch hoffentlich etwas.« Sie musterte Rizzi, seine Kapuzenjacke, die ausgebeulte Jogginghose, und ihre heruntergezogenen Mundwinkel waren ein einziger Ausdruck von Geringschätzung.

»Ich muss Sie bitten, mit auf die Wache zu kommen«, sagte Rizzi. »Das Objekt ist polizeilich versiegelt und darf nicht betreten werden. Indem Sie hier eingedrungen sind, haben Sie sich strafbar gemacht. Meine Kollegin wird Ihre Personalien aufnehmen, und dann werden wir uns erst mal ganz in Ruhe unterhalten.«

»Ich gehe nirgendwohin, bevor ich nicht das zurückhabe, was mir gehört.«

»Was gehört Ihnen denn?« Cirillo stand in der Tür und steckte ihre Pistole weg.

Der Anblick von Cirillo, einer Amtsperson in Uniform, schien auf Donatella Castaldo Eindruck zu machen. »Sind Sie etwa die zwei Capri-Polizisten, die bei uns im Betrieb waren?«, fragte sie mit zittriger Stimme. »Die meinen Sohn von der Arbeit abgehalten haben und nichts Besseres zu tun hatten, als unsere gesamte Belegschaft in Aufruhr zu versetzen?«

»Ich bin Agente Cirillo, und das ist mein Kollege Agente Rizzi«, antwortete Cirillo. »Wir unterstützen die Leute von der Questura in Neapel bei den Ermittlungen und haben uns mit Ihrem Sohn unterhalten. Und jetzt beantworten Sie bitte meine Frage: Was, meinen Sie, steht Ihnen zu, und was wollen Sie sich zurückholen?«

»Also gut.« Donatella Castaldo zupfte ihr Jäckchen zurecht, dann ihre Frisur und verkündete im Ton einer offiziellen Verlautbarung: »Es handelt sich um eine Brosche, besetzt mit fünf Brillanten. Ein außergewöhnlich schönes Schmuckstück von unschätzbarem Wert. Nino hat es mir vor vielen Jahren vermacht.« Sie schaute Cirillo fast flehend an. »Die Brosche gehört mir, und dieses Weibsbild hat sie an sich genommen, wie sie alles an sich nimmt, was nicht niet- und nagelfest ist.«

»Von wem sprechen Sie?«, fragte Cirillo.

»Was glauben Sie wohl?«, rief Donatella Castaldo mit sich überschlagender Stimme. »Von ihr, natürlich, von Stella Apicella.« Sie rang die Hände. »Ich hatte mir geschworen, diesen Namen nie mehr in den Mund zu nehmen.« Sie stützte sich auf den Schreibtisch, als würde sie von einem Schwindel erfasst und könnte gleich das Gleichgewicht verlieren. »Was schauen Sie mich so an?«, krächzte sie. »Warum erledigen Sie nicht endlich Ihre Arbeit und verhaften diese Person? Worauf warten Sie?«

»Warum sollen wir Stella Apicella verhaften?«, fragte Rizzi und verschränkte die Arme vor der Brust. »Nennen Sie uns einen vernünftigen Grund.«

»Sie ist eine Diebin, das sagte ich doch bereits. Sie ist ein Biest, stiftet Unruhe, sät Zwietracht, und eine Hure ist sie außerdem.« Das Gesicht von Donatella Castaldo war hassverzerrt, ihr Mund nur noch ein rot angemalter schmaler Strich. »Nino und mich verband ein ganzes Leben. Wir hatten eine Zukunft. Dann kam dieses Weibsbild, wackelte mit ihrem Hintern, ihrem Busen, klimperte mit den Wimpern.« Donatella Castaldo nahm erschöpft ihre Brille ab und fuhr mit geschlossenen Augen fort: »Als ich diese Frau das erste Mal sah, wusste ich, dass ihre ganze verdammte Leidenschaft für Mozzarella nur geheuchelt ist. Dass sie zwischen

Nino und Bruno einen Keil treiben wird und dass unser Familienunternehmen auseinanderfällt. Und genau so ist es auch gekommen.« Donatella Castaldo setzte ihre Brille wieder auf und lächelte resigniert. »Ich habe Nino geliebt, und er hat mich geliebt. Wir waren unzertrennlich und immer füreinander da.«

»Waren Sie und Nino ein Paar?«, fragte Cirillo.

»Nino war mein Cousin«, rief Donatella Castaldo. »Wir waren blutjung damals und Bruno noch ganz klein, als sein Vater, mein damaliger Mann, ein Nichtsnutz, Spieler und Trinker, uns verlassen hat. So schrecklich es damals für mich gewesen ist – heute bin ich froh. Ich weiß, dass mir nichts Besseres passieren konnte und es für meinen Bruno keinen besseren Vater hatte geben können als Nino. Es ist so. Alles, was Bruno heute ist und darstellt, hat er Nino zu verdanken. Nino wollte das nie hören, er wollte keinen Dank. Darum habe ich es ihm auf meine Weise zurückgegeben, habe für ihn gesorgt, für ihn gekocht, bei ihm aufgeräumt, seine Wäsche gewaschen, habe ihm den Rücken freigehalten und ihn bei allen geschäftlichen Angelegenheiten vorbehaltlos unterstützt. Wir sind ein Team gewesen, haben uns blind vertraut und sind zu einer Einheit zusammengewachsen. Jedem war klar, dass wir füreinander bestimmt sind und unseren Lebensabend gemeinsam verbringen werden.«

»Hat Nino das genauso gesehen?«, fragte Rizzi.

»Natürlich«, antwortete sie.

»Er selbst kann ja nicht mehr Stellung beziehen.«

»Was erlauben Sie sich?«, empörte sich Donatella Castaldo. »Nino war kein Mann großer Worte, nie gewesen. Es waren seine Gesten, die zählten. Wie die Brosche, die er mir geschenkt hat, als seine Mamma starb, meine geliebte Tante. Es war seine Art, mir zu sagen, dass ich die Einzige für ihn bin.« Sie presste ihre Hand vor den Mund. »Und dann kam dieses Frauenzimmer. Lass die Finger von Nino, habe ich zu ihr gesagt und Nino immer wieder gewarnt: Siehst du das nicht? Bist du blind? Sie kommt aus Capri und hat es nur auf dein Geld abgesehen. Aber es half alles nichts. Sie hatte ihn schon verhext. Er war auf diese Frau fixiert und wollte nichts mehr hören.« Donatella Castaldo lächelte hilflos. »Was sollte ich tun? Das Miststück umbringen? Nein, ich konnte nur noch zusehen, wie Nino in sein Unglück rennt.«

»Eins verstehe ich nicht«, begann Cirillo. »Warum suchen Sie die Brosche hier in der Käserei bei Nino und Stella, wenn er sie damals doch Ihnen geschenkt hat? Hatte er sich das Schmuckstück zwischenzeitlich von Ihnen zurückgeholt?«

»Das hätte er nie getan!«, fauchte sie.

»Dann erklären Sie es mir.«

»Ich habe ihm die Brosche vor die Füße geworfen. Ich war außer mir.«

»Was war passiert?«

»Er hatte mich angerufen.«

»Wann?«

»Am vergangenen Montag. Nach dem Abendessen.«

»Am Montag, dem neunten Mai?« Cirillo holte ihr Notizbuch hervor.

»Am Tag bevor Nino starb.« Donatella Castaldo schaute auf ihre lackierten Fingernägel und sagte: »Ich werde diesen Tag nie vergessen. Nino war aufgeregt, konnte kaum sprechen. Ich fragte: Nino, mein Herz, was ist los? Beruhig dich. – Dann kam heraus: Dieses Flittchen, Stella Apicella, hatte ihm eröffnet, dass sie schwanger ist.«

»Was für ihn ja eine gute Nachricht war«, stellte Rizzi fest.

»Lassen Sie mich ausreden«, entgegnete Donatella Castaldo streng. »Was dieses junge Ding nicht wusste und wahrscheinlich bis heute nicht weiß: Nino war nicht zeugungsfähig. Er konnte keine Kinder bekommen. Ja, jetzt staunen Sie. Außer mir – und jetzt Ihnen – weiß das niemand. Er hat es natürlich niemandem auf die Nase gebunden. Nur mir hat er sich einmal anvertraut. Verstehen Sie?« Ihre Stimme begann wieder zu zittern. »Wir beide, Nino und ich – wir waren Seelenverwandte.«

»Das heißt«, fasste Cirillo zusammen, »das Kind, das Stella bekommt, ist gar nicht von Nino?«

»Richtig«, ächzte Donatella Castaldo.

»Bitte setzen Sie sich.« Rizzi rückte ihr einen Stuhl zurecht.

»Entschuldigen Sie. Die Sache regt mich schrecklich auf.« Donatella Castaldo ließ sich auf dem Stuhl nieder und fächelte sich mit den Händen Luft zu. »Mir war klar, dass sie ihn irgendwann betrügen würde. Ich hätte nur nicht gedacht, dass sie es so schnell tun würde. Das habe ich Nino auch gesagt. Aber ich hatte keine Triumphgefühle, glauben Sie mir, nur Mitleid.«

»Wer ist denn der Vater ihres Kindes?«, fragte Rizzi. »Wissen Sie das?«

»Ich weiß es nicht, und es interessiert mich auch nicht«, erklärte Donatella Castaldo. »Ich habe mich noch am selben Tag auf den Weg gemacht, um ihn nach Hause zu holen, meinen Nino, weg von dieser Insel, weg von all den Verrückten hier und dem ganzen Tingeltangel, zurück nach Neapel.«

»Das heißt, Sie waren am Montag, einen Tag vor Ninos Tod, auf Capri?«, fragte Cirillo.

»So ist es«, antwortete Donatella Castaldo. »Ich musste mich ja um ihn kümmern.«

Cirillo machte eine Notiz. »Wann sind Sie hier angekommen?«

»Am Abend.«

»Geht es etwas genauer?« Cirillo blätterte in ihrem Notizbuch eine Seite um.

»Ich war um 20.30 Uhr auf Capri. Ich musste zu Hause noch ein paar Dinge vorbereiten. Ich wollte, dass alles schön ist, wenn er zurückkommt, damit er sich wohlfühlt und ihm nichts fehlt. Der Mann war ja am Ende, physisch wie psychisch. Sie kannten ihn nicht, deshalb können Sie sich das Ausmaß dieser Tragödie gar nicht vorstellen. Nach einem Jahr mit dieser Person war er nur noch ein Schatten seiner selbst. Man kann es nicht anders sagen.«

»Wusste Ihr Sohn Bruno, dass Sie sich auf den Weg nach Capri machen?«

»Nein. Ich habe es niemandem erzählt.«

»Wie sind Sie nach Ihrer Ankunft weitergefahren?«

»Mit dem Bus.« Donatella Castaldo nickte. »Aber Nino war nicht zu Hause. Niemand war zu Hause.«

»Wie sind Sie hier hereingekommen?«, fragte Cirillo.

»Ich hatte einen Schlüssel. Nino hatte ihn mir vor langer Zeit einmal gegeben. Für alle Fälle.«

»Sie kamen also hier herein, und niemand war da. Was haben Sie getan?«

Donatella Castaldo zuckte die Achseln. »Ich habe gewartet. Ich wusste, dass Ninos Schwiegervater, dieser Maler – wie heißt er noch?«

»Massimo Apicella«, warf Rizzi ein.

»Dass der einen runden Geburtstag feiert. Aber ich wusste nicht und konnte es kaum glauben, dass Nino nach allem, was Stella ihm angetan hatte, noch mit zu diesen Leuten gegangen ist. Aber da sehen Sie mal: So war er – gutmütig bis zuletzt, höflich und fein. Und dann dieses Pack, diese Künstler, diese selbstbezogenen Exzentriker. Feiern sich den ganzen Tag selbst. Verzeihen Sie, aber von denen hat niemand die Arbeit erfunden. Typisch Capri, kann ich da nur sagen! Ich habe nie verstanden, warum Nino sich auf diese Insel eingelassen hat. Er hatte hier nichts verloren. Er passte nicht hierher.«

»Sie haben hier gewartet«, stellte Rizzi fest. »Wie lange?«

»Die halbe Nacht. Es war furchtbar. Als er endlich kam, es muss am frühen Morgen gewesen sein, war er wie verwandelt. Ich glaube, er hatte getrunken.«

»War er allein?«, fragte Rizzi.

»Ja.«

»Hat er sich gefreut, Sie zu sehen? War er überrascht?«

Donatella Castaldo betrachtete wieder ihre Fingernägel. »Ich will ganz ehrlich sein.« Sie strich ihren Rock glatt, zupfte ihr Jäckchen zurecht und erklärte: »Er hat mich zurückgestoßen.« Sie lächelte tapfer. »Stella Apicella, dieses Weibsbild, hatte ihre Zeit genutzt und ihn wieder auf Spur gebracht. Ich kann es mir nicht anders erklären. Ich weiß nicht, welche Knöpfe sie bei ihm gedrückt hat, aber sie hatte es wieder einmal geschafft. Glauben Sie mir, ich habe ihn angefleht: Nino, vergiss diese Frau. Sie lügt und betrügt dich, wo es nur geht. Aber er wollte nichts davon hören. Im Gegenteil: Er war außer sich. Als ob unser Telefongespräch nie stattgefunden hätte!« Überwältigt von ihren Erinnerungen, schüttelte sie fassungslos den Kopf. »Von ihrem Betrug und der Kränkung war keine Rede mehr. Nein, Nino war nicht mehr er selbst. Das müssen Sie sich mal vorstellen.« Sie schaute Cirillo empört an. »Er war allen Ernstes entschlossen, über Stellas ›Fehltritt‹ – so hat er ihren Verrat genannt – hinwegzuschauen und das Kind, das sie unter dem Herzen trägt, als seines anzusehen. Er behauptete sogar, er freue sich auf den Bastard. Ich konnte es nicht glauben. Wie naiv kann man sein? Einmal betrogen, immer betrogen. Er hatte nicht einmal den Mut, ihr zu sagen, dass er ihre Lüge durchschaut hat und selbst keine Kinder zeugen kann.«

»Das heißt, Stella weiß bis heute nicht, dass ihre Lüge aufgeflogen ist?«, fragte Cirillo.

Donatella Castaldo schüttelte den Kopf. »Ich fürchte, so ist es.«

»Wissen Sie, ob Nino einen Verdacht hatte, wer der Vater des Kindes sein könnte?«, fragte Rizzi.

»Ich glaube, er wollte es gar nicht wissen.«

»Wissen Sie es?«

»Nein.«

»Was ist dann passiert?«, fragte Cirillo.

»Nichts. Ich konnte nichts mehr tun, mit keinem Argument, keinem vernünftigen Wort mehr zu ihm durchdringen. Alles, was ich in meiner Hilflosigkeit und Wut tun konnte, war, ihm die Brosche, die ich zur Feier des Tages angelegt hatte, vor die Füße zu werfen. Das habe ich auch getan. Es war furchtbar. Und dann bin ich gegangen.«

»Und Nino?«

Donatella Castaldo kämpfte mit den Tränen. »Ich hatte gehofft, er würde versuchen, mich aufzuhalten. Ich gebe zu, ich habe vor der Tür gewartet und zu unserem Herrgott gebetet, Nino möge kommen und die Tür, die ich so endgültig und wütend hinter mir zugeschmettert hatte, wieder aufreißen und mich in seine Arme schließen.« Sie lachte bitter. »Aber nichts dergleichen ist geschehen. Ich bin dann weg, bin erst mal in die völlig falsche Richtung gestolpert, war plötzlich an einem großen Platz mit einer Kirche und habe versucht, mich zu sammeln und zu orientieren, und zwar in jeder Hinsicht.« Sie schlug ihre Hände vors Gesicht. »Ich bin nicht zurückgegangen. Warum bin ich nicht über meinen Schatten gesprungen und zurückgegangen? Dieser verdammte Stolz«, heulte sie. »Verstehen Sie? Vielleicht hätte ich ihn retten können! Ich hätte den Mord vielleicht verhindern können!«

»Als Sie durch Anacapri geirrt sind« – Cirillo wartete, bis Donatella Castaldo wieder aufschaute –, »ist Ihnen da irgendetwas aufgefallen? Haben Sie jemanden gesehen oder etwas Verdächtiges beobachtet?«

Donatella Castaldo schüttelte resigniert den Kopf. »Alles war wie ausgestorben. Es war ein Wunder, dass ich an der Hauptstraße überhaupt ein Taxi bekommen habe.«

»Bitte zeigen Sie uns zum Abschluss, wo Sie gestanden haben, als Sie gegangen sind und Nino zum letzten Mal gesehen haben«, bat Cirillo.

»Warum quälen Sie mich so?«

»Bitte tun Sie, was ich sage.«

Donatella Castaldo erhob sich ächzend und ging mit schleppenden Schritten in den Flur. »Ich stand hier«, sagte sie.

»Und Nino?«, fragte Cirillo.

Sie zeigte in die Käserei hinein. »Dort.«

»So weit weg?«, fragte Cirillo. »Hat er Sie nicht zur Tür gebracht?«

»Er hat mich hier stehen lassen. Als wäre ich die letzte Dienstmagd.«

»Wie ging es ihm?«, fragte Rizzi. »In welchem Zustand war er?«

Donatella Castaldo schnaubte. »Er war putzmunter. Und eiskalt. Wie ein Fremder. Er war nicht mehr mein Nino.«

»Und Ihre Brosche?«

Donatella Castaldo straffte sich und hob das Kinn. »Ich habe sie hier von meinem Busen gerissen und sie ihm dorthin vor die Füße geworfen.« Sie zeigte wieder in die Käserei hinein, empört und fast ein bisschen stolz.

Rizzi ließ seinen Blick durch den Raum schweifen, über Holzlöffel und Schöpfkellen und das kleine Regal über dem Schrank, die Madonna, Padre Pio und den Krimskrams, der dort lag.

»Ist sie das?«, fragte er und nahm ein Schmuckstück vom Regal. Es war eine Brosche.

Donatella Castaldo trat näher und betrachtete ungläubig die Brillanten, die – zusammen mit winzigen Rubinen – eine funkelnde Blume ergaben.

»Ja, das ist sie«, flüsterte sie. Tränen traten ihr in die Augen.

Rizzi wechselte mit Cirillo einen Blick und sagte: »Nehmen Sie sie. Bitte. Es ist Ihre.«

Überrascht schaute sie an Rizzi und dem Schmuckstück vorbei hinüber zu Cirillo, griff im nächsten Moment hastig nach der Brosche und ließ sie rasch in ihrer Jackentasche verschwinden, als hätte sie Angst, einer der beiden könnte es sich vielleicht anders überlegen.

»Danke«, sagte sie und schnäuzte sich verstohlen. »Darf ich jetzt gehen?«

»Moment«, sagte Rizzi. »Sie haben ein polizeiliches Siegel verletzt und sind unbefugt in Räume eingedrungen, die Sie nicht hätten betreten dürfen. Wir werden das zur Anzeige bringen, und Sie werden dafür zur Rechenschaft gezogen.« Rizzi schaute auf die Uhr. »Was das Protokoll angeht –«

»Sie können gehen«, unterbrach Cirillo und reagierte auf Rizzis überraschten Blick, indem sie kurz die Augen schloss.

Bevor Donatella Castaldo, leicht gebückt, durch die Tür verschwand, schaute sie noch einmal zurück in den großen Raum, die Käserei, wo Nino – wie sie ausgesagt hatte – in jener Nacht stand und sie nicht am Gehen hinderte.

Ihre Unterlippe begann zu zittern, als wollte sie wieder in Tränen ausbrechen. Doch nichts dergleichen geschah. Stattdessen huschte plötzlich der Anflug eines Lächelns über ihr Gesicht, als hätte Nino, die Liebe ihres Lebens, ihr von dort drüben zum Abschied zugewinkt oder doch wenigstens zugezwinkert.

23

Rizzi parkte seinen Motorroller an der Rampe, die zum Polizeiposten hinunterführte, nahm seinen Helm ab und schaute hinter sich. Von Cirillo war wieder mal nichts zu sehen. Er blieb sitzen, hängte seinen Helm an den Lenker, verschränkte die Arme vor der Brust und wartete.

Das Licht der Straßenlaternen war bereits erloschen, der Morgen graute, und die Roxy Bar lag noch im Dunkeln. Die Fensterfront stand schon offen, Musik war zu hören, Lucio Dalla. An der Bushaltestelle warteten zwei Leute. Von der Piazzetta näherte sich langsam ein Fahrzeug von der Straßenreinigung, und plötzlich kamen Rizzi die Ereignisse der Nacht ganz unwirklich vor, der Einsatz an der Piazza La Torre, die ungeheuerlichen Aussagen von Donatella Castaldo zum Betrug von Stella an Nino – und auch seine Begegnung mit dem splitternackten Massimo Apicella in Marina Piccola. Rizzi traute dem Mann alles zu.

Nachdem sie vor etwa fünfzehn Minuten gemeinsam von der Piazza La Torre in Anacapri losgefahren waren, bog Cirillo nun auch endlich in den Kreisverkehr, fuhr in ihrem Tempo, vorschriftsmäßig blinkend, den Halbkreis und kam schließlich neben Rizzi an der Rampe zum Stehen.

»Wenn du mich fragst«, nahm Rizzi den Gesprächsfaden von vorhin wieder auf: »Ich bin überzeugt, dass es ein Fehler ist, Signora Castaldo einfach laufenzulassen. Sie hat ein starkes Motiv, und sie ist die letzte Person, die Nino Castaldo lebend gesehen hat.«

Cirillo schaute in ihren Rückspiegel und strich sich die Haare zurecht. »Erzähl mehr.«

»Ich würde Donatella Castaldo wieder vorladen und am Polizeiposten noch einmal vernehmen«, erklärte Rizzi. »Am besten in Anwesenheit des Ispettore. Seine Epauletten machen mit Sicherheit Eindruck. Glaubst du nicht? Wir müssen ihr mehr Respekt einflößen und können ihr auch ruhig ein bisschen Angst machen. Damit sie den Ernst der Lage begreift.«

»Und wie, glaubst du, hat sie es bewerkstelligt, bei ihrer Körpergröße einen Mann in den Bottich zu schubsen und so lange unterzutauchen, bis er tot ist?«, fragte Cirillo, während sie gemeinsam die Roxy Bar betraten. Niemand war zu sehen. Nur hinten hantierte jemand mit dem Backblech, und es duftete verführerisch nach frischen Croissants.

»Ich weiß es nicht. Nino war ja auch nicht gerade ein Riese.« Rizzi musste jetzt gegen die Musik anreden: »Aber ich bin ja sowieso raus. Du führst die Ermittlungen, du musst entscheiden, das tust du ja sowieso gern«, sagte er. »Kannst natürlich kurzen Prozess machen und Signora Castaldo, Massimo Apicella und Claudio Tripodi mit allem, was wir bis jetzt herausgefunden haben, an Neapel delegieren. Bin gespannt, was die dann unternehmen. Und ob sie überhaupt etwas unternehmen.« Rizzi trommelte im Rhythmus der Musik mit der flachen Hand auf den Tresen, rief: »Alberto! Kriegen wir einen Espresso?« – und sang dann mit Lucio Dalla mit:

Vedi, caro amico
Cosa ti scrivo e ti dico
E come sono contento
Di essere qui in questo momento
Vedi, vedi, vedi, vedi
Vedi, caro amico …

Alberto schaute um die Ecke. *»Uè, amico mio!«*, rief er. »Wir haben uns schon Sorgen gemacht!« Er hatte eine lange Schürze umgebunden und Mehl an der Wange. Mit ausgebreiteten Armen kam er um die Theke herum. »Du warst plötzlich weg, und dann kam Savio gestern mit der Nachricht.« Er nahm Rizzi besorgt bei den Schultern. »Was ist passiert, Lieber? Wieso hat der Ispettore dich gefeuert? Hat er jetzt völlig seinen Verstand verloren?« Er legte seine Hände um Rizzis Gesicht.

»Er hat mich nicht gefeuert«, korrigierte Rizzi. »Wir müssen jetzt erst mal abwarten.«

»Wie will er auch ohne dich klarkommen?« Alberto gab Rizzi einen liebevollen Klaps auf die Wange und drehte die Musik weiter auf. »Oder was sagst du?«, wandte er sich an Cirillo. »Es ergibt doch überhaupt keinen Sinn, Erri ausgerechnet in dieser Situation freizustellen. Kapiert er das nicht? Es ist unverantwortlich. Sagt auch Edoardo. Ich meine: Da draußen läuft ein Mörder frei herum!«

»Wir sollten uns jetzt nicht aufregen und uns nicht gegenseitig verrückt machen«, beschwichtigte Rizzi, während Alberto an der Espressomaschine zu hantieren begann.

»Weißt du was, Erri?«, rief Alberto über seine Schulter. »Du bist ein wahrer Glückspilz. Dass du eine solche Kollegin an deiner Seite hast. Schau sie dir an! Sie sieht nicht nur umwerfend aus, sie ist auch weltläufig und zeigt euch allen noch, wie man seinen Job anständig macht. Habe ich recht?« Er zwinkerte Cirillo zu, lächelte, und mit seinem Mund ging der ganze sorgfältig getrimmte Vollbart in die Breite.

Cirillo legte ihr Notizbuch auf dem Tresen ab. »Wenn es Ihnen nichts ausmacht, Alberto, hätte ich jetzt einfach gerne einen Cappuccino.«

»Wir waren beim Du – schon vergessen?« Er klopfte den Kaffeesatz aus dem Sieb. »Ich flehe dich an, Antonia. Mach, dass Erri so schnell wie möglich seinen Dienst wieder antreten kann. Ich liebe ihn, er ist mein bester Freund, der Bruder, den ich nie hatte, und ich weiß: Allein in seinen Gärten wird er nicht glücklich. Und uns fällt er dann nur noch auf die Nerven.«

»Hör auf zu quatschen«, sagte Rizzi, »und bring uns zwei Cornetti. Wir haben Hunger und müssen nachdenken.«

»Subito.« Alberto stellte zwei Untertassen auf die Theke, ließ klirrend zwei Löffel darauf fallen und verschwand.

Rizzi presste einen Finger an die Schläfe. »Ich hoffe, wir haben uns nicht komplett verrannt.«

Cirillo blätterte durch die Seiten ihres Notizbuchs. »Die Tierschützerinnen.« Sie schnalzte leise mit der Zunge. »Mitarbeiterin in Neapel ist heimliche Geliebte des Chefs. Der Schönling von der Büffelfarm in Paestum –«

Rizzi riss sich ein Stück vom Cornetto ab, das Alberto mit der Zange vom Backblech auf seinen Teller legte. Der Teig war außen knusprig, innen weich und warm, die Marmelade heiß. Rizzi schloss beim Kauen die Augen. »Ich traue Massimo Apicella nicht über den Weg«, sagte er, »aber der Freundin der Familie auch nicht: Linda Rubini spielt ihr eigenes Spiel, und die alte Dame aus Neapel, Donatella Castaldo, verschweigt uns etwas, da bin ich mir sicher.«

Während Alberto den Milchschäumer betätigte, sagte Cirillo: »Wir müssen herausfinden, wer der Vater von Stellas ungeborenem Kind ist. Wenn wir das wissen, können wir die Dynamik betrachten, die daraus entstanden ist.« Sie zückte ihren Stift: »Also: Claudio Tripodi kommt als Vater in Betracht. Wer noch?«

»Gianfranco Riva. Ihr Ex- und Jugendfreund. Theoretisch, jedenfalls.«

»Wir sollten nichts ausschließen.« Cirillo notierte. »Was ist mit Diego Bocci?« Sie nickte dankend, als Alberto den Cappuccino und für Rizzi den Espresso servierte, Zucker bereitlegte – und dann nach hinten in die Backstube verschwand.

»Der gehörlose Diego Bocci?« Rizzi überlegte.

»Setz ihn auf die Liste. Und dann? Wie wollen wir weiter vorgehen? Alle noch mal vorladen? Der Ispettore dreht durch.«

»Wann geht das erste *aliscafo* zurück nach Neapel?« Cirillo nippte an ihrem Cappuccino.

Rizzi schaute auf die Uhr. »In fünfunddreißig Minuten.«

»Noch ist Donatella Castaldo also auf der Insel«, stellte Cirillo fest und klopfte nachdenklich mit dem Stift gegen das Messing von der Theke. »Claudio Tripodi kommt um neun aus Paestum, um seine Aussage zu machen. Massimo Apicella ist zurück auf Capri, seine Tochter Stella und seine

Frau Adriana sind sowieso hier, das heißt, wir müssten uns nur noch um die Herren Diego Bocci und Gianfranco Riva kümmern und um Linda Rubini.«

»Was ist mit all diesen Leuten?«, fragte Rizzi.

Cirillo hatte Milchschaum an der Oberlippe, als sie Rizzi entschlossen anschaute. »Ich glaube, ich weiß, wie wir es anstellen.«

24

Noch eine Kurve, dachte Rizzi, dann würde die mit Eierköpfen bemalte Mauer auftauchen. Aber er hatte sich wieder verschätzt. Es kam noch eine Kurve und noch eine, dann schauten sie ihm entgegen mit ihren Schielaugen, schiefen Nasen, großen Mündern und abstehenden Ohren. Rizzi fuhr rechts ran und hielt im Schatten des Feigenbaums.

Cirillo löste ihre Umklammerung, stieg hinter ihm vom Sattel und nahm ihren Helm ab. »Du fährst wie der letzte Henker.«

Rizzi stellte den Motor aus und nahm seine Sonnenbrille aus dem Gesicht. »Ich dachte, wir haben es eilig.«

»Hör zu.« Cirillo strich ihre Uniform glatt. »Noch mal zum Mitschreiben: Ich will, dass wir da jetzt reingehen und nicht gleich mit der Tür ins Haus fallen. Ich will mit Bedacht vorgehen und beobachten, welche Dynamiken entstehen.«

»Dynamiken?« Rizzi klappte den Sattel runter. »Wollen wir nicht lieber Gatti informieren? Er soll mit Savio in der Nähe bleiben. Reine Vorsichtsmaßnahme.«

»Zu auffällig«, entgegnete Cirillo, rückte ihre Mütze auf dem Kopf zurecht und betätigte den Klingelknopf am Tor.

»Nur noch mal zur Erinnerung.« Rizzi schob die Hände

in die Taschen seiner Jogginghose. »Ich habe keine Pistole. Und ich bin eigentlich beurlaubt.«

»Keine Sorge. Ich habe alles im Blick.«

Rizzi schwieg und betrachtete Cirillo, wie sie starr geradeaus schaute, die Hand auf der Klinke des Tors, irgendwie sprungbereit, als wäre sie in ihrem eigenen Film. Er fragte sich, ob sie die Risiken und Gefahren wirklich richtig einschätzte oder ob es der Film war, in den Cirillo schon einmal geraten war und der am Ende zu ihrer Strafversetzung geführt hatte.

Ein Klicken ertönte, das Tor ging auf. Cirillo stapfte vorweg, die Treppe hinauf zum Haus. Die Piniennadeln dufteten würzig, die Luft war angenehm, warm und weich. Eidechsen huschten über den Weg und verschwanden raschelnd im Laub.

»Wir sollten kein Risiko eingehen«, mahnte Rizzi ein letztes Mal. »Wirklich nicht das kleinste.«

»Ganz meine Meinung.« Cirillo hörte sich etwas kurzatmig an. »Was ich noch sagen wollte.« Sie blieb stehen, schaute über die Palmen zum Meer, ein blauer Streifen in der Ferne mit einem milchigen Rand, der nahtlos in den hellen Himmel überging. »Dass du dich gestern beim Ispettore für mich starkgemacht hast«, begann Cirillo.

»Geschenkt.«

»Trotzdem: danke.« Sie streifte ihn mit einem Blick, von dem er nicht sagen konnte, was er bedeutete, ob er wohlwollend war, spöttisch oder sogar bewundernd.

»Keine Ursache«, sagte er.

Adriana Apicella stand am Treppenabsatz vor der Tür, zwischen den Möpsen aus Keramik, hatte ihr Kreuz durchgedrückt und die Füße ein wenig nach außen gekehrt. Es war die Haltung der ehemaligen Balletttänzerin, an der Rizzi sie sofort erkannte, während sie ansonsten irgendwie verändert aussah. Es lag wohl an ihrer Frisur. Sie trug ihr weizenblondes Haar nicht – wie beim letzten Mal – in voller Länge, sondern hatte es zu einer Art Bienenkorb hochgesteckt, wodurch ihre harten Gesichtszüge mit der schmalen Nase und den hohen Wangenknochen noch stärker zum Vorschein kamen. Ihr Hauskleid war am Dekolleté, an den Ärmeln und unten, am Saum, mit altertümlicher Spitze besetzt, was einen seltsamen Kontrast zur Korallenkette und zu den bunten psychedelischen Kreisen bildete, mit denen der Stoff bedruckt war. Das Lächeln auf ihrem Gesicht glich einer Maske und brachte die Angst in ihren Augen erst richtig zum Ausdruck.

»Ich muss sagen«, sagte sie mit heller, mädchenhafter Stimme, »Ihr Anruf so früh am Morgen hat mich etwas überrascht, um es mal vorsichtig auszudrücken.« Ihr Lächeln erstarb. »Worum geht es?«, fragte sie. »Ist etwas passiert?« Sie wedelte mit den Händen. »Nur damit Sie Bescheid wissen: Stella ist gerade erst aufgestanden, das arme Kind, und mein Mann, der Gute, schläft noch. Darf ich Ihnen etwas anbieten? Kaffee oder ein Gläschen Sekt?«

»Bitte wecken Sie Ihren Mann«, sagte Cirillo. »Wir müssen ihn sprechen.«

Adriana Apicella fuhr mit der Zungenspitze an ihren schmalen, rosa angemalten Lippen entlang. »Ich fürchte, das ist nicht möglich«, zwitscherte sie und setzte wieder ihr maskenhaftes Lächeln auf. »Es tut mir wirklich leid, aber er hat die Nacht durchgearbeitet. Er braucht seinen Schlaf.«

»Er war heute Nacht in Marina Piccola«, stellte Rizzi fest. »Ich habe ihn beim Schwimmen angetroffen.« Er nahm seine Sonnenbrille ab. »Sie scheinen nicht immer ganz im Bilde zu sein, wenn es darum geht zu sagen, wo Ihr Mann sich nachts aufhält. Kann das sein?«

»Sie sind unverschämt.« Adriana Apicella reckte ihr Kinn. »Wenn er nachts malt, muss er danach schwimmen gehen – einfach, um sich zu bewegen und wieder runterzukommen von seinem künstlerischen Trip.«

»Musste er das auch in seiner Geburtstagsnacht?« Cirillo trat näher. »Der Tatnacht? Uns liegt eine Aussage vor, dass Massimo irgendwann nach Mitternacht seine Geburtstagsparty verlassen hat.«

»Das ist richtig.« Adriana Apicella nickte und schien plötzlich die Ruhe selbst.

»Wo ist er hingegangen?«

»Das kann ich Ihnen sagen: die Treppe runter in den Garten, in sein Atelier. Das tut er immer, wenn es ihm zu viel wird und er alleine sein will.«

»Er selbst hat zwischenzeitlich mal behauptet, er wäre schwimmen gegangen«, erklärte Rizzi.

Adriana Apicella lächelte nachsichtig. »Sage ich doch. Das tut er nach dem Malen.«

»Ich halte fest: Was die Nacht vom vergangenen Montag auf Dienstag angeht, die Geburtstagsnacht, wissen Sie es nicht genau«, sagte Cirillo, während sie Adriana Apicella zusammen mit Rizzi in die große Wohnhalle folgte. Die Haustür hinter ihnen blieb offen.

»Ich kenne meinen Mann in- und auswendig«, erklärte Adriana Apicella, »seine Vorlieben und Gewohnheiten, vielleicht besser als er selbst. Ich weiß meistens schon vor ihm, was er tun oder entscheiden wird.« Adriana Apicella blieb stehen und drehte sich zu Rizzi und Cirillo herum. »Das können Sie sich vermutlich nicht vorstellen. Sie sind ja auch keine Künstler, sondern Polizisten.«

»Bitte holen Sie jetzt Ihren Mann«, bat Cirillo. »Sagen Sie ihm, die Polizei will ihn sprechen.«

»Selbstverständlich, Agenti«, säuselte Adriana Apicella. »Verzeihen Sie.« Sie verschwand mit schnellen kleinen Schritten lautlos um die Ecke, die Arme eng am Körper, die Handflächen zu den Seiten abgeknickt.

Der große Raum, vollgestellt mit Tischen, Sesseln und Sofas, sah aus, wie Rizzi ihn in Erinnerung hatte. Nur die Geburtstagsblumensträuße, die über Beistellwagen und Tischchen verteilt gewesen waren, hatte man inzwischen abgeräumt. Allein auf dem Kamin stand prominent ein Bouquet aus weißen Rosen.

Rizzi betrachtete noch einmal die Fotos, die drumherum aufgestellt waren: Stella in allen Altersstufen, Aufnahmen von Adriana Apicella als Primaballerina und ein kräftiger Mann mit nacktem Oberkörper und wilden Locken: Massimo Apicella in jüngeren Jahren. Ein Foto, schwarz gerahmt, war neu: Stella und Nino, die sich verliebt anschauten, wobei Ninos Blick auch eine Ungläubigkeit ausdrückte, als könnte er sein Glück nicht fassen. Er sah zierlich aus, wirkte fast ein wenig zerbrechlich. Nun hatte er es posthum also doch noch geschafft und als Ehemann von Stella einen Platz auf dem Kaminsims ergattert.

Rizzi bekam von Cirillo einen Stups und folgte ihrem Blick zur bunt angemalten Holzfigur, hinter der, halb verdeckt, ein Typ im Hoodie saß. Der Mann hatte die Kapuze tief ins Gesicht gezogen, als würde er schlafen oder doch wenigstens nichts mit der Welt zu tun haben wollen.

»Signor Bocci!«, rief Rizzi und stellte das Foto von Nino und Stella zurück auf den Kamin – als ihm einfiel, dass der Mann ja gehörlos war. Diego Bocci saß hier wohl schon seit geraumer Zeit auf dem Sofa, obwohl Cirillo ihn doch erst vor weniger als dreißig Minuten informiert und gebeten hatte, er möge sich hier, im Haus der Apicellas, an der Via Castiglione einfinden.

Er sah blass und müde aus und hatte gerötete Augen.

Rizzi holte sein Telefon hervor, um seine Eingangsfrage ins Textfeld zu tippen und Diego zu zeigen: *Was ist mit Ihnen? Sind Sie krank?* – als plötzlich Stella zwischen den Sesseln und Sofas auftauchte. Sie trug einen gesteppten Morgenmantel, der beim Gehen raschelte, und balancierte zwei Schalen Caffellatte.

»Buongiorno«, grüßte sie und stellte die Schalen auf dem flachen Tisch ab. »Wollen Sie auch einen?«, fragte sie, während sie Diego das Smartphone aus der Hand nahm, das er wohl für die Kommunikation hervorgezogen hatte, und es in Reichweite auf den Tisch legte. Dann setzte sie sich so dicht neben Diego, dass sie mit ihrem Bein seinen Schenkel berührte, und strich ihm mit einer kleinen beiläufigen und fast zärtlichen Geste über den Rücken.

»Kaffee?«, wiederholte Rizzi. »Nein, danke.« Er dachte kurz an Cirillos Worte: Nicht gleich mit der Tür ins Haus fallen. Mit Bedacht vorgehen. Dynamiken beobachten – und fragte dennoch: »Sind Sie ein Paar? Antworten Sie bitte.«

Stella starrte an Rizzi vorbei, über die rosafarbenen Flamingos aus Pappmaché hinweg zur Tür, als hätte sie eine Erscheinung. Claudio Tripodi stand dort und neben ihm, im orangefarbenen Kostüm, mit hochtoupierter Frisur, Donatella Castaldo.

»Agenti«, zeterte diese. »Ich werde mich bei Ihrem Vorgesetzten beschweren. Ich lasse mich nicht von der Polizei am Hafen abfangen und vor allen Leuten wie eine Schwerverbrecherin in den Streifenwagen verfrachten. Das ist eine Unverschämtheit.«

»Was willst du hier?« Stella stand auf. Ihre Augen blitzten wütend.

»Und mit dieser Person bleibe ich keine Sekunde in einem Raum!« Donatella Castaldo schnappte nach Luft.

»Setzen Sie sich«, befahl Rizzi. »Alle beide.«

»Warum? Was soll ich hier? Bitte klären Sie mich auf. Was gibt es hier für mich zu tun?« Donatella Castaldo reckte stur ihre Nase in die Höhe, während Claudio Tripodi Stella leise begrüßte, ihr einen flüchtigen Kuss auf die Wange gab und Diego einmal mit der Hand durch die Haare fuhr, wobei die Kapuze nach hinten rutschte. Dann setzte er sich neben Stella auf die Sofalehne.

»Uns liegt eine Aussage von Signora Donatella Castaldo vor«, begann Cirillo und ließ ihren Blick über Stella und die beiden Männer wandern, die rechts und links von ihr auf dem Sofa saßen: Diego Bocci, blass und übernächtigt, und Claudio Tripodi im weißen Hemd, mit leuchtend blauen Chinos, selbstsicher und mit sich im Reinen. »Signora Castaldo«, fuhr Cirillo fort, »behauptet, dass Nino nicht zeugungsfähig war.«

Stella sprang auf. »Wie kommst du dazu, so etwas zu behaupten?«, rief sie erregt. »Nino ist tot, und du lässt keine Gelegenheit aus, deine verdammten Lügen zu verbreiten.«

»Es ist die Wahrheit«, antwortete Donatella Castaldo mit geschlossenen Augen und zupfte an ihrem Jäckchen mit der goldenen Bordüre. »Du bist als Lügnerin und Betrügerin entlarvt. Finde dich damit ab.«

»Womit? Dass Nino ein Schlappschwanz war?« Gianfranco Riva, Stellas Ex- und Jugendfreund, kam herein. Er war verschwitzt, trug kurze Hosen, T-Shirt und Sneaker.

»Was willst du hier?«, zischte Stella. »Ich habe dir gesagt, du sollst dich nie wieder blicken lassen.«

»Tut mir leid, Kleines.« Gianfranco Riva ließ sich neben ihr in den Sessel fallen. »Ich bin einbestellt worden. Von diesen zwei Agenti.« Er zeigte auf Rizzi und Cirillo. »Ziemlich kurzfristig, muss ich sagen. Aber bevor ich mich verdächtig mache und man auf die Idee kommt, ich wollte mich drücken oder hätte etwas zu verbergen, bin ich sofort los.«

»Jetzt erzähl mal«, höhnte Donatella Castaldo und schaute Stella herausfordernd an. »Wer von diesen Herren ist denn nun der Vater von dem Kind, das du erwartest? Oder weißt du es selbst nicht?«

»Klären Sie uns auf, Stella«, sagte Cirillo.

Stella wischte sich trotzig mit dem Handrücken eine Träne aus dem Gesicht. »Ich habe Nino geliebt«, sagte sie mit fester Stimme, »trotz seiner krankhaften Eifersucht und seiner cholerischen Anfälle. Und diese Liebe und alles, was uns verbunden hat, kann mir keiner nehmen. Aber dass etwas nicht stimmt, dass er mir etwas verheimlicht, ahnte ich schon die ganze Zeit.« Hasserfüllt schaute sie Donatella Castaldo an. »Du hast es die ganze Zeit gewusst und nichts gesagt und dich heimlich gefreut, dass ich von Nino niemals ein Kind bekommen würde.«

»Nino hatte mein Wort, dass ich sein Geheimnis hüte«, erwiderte Donatella Castaldo kalt. »Wobei ... Hättest du dir wirklich nichts sehnlicher von Nino gewünscht als ein Kind, hätte ich dir sofort mit dem größten Vergnügen mitgeteilt, dass du bei ihm, was Kinder angeht, an der falschen Adresse bist. Aber du wolltest ja von ihm nur bewundert und angehimmelt werden. Damit sich bloß alles um dich dreht. Dass du unser Leben durcheinanderbringst, das Leben von Nino und mir, war dir so egal wie die Frage, was aus der Käserei Castaldo wird, wenn Nino bei uns in Neapel hinschmeißt. Wie du in unser Leben reingetrampelt bist und alles kaputtgemacht hast, werde ich dir nie verzeihen.«

»Du bist eine hinterhältige Schlange.« Stellas Augen blitzten. »Du hast ihn die ganze Zeit gegen mich aufgehetzt. Wie er auf mich losging! Ich wusste gar nicht, wie ich ihn beruhigen könnte. Er war so felsenfest davon überzeugt, dass Diego der Vater ist. Er hat mir gar nicht zugehört. Jetzt weiß ich auch, warum.«

Gianfranco in seinen Fahrradhosen kratzte sich an den Waden. »Die Szene stelle ich mir echt heiß vor«, grinste er. »Du zu Nino: Liebling, ich bin schwanger, wir bekommen ein Kind. Freust du dich? Und Nino, der wusste, dass er nicht der Vater sein kann, dreht durch. Kann man ja auch verstehen, oder?« Er wandte sich über seine Schulter an Donatella Castaldo: »Ich habe es Ihrem Cousin x-mal gesagt: Die Frau ist eine Nutte.«

Claudio Tripodi sprang auf, holte aus – und schlug Gianfranco Riva mit der flachen Hand ins Gesicht.

Bevor Rizzi dazwischengehen konnte, hatte Claudio Tripodi sich schon wieder gesetzt, war die Ruhe selbst, als hätte er nur mal eben schnell etwas Notwendiges erledigt, das keinen Aufschub duldete und über das man weiter kein Wort verlieren musste.

Gianfranco schien eher erstaunt als wütend, hielt sich die schmerzende Wange und blaffte: »Denkst du, du bist der Einzige, mit dem sie vögelt? Los, Stella. Pack aus.«

»Ich warne dich, Gianfranco«, sagte Stella. »Halt deinen Mund.«

»Die ganze Piazza hat gehört, wie du noch am Montag, am Tag vor Ninos Tod, mit ihm gestritten hast«, platzte Gianfranco heraus. »Versuch also gar nicht erst, es abzustreiten. Und dann, große Überraschung, bist du weggelaufen, wie immer, wenn es schwierig wird. Aber dieses Mal ist nicht Nino hinter dir hergerannt, wie wir es schon oft beobachtet haben, sondern Diego. Da wusste ich: Die Bombe ist geplatzt. Schauen Sie sich die beiden an, Agenti, wie die liebe Stella und der kleine Diego aus der Wäsche gucken, als könnten sie keiner Fliege etwas zuleide tun. Aber mir könnt ihr nichts vormachen. Ihr habt einen schönen Plan ausgeheckt, wie ihr Nino loswerden und euch die Käserei unter den Nagel reißen könnt.«

»Du bist krank«, stellte Stella fest. »Dein ganzes Weltbild ist krank.«

»Lass uns die Wahrheit sagen, Liebling.« Claudio Tripodi tastete nach Stellas Hand. Sie sah ihn verwirrt von der Seite an, doch er ließ sich nicht zurückhalten. »Es ist unser

Kind. Jawohl, unseres. Es ist passiert, und dafür danke ich Gott.«

Stella entzog ihm ihre Hand. Sie war kreideweiß im Gesicht.

»Sagen Sie, wie es ist«, bat Cirillo.

Stella zögerte einen Moment, bevor sie erklärte: »Es stimmt, was Claudio sagt. Wir haben Nino betrogen. Ein einziges Mal, übrigens, falls es hier jemanden interessiert, und haben nicht aufgepasst. Und wissen Sie was?« Sie schaute Rizzi und Cirillo offen an. »Ich habe kein schlechtes Gewissen. Jetzt nicht mehr. Nino hat mich auch betrogen, wenn es stimmt, was diese Hexe sagt. Er hat mir nicht vertraut, hat mich verarscht und lieber mit einer Lüge gelebt. Er hat mir nicht gesagt, dass er zeugungsunfähig ist.«

»Was dachte Nino?«, fragte Cirillo. »Dass Diego der Vater ist?«

»Er war besessen von dieser Idee, hat immer wieder Bemerkungen gemacht und Diego schrecklich schikaniert.« In Erinnerung an solche Szenen schüttelte Stella den Kopf. »Aber zwischendurch hat er sich auch wieder beruhigt, und alles war okay. Bis es wieder von vorne losging. Ich habe nie begriffen, was die Auslöser für seine Eifersuchtsanfälle waren. Irgendein Blick zwischen Diego und mir? Eine freundliche Berührung? Wir hatten ja nichts zu verbergen. Immer wieder habe ich zu Nino gesagt: Diego steht gar nicht auf Frauen. Wir mögen uns, aber wir haben nichts miteinander. Jetzt glaub es einfach.«

»Natürlich hat er es nicht geglaubt«, rief Donatella Castaldo dazwischen. »Da kann Diego noch so anständig sein –

wenn du es nicht bist und jedem ins Bett gehst, der dir unterkommt.«

Stella sprang auf, rot vor Wut, doch Diego fasste sie am Arm und zog sie wieder zurück aufs Sofa, während er ihr sein Smartphone reichte.

»Soll ich?«, fragte sie, noch immer aufgebracht. »Bist du dir sicher?«

Diego nickte.

Stella beruhigte sich langsam, sie starrte auf das Display und erklärte fast tonlos: »Diego hat mir etwas gestanden, das ich so nicht wusste, und ich habe beschlossen, ihm zu glauben – und zu verzeihen. Er hat es heute Morgen aufgeschrieben.« Ihre Stimme zitterte ein wenig, als sie fortfuhr: »Ich weiß nicht, ob es eine gute Idee ist, aber Diego möchte eine Aussage machen.«

Sie fasste nach seiner Hand und hielt sie fest, während sie seine Worte vom Display ablas: *Ich, Diego Bocci, habe Nino kein Haar gekrümmt, ich schwöre, aber ich bin trotzdem mitschuldig an seinem Tod.*

Rizzi beobachtete, wie sich Stellas Eltern – Adriana und Massimo Apicella – auf den Sitzgelegenheiten im hinteren Teil der Wohnhalle niederließen, wo bereits Linda Rubini Platz genommen hatte, im weißen Kleid, mit rosafarbenem Halstuch. Alle hörten mit versteinerter Miene zu, während Stella fortfuhr, Diegos Aussage vorzulesen.

Ich bin von Nino, nicht zum ersten Mal, am vergangenen Montag gefeuert worden. Von einem Tag auf den anderen, ohne ein Wort der Erklärung, hat er mich vor die Tür gesetzt und mir diese vor der Nase zugeschlagen.

Am nächsten Morgen, Dienstag früh, bin ich dennoch

wie gewohnt zum Hafen gefahren, habe, wie immer, die Büffelmilch von Tomaso in Empfang genommen und bin zur Käserei hoch. Ich war auf alles gefasst: dass Nino mich hochkant rausschmeißt oder dass er so tut, als wäre alles in Ordnung und gar nichts gewesen, wie ich es schon oft erlebt hatte.

Doch die Situation war anders als erwartet. Nino war in der Käserei, keuchte und rang nach Atem. Anscheinend hatte er sich wieder mal schrecklich aufgeregt. Stella war nirgends zu sehen. Ich kam also wie gerufen. Ich war seine Rettung. Er gab mir zu verstehen, ich solle nicht so dumm herumstehen, sondern rauf in die Wohnung gehen, und zwar schnell, und ihm seine Tabletten holen.

Ich habe gehorcht, wie ich immer gehorcht habe, ging wie ferngesteuert nach oben, zum Nachtschrank, wo sich die Medikamente befinden. Ich war allein, machte die Schublade auf – und plötzlich passierte etwas mit mir.

Es war ein Widerstand, den ich fühlte, ein Widerwille und auch ein Hass – so stark, wie ich ihn noch nie zuvor empfunden habe. Ich stellte mir vor, wie es wäre, wenn es Nino einfach nicht mehr geben würde, seine Zornesausbrüche, sein sprunghaftes Verhalten und seine Angewohnheit, hinterher so zu tun, als sei gar nichts gewesen. Ich fragte mich, was eigentlich wäre, wenn ich seine fristlose Kündigung, seine gemeinen Unterstellungen und Bemerkungen, die oft unter der Gürtellinie waren, ein einziges Mal ernst genommen hätte, wenn ich, statt klein beizugeben und wieder angekrochen zu kommen, für immer weggegangen wäre. In diesem Moment habe ich einen Entschluss gefasst.

»Du hast ihn umgebracht«, unterbrach Donatella Castaldo fassungslos. Sie hob die Fäuste. »Du warst sein Ein und Alles. Nur deshalb war er so streng zu dir. Das weißt du! Egal, was die Leute geredet haben, er hat dich immer in Schutz genommen und gesagt: Diego ist anständig.«

»Ich habe diese Seite an Nino gehasst«, erklärte Stella matt, während sie Cirillo resigniert das Smartphone überließ.

Cirillo überflog auf dem Display die Erklärung von Diego, auch die Worte, die Stella noch nicht vorgelesen hatte, und gab den Apparat wortlos an Rizzi weiter, während Massimo Apicella sich hinten von seinem Platz erhob.

Im orientalischen Gewand kam er durch den Raum zum Sofa herüber und strich Stella unbeholfen über den Kopf. »Versuch, Nino in guter Erinnerung zu behalten«, sagte er und kämpfte, von einem Moment väterlicher Rührung erfasst, mit den Tränen. »Ich weiß, du wirst mich dafür hassen, aber ich sage es ganz offen: Ich bin froh, dass dieses Kapitel vorbei ist. Auch wenn ich mir natürlich ein anderes Ende für Nino gewünscht hätte.«

»Halt den Mund, Papà«, bat Stella leise. »Bitte. Niemand will, dass du eine Rede hältst.«

»Du sollst es nur wissen, mein Kind«, rief er und schaute dabei Rizzi und Cirillo an. »Auch wenn es kein Trost ist: Nino war nicht gut für dich. Wir – deine Mutter und ich – haben uns immer voller Wehmut und Sorge gefragt: Wo ist unsere fröhliche Stella abgeblieben, die immer so frei und unbekümmert war? Die nicht ständig am Kritteln und Nörgeln ist und so sauertöpfisch dreinschaut, dass sie irgendwann ganz vergrämt und hässlich aussehen wird? Wir wussten: Das ist nicht unsere Tochter.«

Stella schaute durch den Raum, zu ihrer Mutter, Adriana Apicella, die von ihrem Platz aufgestanden war und aussah, als würde jedes Wort, das hier gesprochen wurde, ihr körperliche und seelische Schmerzen bereiten.

»Ich weiß, ihr habt Nino nie gemocht«, stellte Stella nüchtern fest. »Und ihr habt eure Ablehnung ja auch oft genug gezeigt. Aber an deinem Geburtstag, Papà, bist du eindeutig zu weit gegangen.«

»Das würde ich so nicht unterschreiben.« Massimo machte eine großzügige Handbewegung. »Wir waren alle sehr emotional an dem Abend. Du, deine Mutter und ich – und Nino ebenfalls.«

»Du hast Nino übel beschimpft und dann rausgeworfen«, sagte Stella, »und wir haben alle bloß zugeschaut.« Sie schlug die Hände vors Gesicht. »Mein Gott. Wenn ich heute darüber nachdenke: Ich hätte ihn nicht so gehen lassen dürfen.«

»Die Sache verhält sich genau andersherum, mein liebes Kind«, dozierte Massimo. »Dass du das nicht sehen willst! Er hätte niemals so mit mir sprechen dürfen! Oder habe ich mir jemals angemaßt, so über seinen Mozzarella zu reden wie er über meine Kunst?«

»Kein Grund, ihn so zu behandeln.«

»Was ist passiert?«, fragte Cirillo.

»Vergessen Sie's.« Massimo verschränkte die Arme vor der Brust. »Nino war ein Mann mit einem sehr engen Horizont. Deshalb kamen wir einfach nicht zusammen. Es gab für das Problem keine Lösung.«

»Was redest du?«, fragte Stella. »Er hat dir seine Hand zur Versöhnung ausgestreckt! Und ihr, statt sie zu ergreifen, habt sie ausgeschlagen.« Stella putzte sich die Nase. »Es war kurz vor Mitternacht. Wir hatten uns gerade alle von unseren Plätzen erhoben, um Papà noch einmal an seinem runden Geburtstag brav zu huldigen und auf die anstehende Ausstellung und all seine künftigen Erfolge anzustoßen, als Nino plötzlich verkündete: Wir bekommen ein Kind. Alle waren baff – ich besonders. Seit unserem Streit und dem Rauswurf von Diego am Nachmittag hatten wir über das Thema nicht mehr gesprochen. Wir hatten, ehrlich gesagt, seitdem überhaupt nicht mehr miteinander gesprochen, und mir war die ganze Zeit schon hundeelend zumute gewesen.«

»Er hat dich behandelt wie den letzten Dreck«, stellte Massimo fest. »Und das über den ganzen Abend und auch in der Zeit davor.«

Stella ging darüber hinweg. »Ich war wahnsinnig erleichtert«, erklärte sie. »Und glücklich. Nino hatte sich wieder beruhigt. Das bedeutete, dass wir wie erwachsene Menschen miteinander reden und für unser Problem eine Lösung finden könnten.«

»Das sagst du jetzt«, entgegnete Massimo spöttisch. »Wir aber waren alle wie vor den Kopf gestoßen. Es war einfach grauenhaft zu sehen, wie du dich ihm schon wieder untergeordnet hast. Und da sollten wir ihm jetzt, zumal an meinem Geburtstag, zujubeln, dass er uns ein Enkelkind schenkt? Ich gebe es zu, unser Jubel hielt sich in engen Grenzen. Es war ein Schlag für uns alle. Frag deine Mutter. Zu wissen, dass du mit einem Kind für immer an diesen Mann gebunden bist – dieser Gedanke war unerträglich. Wir hatten ja keine Ahnung, dass jemand anderes der Vater ist!«

»Ich ertrage das nicht«, unterbrach Stella wütend. »Es geht immer nur um dich, Papá. Sogar in dieser Situation hast du Nino noch vorgeworfen, dass er es gewagt hat, dein Deckengemälde in der Käserei zu übermalen. Dein heiliges Frühwerk. Ein Kitsch sondergleichen. Du spielst dich auf, als wäre ein Picasso zerstört und für die Nachwelt verloren gegangen.«

»Ich war betrunken.«

»Du warst von dir selbst so berauscht, dass du Nino noch hinterherrennen und ihn verprügeln wolltest.«

»Ich wollte raus, an die frische Luft, und mich beruhigen.«

»Es stimmt, was Stella sagt«, mischte sich Linda Rubini ein. »Du warst plötzlich verschwunden. Wir haben uns Sorgen gemacht.«

»Halt dich da raus«, fuhr Massimo sie an.

»Waren Sie in der Käserei?«, wandte Cirillo sich an Massimo Apicella. »Haben Sie Nino in jener Nacht noch zur Rede gestellt?«

»Warum sollte ich?« Er rang die Hände. »Ich werde diese Klitsche in Anacapri in meinem ganzen Leben nicht mehr betreten. Ich habe mit Ninos Tod nichts zu tun.«

Cirillo reichte Stella das Smartphone von Diego und bat: »Bitte lesen Sie zu Ende, was Diego geschrieben hat.«

Stella nahm das Smartphone, sammelte sich und fasste wieder nach Diegos Hand, während sie seine Worte vorlas: *Als ich Minuten oder – gefühlt – Stunden später in die Käserei herunterkam, stand die Tür offen. Nino war verschwunden. Ich konnte es nicht glauben. Bis ich das Wasser auf dem Boden sah und den Schlauch, der zum Bottich führte. Nino war tot. Ich werde dieses Bild nie vergessen. Was immer passiert ist – ich trage eine Mitschuld, weil ich mich nicht um ihn gekümmert und, statt ihm zu helfen, ihn seinem Schicksal überlassen habe.*

Stella ließ den Telefonapparat sinken. Die Männer um sie herum – Diego Bocci, Claudio Tripodi und selbst Gianfranco Riva – schwiegen betroffen.

Plötzlich meldete sich Donatella Castaldo zu Wort und erklärte mit brüchiger Stimme: »Auch mich trifft eine Schuld. Jawohl, ich gebe es zu.« Sie zupfte an ihrem orangefarbenen Jäckchen. »Als ich nach unserem Streit gegangen bin, war Nino nicht so putzmunter, wie ich es heute Nacht ausgesagt habe. Es ging ihm nicht gut, und ich bin trotzdem gegangen. Nach meiner Auffassung waren wir zu dem Zeitpunkt geschiedene Leute, die sich nichts mehr zu sagen haben. Auch ich habe ihn seinem Schicksal überlassen.«

Cirillo blätterte in den Seiten ihres Notizbuchs. »Nach den bisherigen Aussagen«, sagte sie, »waren Sie, Signora Castaldo, und Sie, Signor Bocci«, Cirillo sprach extra deutlich, so dass Diego Bocci von den Lippen ablesen konnte, »am Tatort und haben kein Alibi. Haben Sie, Signor Bocci, in der Käserei oder in der Nähe jemanden gesehen, von dem Sie sagen, dass diese Person, ihr Aufenthaltsort oder das Verhalten Ihnen rückblickend verdächtig oder zumindest merkwürdig erscheint?«

Diego Bocci griff nach Stellas Handy, um seine Antwort einzutippen, und während ihn alle abwartend anstarrten, klappte irgendwo eine Tür. Rizzi ließ seinen Blick durch den Raum wandern und ging, um die Situation zu überprüfen, ins Esszimmer hinüber.

Am langen Tisch war für vier Personen gedeckt, aber niemand hatte sich hier niedergelassen. Das Geschirr war unbenutzt. Rizzi wollte zurück in die Wohnhalle gehen, als er meinte, in den Augenwinkeln eine Bewegung gesehen zu haben, eine Gestalt, die draußen, zwischen den Büschen, über die Treppe in den Garten hinunterhuschte.

Die Terrassentür ging nicht auf. Rizzi verstand es zuerst nicht, bis er sah, dass jemand von der anderen Seite einen Besenstiel unter die Klinke gestellt hatte. Er rüttelte am Griff, die Scheibe klirrte, und der Besenstiel bewegte sich Millimeter um Millimeter, bis er schließlich zur Seite fiel.

Rizzi öffnete, schaute weder nach rechts noch nach links, sondern rannte über die Terrasse und lief zügig die Treppe in den Garten hinunter.

Die Sitzgruppe auf dem Rasen lag im Schatten, der Sonnenschirm war zugeklappt. Der Aschenbecher war voll, und im Sektkühler auf dem Beistellwagen steckte kopfüber eine Flasche, die wahrscheinlich gestern geleert worden war. Kein Mensch war zu sehen, nichts regte sich, nur die Bastrollos vor den Fenstern der Remise schaukelten leise hin und her.

Rizzi ging über den Rasen und schob die Bastrollos beiseite, die im Atelier als Sicht- und Sonnenschutz dienten. Die Tür dahinter war verschlossen. Rizzi schirmte mit der Hand seine Augen gegen das Tageslicht ab und schaute durch die blinden Scheiben ins Innere.

Bilder lehnten an der Wand, riesige Formate mit einem bunten Gekleckse. Auf dem Boden standen Farbtöpfe und Gläser mit Pinseln, und überall lagen halb ausgedrückte Tuben herum. Weiter hinten befanden sich eine Spüle und ein großes Bett mit einem Messinggestell. Direkt davor stand ein Tisch. Ein Stuhl war umgekippt, während ein anderer, ein paar Meter entfernt, frei stand, direkt unter dem Kronleuchter, der von der hohen Decke baumelte.

Auf dem Stuhl standen zwei nackte Füße, die Zehenspitzen wie bei einer Balletttänzerin zu den Seiten ausgerichtet. Der Saum darüber war mit altertümlicher Spitze besetzt und das lange Kleid mit Kreisen bedruckt, die ein psychedelisches Muster ergaben. Der Haarknoten war aufgelöst, die zerzausten weizenblonden Strähnen rahmten die harten Gesichtszüge mit der schmalen Nase und den hohen Wangenknochen von Adriana Apicella ein. Im Dekolleté lag die Korallenkette und um den Hals herum ein Strick.

»Signora Apicella!« Rizzi hämmerte gegen die Scheibe. »Machen Sie auf!« Er rüttelte an der Klinke. »Adriana, haben Sie gehört? Aufmachen!«

Die Frau hob einen Fuß in die Höhe und winkelte das Bein an, als wollte sie zu tanzen anfangen. Der Stuhl unter ihr, als Folge der Gewichtsverlagerung, geriet ins Wanken.

Rizzi zog den Ärmel seiner Kapuzenjacke über die Hand, ballte die Hand zur Faust und schlug gegen die Scheibe. Einmal, zweimal. Glas splitterte. Er fasste durch das Loch, drehte auf der anderen Seite den Schlüssel herum, stieß die Tür auf und war in wenigen Sätzen beim Stuhl.

Adriana Apicella leistete keinen Widerstand, als Rizzi sie umfasste und wie eine Puppe vom Stuhl herunterhob. Die Schlinge über ihrem Kopf baumelte hin und her, und Adriana Apicella flüsterte, die Arme um Rizzis Nacken geschlungen, während er sie auf dem Boden absetzte: »Ich musste es tun.«

Rizzi nahm ihre Hände, mit denen sie ihn umklammerte, und fragte: »Warum haben Sie es getan?«

Adriana Apicella sackte in sich zusammen, als hätte ihr jemand den Boden unter den Füßen weggezogen. Rizzi fasste sie unter, hob sie hoch und setzte sie auf den Stuhl, auf dem sie eben noch, mit dem Strick um den Hals, gestanden hatte.

»Ich hatte es nicht vorgehabt, wirklich nicht.« Tränen liefen ihr übers Gesicht. »Bitte glauben Sie mir. Ich hatte es nur gut gemeint. Ich wollte verhindern, dass ein Unglück geschieht. Ich kenne doch meinen Mann«, schluchzte sie. »Ich kenne Massimos Gedanken, Gefühle und Ideen, bevor er sie selbst kennt. Verstehen Sie?« Sie schaute zu Rizzi auf. Ihre Augen waren tränenverschleiert. »Ich muss ihn vor Fehlern bewahren und Unglück und Schaden von ihm abwenden. Ich muss ihm immer einen Schritt voraus sein.«

»Wovon reden Sie?« Rizzi packte sie bei den Schultern. »Sie haben Nino umgebracht, den Mann Ihrer Tochter. Was hat er Ihnen getan? Stella hat ihn geliebt.«

Adriana Apicella lächelte. »Ach, Stella. Das Kind ist manchmal so dumm. Sie hat sich doch nur wieder in etwas verrannt, wie schon so oft in ihrem Leben. Immer auf der Suche nach einer Person oder einer Sache, die sie vergöttern kann. Erst war es Gianfranco Riva und sein schrecklich kleingeistiger Lebensentwurf. Dann war es diese fixe Idee mit dem Psychologiestudium, das sie in eine völlig falsche Richtung gebracht hat. Und plötzlich meinte sie, sie müsse etwas mit ihren Händen tun und lernen, wie man Mozzarella macht.« Sie betrachtete kopfschüttelnd die Spitze an ihrem Ärmel.

»Stella ist ein Kind, das hofft, dass Probleme sich von alleine lösen. Das tun sie aber nicht. Stattdessen werden sie immer größer, wenn man sich nicht kümmert. So ist es. Es wäre nur eine Frage der Zeit gewesen, bis Nino und Massimo wieder aneinandergerasselt wären, und dann wäre die Sache richtig eskaliert.«

»Die Sache ist eskaliert«, stellte Rizzi fest. »Wollten Sie Nino warnen? Oder ihm zur Hilfe eilen? Dachten Sie, Massimo tut Nino etwas an?«

Adriana Apicella war ganz grau im Gesicht. »Was hätten Sie denn an meiner Stelle gedacht? Alle waren plötzlich weg. Wir hatten Massimos Geburtstag gefeiert und versucht, eine ganz normale Familie zu sein. Aber dann haben sich alle nur noch angeschrien. Natürlich hatte ich kein gutes Gefühl! Ich war unruhig und bin nach Anacapri gefahren. Ich hielt es für möglich, dass die beiden Männer sich gegenseitig an die Gurgel gehen. Zwei Egomanen, zwei Gockel, die sich ähnlicher sind, als man zuerst denkt. Und mittelfristig, das war klar, würde es nur eine Lösung geben.«

»Welche?«

»Ich wollte Nino bitten, Capri zu verlassen.« Adriana Apicella sprach nun ganz ruhig und sehr überlegt. »Ich war bereit, ihm Geld zu geben, damit er verschwindet. Ich hätte dieses Haus an der Piazza La Torre gekauft, hätte einen Restaurator engagiert und das Frühwerk meines Mannes, das Deckengemälde, wiederherstellen lassen. Vielleicht hätten wir dort sogar ein kleines Museum eingerichtet oder eine Galerie aufgemacht. Das, zum Beispiel, wäre eine hübsche Aufgabe für Stella gewesen. Alles, was Nino tun musste, war, dieses unglückselige Kapitel mit der Käserei in Anacapri beenden.« Auf den Wangen von Adriana Apicella hatten sich rote Flecken ausgebreitet. »Als ich an der Piazza La Torre ankam, war die Käserei hell erleuchtet und Nino allein. Ich wusste nicht, was passiert war, ob Massimo ihn aufgesucht und die beiden ihren Streit fortgesetzt hatten. Nino war nicht in der Lage, zu reden oder sich verständlich zu machen. Auch wenn er vielleicht nicht, wie Diego sagt, mit dem Tod rang, so hat er doch in einen Abgrund geschaut – und zwar in seinen ganz persönlichen.« Sie presste zwei Finger an ihre Schläfen. »Rückblickend hätte ich ihn einfach seinem Schicksal überlassen sollen. Wie Diego und diese Frau aus Neapel, diese Cousine, es getan haben. Aber so bin ich nicht. Mich einfach umdrehen und gehen? Nein, das hätte ich nicht übers Herz gebracht.«

»Was haben Sie getan?«, fragte Rizzi.

Adriana Apicella blinzelte. »Ich wollte ihm helfen, ihn beruhigen, nichts anderes hatte ich im Sinn. Doch, Agente. Ich gebe Ihnen mein Ehrenwort. Aber er hat mich abgewehrt. Hat mir einen Schlag ins Gesicht verpasst. Ich war so überrascht, dass ich im ersten Moment gar nicht wusste, was los war. Ich war nicht verärgert, ich war verblüfft, dass dieser kleine Mann, ein Käsemacher aus Neapel, es wagt, mich, Adriana Apicella, Ehefrau von Massimo, anzugreifen. In dem Moment hat er noch einmal ausgeholt. Ich habe seine Hand festgehalten, und plötzlich sackte der Mann auf mich drauf.« Adriana Apicella erschauderte. »Ich wusste nicht, was los war. War sein Schlag in mein Gesicht das Letzte, wofür er seine ganze Kraft zusammengenommen hatte? Hatte er auch Stella geschlagen?« Sie hob angewidert die Schultern. »Ich wollte ihn von mir wegdrücken, und das habe ich getan. Er prallte rücklings gegen den Bottich, hing leblos wie eine Puppe über dem Rand.« Sie starrte ins Leere. »Es war ganz leicht, seine Beine anzuheben. Er glitt in die Wanne, als wäre dort sein Platz, der Ort, wo er hingehört. Er hat mich ganz dumm mit glasigen Augen angeschaut. Wie ein Fisch, dachte ich. Und ein Fisch will schwimmen.« Sie presste ihre Faust vor den Mund. »Ich hätte nicht gedacht, dass er noch zappeln würde. Und dass er mich dabei anschaut. Dieser Blick! Aber ich konnte nicht mehr zurück. Wie hätte ich es Massimo und Stella erklären sollen?« Adriana Apicella zitterte, als sie zur Seite schaute, wo neben Cirillo, wie versteinert, ihre Tochter Stella stand.

»Bitte verzeih«, flüsterte Adriana Apicella und streckte ihre Hand aus. »Der Mann war nicht gut für dich. Glaub mir. Dafür war er deinem Vater zu ähnlich. Eines Tages wirst du mich verstehen.«

»Sie sind verhaftet.« Cirillo trat vor und legte Adriana Apicella die Handschellen an.

Wie sie da stand, die Arme vor dem Körper, die Handflächen trotz der Handschellen zu den Seiten abgeknickt, hatte sie nichts Elfengleiches mehr. Vielmehr wirkte sie wie ein schmächtiges Mädchen, um Jahre gealtert. Mit kleinen Schritten ging Adriana Apicella durch den Raum und blieb vor ihrer Tochter stehen.

»Kümmere dich um deinen Vater«, sagte sie. »Er braucht dich jetzt.«

»Ja, Mamma«, antwortete Stella mechanisch, während sie, an ihrer Mutter vorbei an die Wand, auf ein Bild ihres Vaters und das Gekleckse darauf schaute. »Mach dir keine Sorgen. Ich kümmere mich um ihn.«

25

Cirillo betrachtete die dunkle, ovale Insel mit den gelb und grün eingefassten schwarzen Feldern, die bewegungslos vor ihr im Wasser lag, bis plötzlich, rechts und links, zu den Seiten jeweils zwei runzelige Ärmchen und Beinchen mit Schwimmhäuten hervorkamen und die Insel sich in Bewegung setzte. Jetzt lugte auch der Kopf hervor, mit einem gelben Fleck auf der olivfarbenen Haut. Die Schildkröte schwamm an den Rand des Brunnens, wo sie versuchte, an der Wand hinaufzuklettern, das arme Tier.

Von den hohen Bäumen, die den Brunnen umgaben, kam ein Rauschen, das die Vogelstimmen übertönte, bis das Rauschen wieder abnahm und der Wind weiterzog. Die Schildkröte war rücklings zurück ins Wasser gerutscht und glitt mit kleinen Schwimmbewegungen auf die andere Seite des Brunnens, wo weitere Schildkröten schwammen. Cirillo beobachtete die Tiere, sah gleichzeitig die Wolken, die sich im Wasser spiegelten, die dunklen Stellen dazwischen und den Goldfisch, der wie ein Zeppelin langsam vorbeizog.

Dass Oscar sich entschieden hatte, die mündliche Prüfung für sein Abitur nun doch zu machen, hatte Cirillo erst vorhin und eher zufällig mitbekommen. Die knappe Textnachricht von ihrem Ex Björn – *Dein Sohn macht nun doch die Prüfung!* – hatte sie zunächst übersehen und erst auf dem Weg zur Villa Floridiana entdeckt. Ob Oscar sich von seinem Vater hatte überreden lassen oder ob ihr Sohn von selbst zur Vernunft gekommen war, wusste Cirillo nicht, aber sie ging lieber von der zweiten Variante aus.

Aus dem Park waren Stimmen zu hören, ein Kind, das kreischte, eine Frau, die lachte. Nur der Springbrunnen plätscherte in der immer gleichen Frequenz vor sich hin. Ohne sich umzuschauen, wusste Cirillo plötzlich, dass hinter ihr jemand lautlos die breite, steinerne Treppe von der Villa in den Park herunterkam. Ihr Herz begann schneller zu schlagen – ein Reflex, den sie nicht ausschalten konnte, obwohl sie wusste, dass hier und jetzt eigentlich keine Gefahr drohte.

Sie setzte sich an den Rand des Beckens und blickte ins Wasser. Zwischen den sich spiegelnden Wolken sah sie sich selbst, nur eine Silhouette, die Umrisse immer in schimmernder Bewegung, ihr Gesicht nicht zu erkennen. Und dann tauchte neben ihr die zweite Silhouette auf.

Cirillo wartete ab. Brotkrümel flogen ins Wasser. Der Goldfisch war sofort zur Stelle und ließ eines nach dem anderen verschwinden, bevor die Schildkröten angeschwommen kamen und ihrerseits versuchten, noch etwas zu ergattern.

»Gelbwangen-Schmuckschildkröten«, sagte die Stimme neben ihr. »Ihr Panzer ist flacher als der von Landschildkröten. So können sie schneller abtauchen. Die Weibchen sind übrigens etwas größer als die Männchen.«

»Was du nicht sagst«, antwortete Cirillo, ohne den Mann anzusehen.

»Sie werden bis zu fünfundfünfzig Jahre alt«, fügte er hinzu. »Wenn sie Glück haben.«

»Was gibt es sonst Neues?«, fragte Cirillo, schaute auf, und einen Moment lang sahen Roberto und sie sich in die Augen, als müssten sie sich vergewissern, wer sie wirklich waren. Aber vielleicht war es auch einfach ein ganz menschliches – man könnte auch sagen: unprofessionelles – Bedürfnis, sich gegenseitig direkt wahrzunehmen. Sie hatte Roberto insgeheim immer bewundert, seine Ruhe und Souveränität.

»Die Kommission ist zum Schluss gekommen, dass sie es noch nicht wieder versuchen wollen mit dir«, sagte er. »Tut mir leid. Man hört zwar aus Capri nur Gutes von dir, aber das reicht ihnen offenbar nicht.«

Eine der Schildkröten versuchte am Rande des Wassers schon wieder vergeblich, die glatte Wand aus Beton zu überwinden. Cirillo beobachtete das kleine Wesen, während sie regungslos dasaß und hörte, wie Roberto sagte: »Ich halte es für einen Fehler. Vor allem, wenn man bedenkt, welche gesundheitlichen Fortschritte das Opfer macht.«

Cirillo spürte einen Stich. Plötzlich war alles wieder da: das Fluchtauto, der Regen, die Klippe. Im Verdrängen war sie gut, aber in ihr drin war auch immer die Gewissheit, dass sie sich diesem dunklen Kapitel ihrer Vergangenheit eines Tages würde stellen müssen.

»Wird er je wieder gehen können?«, fragte sie.

Roberto schwieg. Der Wind fuhr in die Bäume.

»Und sprechen?«

»Wir warten ab«, sagte Roberto. »Es kann sich jederzeit eine neue Situation ergeben.«

»Was redest du da?«, fragte Cirillo und merkte plötzlich wieder, wie unfrei sie war, wie wütend und wie unendlich abhängig. Das Gefühl wurde nicht besser, als Roberto eine wortlose Geste machte, die nichts anderes bedeutete, als dass er leider nicht mehr wisse, nichts weiter für sie tun könne und dies bedauere.

Cirillo schaute wieder in den Brunnen, sah dort ihre beiden Silhouetten, Robertos und ihre, wie sie einfach so dasaßen, völlig unabhängig von Zeit und Raum. Dann verschwand die Silhouette neben ihr so lautlos, wie sie gekommen war. Und wieder spürte Cirillo eine Gefahr. Diesmal nicht, weil ein Mensch sich ihr näherte, sondern weil er sich von ihr entfernte.

Die Schildkröten schwammen gemächlich in einer Gruppe im Kreis, als Cirillo sich wegdrehte. Es war klar, dass sie und Roberto den Park in angemessenem zeitlichem Abstand zueinander verlassen mussten, und so schlenderte sie erst mal noch hinüber zum Aussichtspunkt.

Sie lehnte sich ans Geländer mit den Schmierereien und den eingeritzten Namen und schaute über die Dächer von Neapel aufs Meer, wo sich in der Ferne, im Dunst, die Umrisse von Capri abzeichneten. Und ein seltsames Gefühl überkam sie. Wenn sie es nicht besser wüsste, würde sie denken, dass es Heimweh war.

26

Rizzi hängte den Zapfhahn zurück an die Säule, schraubte den Deckel auf den Kanister und bugsierte ihn auf das Trittbrett seiner Vespa.

»Geht's los?«, rief Alberto von der anderen Seite des Kreisverkehrs herüber, wo er vor seiner Roxy Bar stand.

Rizzi setzte den Helm auf, startete den Motor und fuhr – mit dem Benzinkanister zwischen den Füßen – zu ihm rüber und stoppte. »Falls Alessio dir über den Weg läuft« – Rizzi gab im Leerlauf Gas –, »sag ihm, er soll sich bei mir melden. Wir müssen dringend reden. Ich meine: Er ist unser Bürgermeister und weder im Rathaus noch in seiner Apotheke zu erreichen.«

»Ich gebe ihm Bescheid, wenn er hier vorbeikommt«, versprach Alberto. »Und irgendwann kommen sie ja alle hier vorbei.« Er wischte übers Display von seinem Smartphone. »Geht's um die Musikschule? Wahrscheinlich hat Alessio längst andere Pläne für die Immobilie. Vielleicht will er ja eine Apotheke darin aufmachen.« Alberto schaute kurz in die Luft. »Es wäre dann die zweite.«

»Genau das ist auch mein Verdacht.« Rizzi setzte seine Sonnenbrille auf.

»Ich kümmere mich. Alessio wird sich bei dir melden. Kannst dich auf mich verlassen.« Alberto ließ sein Smartphone in der Hosentasche verschwinden und zog seine lange Schürze zurecht. »Glückwunsch übrigens, dass am Polizeiposten alles wieder normal ist.«

»Es gab großes Lob aus Neapel. Du kannst es dir vorstellen: Der Ispettore ist vor Stolz fast geplatzt. Alles andere war sofort vergessen.« Rizzi hob die Hand, hupte zum Abschied und nahm im Kreisverkehr die Ausfahrt nach Marina Grande.

Er drehte auf der geraden Strecke voll auf, überholte den Bus, scherte vor der Kurve rechts ein und bog in die Via Marucella. Als er den Abzweig auf den Feldweg nahm, drosselte er das Tempo, fuhr Slalom um die Schlaglöcher und hielt vor dem Gartentor, das noch verschlossen war.

Ohne abzusteigen, öffnete er das Vorhängeschloss, löste die Kette und stieß die Pforte auf. Auf dem Weg den Hang hinunter in die Gärten stellte er den Motor aus und kam mit der Vespa vor dem Schuppen zum Stehen.

Er hob den Benzinkanister vom Trittbrett, kickte den Fußball beiseite und ging zwischen den Holunderbüschen hindurch auf die andere Schuppenseite, stellte den Kanister ab und schob das Scheunentor auf.

Hinten an der Wand stapelten sich die Korbmöbel, in denen noch Rizzis Großeltern gesessen hatten, zusammen mit alten Lampenschirmen und anderem Plunder. Direkt davor stand der alte Fiat Cinquecento, treu und brav, als ob er auf ihn wartete. Rizzi schraubte den Tankdeckel ab, setzte den Trichter auf die Öffnung und schüttete aus dem Kanister das Benzin hinein.

Das Auto hatte Jahrzehnte überdauert, nachdem sein Vater es hier irgendwann abgestellt und nicht mehr benutzt hatte. Rizzi hatte nach und nach die verrostete Karosserie erneuert, die Elektrik und die Bremsanlage repariert, die Auspuffanlage ausgebessert und zum Schluss sogar noch die Sitze geflickt. Rückblickend waren neben dem Motor eigentlich nur die Querträger vom Bodenblech in einem annehmbaren Zustand gewesen.

Es war ein feierlicher Moment, als er hinter dem Lenkrad Platz nahm und den Schlüssel im Zündschloss drehte. Beim zweiten Mal sprang der Motor an, knatterte und rasselte und hörte sich an, wie ein gesunder Zweitakter sich anzuhören hatte.

Er fuhr das Auto aus der Scheune, fuhr um den Schuppen herum, gab langsam Gas und knatterte den Hang hinauf zur Pforte. Doch auf halber Strecke verlor das Auto plötzlich an Fahrt. Der Motor stotterte. Rizzi schaltete in den ersten Gang, doch sosehr er mit Gas und Kupplung spielte – der Motor soff ab.

Rizzi zog die Handbremse und versuchte vergeblich, die Kiste wieder anzukriegen. Er stieg aus und öffnete die Heckklappe, unter der sich der Motor befand. Aber auf die Schnelle konnte er nicht erkennen, woran es lag.

Also kurbelte er das Seitenfenster herunter, langte ans Steuer, schob das Auto vor und zurück und wendete. Als der Fiat auf der abschüssigen Strecke, hinunter in die Gärten, langsam ins Rollen kam, stieg er wieder ein, zog die Tür ran und betätigte den Anlasser.

Kurz vor dem Schuppen sprang das Auto tatsächlich wieder an. Rizzi fuhr einen Halbkreis und mit Anlauf wieder den Hang hinauf. Aber es war wie verhext: Kaum war er oben an der Pforte angekommen, soff der Wagen wieder ab.

Rizzi stieg aus, stemmte ratlos die Hände in die Hüften, als sich auf dem Feldweg die Ape näherte. In der kleinen Fahrerkabine saßen dichtgedrängt seine Eltern.

»Will er nicht?«, rief Vito am Steuer und streckte seinen Kopf zum Seitenfenster heraus, während Marta neben ihm schon die Hände rang.

»Er war immer unzuverlässig«, berichtete sie, als sie mit Vito ausstieg. »So war es von Anfang an. Ich habe immer gesagt: Dieses Auto hat seinen eigenen Willen!« Doch kaum war sie fertig mit Schimpfen, huschte beim Anblick der vertrauten wasserblauen Karosserie ein Lächeln über ihr Gesicht.

»Es gab da einen Trick«, behauptete Vito und öffnete die Heckklappe. Umständlich setzte er seine Brille auf und beugte sich über den Motor, während am Ende des Feldwegs ein Motorroller auftauchte. Es war Gina. Hinter ihrem Rücken lugte der Kinderhelm von Francesca hervor.

»Probier mal«, sagte Vito, mit dem Kopf immer noch unter der Heckklappe.

Rizzi setzte sich lustlos ans Steuer, drehte den Zündschlüssel, aber nichts geschah.

»Nicht so lieblos«, tadelte Marta. »Etwas mehr Gefühl.«

»Es bringt doch nichts«, stellte Rizzi fest. »Ich muss da noch mal ran.« Er stieg wieder aus, während Gina den Motorroller stoppte und Francesca vom Sattel rutschte und neugierig näher kam.

»Probier noch mal«, befahl Vito.

Weil Rizzi keine Anstalten machte, setzte Marta sich ins Auto, strich mit der flachen Hand über das Armaturenbrett und die beiden Schalter, einer fürs Licht, der andere für die

Scheibenwischer, murmelte etwas, schloss die Augen und drehte endlich den Zündschlüssel.

Sofort sprang der Motor an.

»Du kannst ja zaubern!«, stellte Gina anerkennend fest.

Vito schloss die Heckklappe und wischte sich zufrieden die Hände an der Hose ab. »Drehen wir eine Runde?«, fragte er.

»Ich will mit!«, rief Francesca.

Marta rutschte auf den Beifahrersitz, und Francesca kletterte nach hinten.

»Was ist mit euch?«, fragte Vito.

»Fahrt ruhig.« Rizzi legte einen Arm um Gina. »Bin gespannt, wie weit ihr kommt.«

Vito stieg mit feierlicher Miene ein. Rizzi drückte die Tür zu und trat mit Gina einen Schritt zurück.

Der Cinquecento setzte sich in Bewegung, gewann an Fahrt und schnurrte über den Feldweg.

»Hast du eigentlich mit Alessio Forcella gesprochen?«, fragte Gina, während sie zusammen beobachteten, wie der wasserblaue Fleck in die Via Marucella einbog und verschwand.

»Wie kommst du darauf?«, fragte Rizzi.

»Weil er sich vorhin gemeldet hat.«

»Und?«

»Ich habe um drei einen Termin im Rathaus.«

»Siehst du.« Das Wolkenband am Himmel hatte sich aufgelöst und in eine Reihe hübscher Schäfchenwolken verwandelt. Rizzi zog Gina an sich. »Alles regelt sich«, erklärte er. »Habe ich es nicht gesagt? Wenn man nur darauf vertraut und ein bisschen Geduld hat.«

Krimi
336 Seiten
Auch erhältlich als eBook, Hörbuch und Hörbuch-Download

Der Inselpolizist Enrico Rizzi hat es auf Capri zumeist mit kleineren Delikten zu tun und daher genügend Zeit, seinem Vater in den Obst- und Gemüsegärten hoch über dem Golf von Neapel zu helfen. Bis mitten im August ein Toter in einem Ruderboot an den felsigen Strand getrieben wird: Jack Milani, Spross einer Industriellenfamilie und Student der Ozeanologie. Es ist der erste Mordfall für den jungen Rizzi, ein Fall, bei dem es neben der Aufklärung eines Verbrechens auch um die Zukunft der Weltmeere geht.

Krimi
320 Seiten
Auch erhältlich als eBook, Hörbuch und Hörbuch-Download

Auf der schönsten Insel der Welt reifen die Zitronen für den berühmten Limoncello von Capri. Doch plötzlich liefert die Familie Constantini nicht mehr, sie will auf Bio-Früchte umstellen und diese mit Crowdfarming vertreiben. Als Elisa Constantini bei einem mysteriösen Unfall auf den Serpentinen Capris stirbt, leiten der junge Polizist Enrico Rizzi und seine tatkräftige Kollegin Antonia Cirillo Ermittlungen ein und blicken in einen Abgrund von fatalen Liebschaften und Familienfehden.

Krimi
352 Seiten
Auch erhältlich als eBook und Hörbuch-Download

Auf Capri wird auf einem Felsvorsprung über dem Meer eine Frau tot aufgefunden. Maria Grifo war die Leiterin des berühmten Konservatoriums von Neapel. Hat der Mord womöglich mit dem Verschwinden der einzigartigen Stradivari-Harfe aus ihrem Institut zu tun? Ihr Klang – erfahren die Inselpolizisten Enrico Rizzi und Antonia Cirillo – ist von einer Schönheit, für die manche Menschen töten würden.